R & B

Louis P. Masur

Born to Run

Bruce Springsteens Vision von Amerika

Aus dem Amerikanischen von Yamin von Rauch

ROGNER&BERNHARD

1. Auflage, Juli 2009
Copyright © 2009 by Louis P. Masur
Die Originalausgabe erschien 2009 unter dem Titel
Runaway Dream. Born to Run and Bruce Springsteen's American Vision
bei Bloomsbury Press, New York.
Für die deutsche Ausgabe
© 2009 by Rogner & Bernhard GmbH & Co. Verlags KG, Berlin
ISBN 978-3-8077-1049-5
www.rogner-bernhard.de

Alle Rechte vorbehalten, insbesondere das Recht der mechanischen, elektronischen oder fotografischen Vervielfältigung, der Einspeicherung und Verarbeitung in elektronischen Systemen, des Nachdrucks in Zeitschriften oder Zeitungen, des öffentlichen Vortrags, der Verfilmung oder Dramatisierung, der Übertragung durch Rundfunk, Fernsehen oder Internet, auch einzelner Text- und Bildteile.

Lektorat: Brigitte Helbling, Hamburg
Umschlaggestaltung: Philippa Walz und Andreas Opiolka, Stuttgart
Umschlagabbildungen: Chris Walter / WireImage
Layout und Herstellung: Leslie Driesener, Berlin
Gesetzt aus der Stempel Garamond
durch deutsch-türkischer fotosatz, Berlin
Druck und Bindung: CPI – Clausen & Bosse, Leck
Printed in Germany 2009

Für Jani

»Love is wild … love is real«

Inhalt

Vorspiel   9
Soundcheck: »The Screen Door Slams«   15
1 Vor *Born to Run*   27
2 Die Entstehung von *Born to Run*   52
3 Die Songs von *Born to Run*   79
4 Die Geografie von *Born to Run*   119
5 Die Rezeption von *Born to Run*   141
6 *Born to Run* 30 Jahre später   173
Zugabe: »Hey, What Else Can We Do Now?«   217
Danksagung   236
Anmerkungen   240
Auswahlbibliografie   272
Lyric Credits   275
Bildnachweis   278
Register   279

Bruce Springsteen – 1991

Vorspiel

»Der Tag der Veröffentlichung ist nur ein Tag. Die Platte ist für immer.«
— *Bruce Springsteen, 1975*

Ein offenes Geständnis: Ich möchte, dass »Born to Run« bei meiner Beerdigung (vorzugsweise in etwa vierzig Jahren) gespielt wird. Im Rückblick sagte Bruce Springsteen, dass er »die größte Platte aller Zeiten« machen wollte. Soweit es mich betrifft, ist ihm das gelungen. Und ich bin nicht der Einzige.

Born to Run verwandelte einen dürren Fünfundzwanzigjährigen aus Freehold, New Jersey, in eine Rock-Ikone. Wenn er über Nacht zu einer Sensation wurde, dann lag es daran, dass er zehn Jahre dafür gearbeitet hatte; er übte seit seiner Teenagerzeit acht Stunden am Tag Gitarre und erprobte sein Talent in verschiedenen Bands mit anderen Rock'n'Roll-Träumern, von denen einige Teil seiner E Street Band wurden. Aber Springsteen war anders. Er schrieb seine eigene Musik. Wenn er auftrat, hatte er eine Präsenz, die anderen fehlte. Schüchtern und ungelenk, wenn er nicht im Rampenlicht stand, wurde er auf der Bühne zum Anführer, der alles unter Kontrolle hatte und so lange probte, bis jeder es hinbekam. Als er am 27. Oktober 1975 gleichzeitig auf den Titeln von *Time Magazine* und *Newsweek* erschien, war es wie ein Schock, aber ein Teil von Bruce Springsteen wusste, dass er es verdiente, dort zu sein, dass er so gut war, besser als der Rest.

Born to Run füllte ein musikalisches Vakuum. Die Plattenindustrie durchlitt eine Krise, die sechziger Jahre und mit ihnen Pop und Psychedelic Rock waren längst passé, und während Punk und Disco durch den Äther pulsierten, fühlten sich all jene wie in einem luftleeren Raum, die einst vom Rock'n'Roll erweckt worden waren und dieses Gefühl wieder erleben wollten oder noch nicht vom Beat befreit worden waren. Der Nummer-eins-Hit des Jahres war der Weichspüler »Love Will Keep Us Together« von The Captain and Tennille. Zehn Jahre waren vergangen, seit Bob Dylan mit »Like a Rolling Stone« die Musik revolutioniert hatte. Wie schnell hatte sich die Szene verändert!

Das Album füllte außerdem ein kulturelles Vakuum, denn 1975 wirkte das ganze Land wie ausgebrannt. Seit 1974 war die Rezession in vollem Schwunge, die Ölkrise führte zu langen Schlangen an den Tankstellen und erschütterte die Nation. Nixon war zurückgetreten, der Vietnamkrieg kam zu einem unrühmlichen Ende. Für jeden zwischen fünfzehn und fünfundzwanzig schien es, dass alles bergab ging, dass wenig passierte, dass die aufregenden Zeiten längst vorbei waren und dass es nichts gab, worauf man sich überhaupt noch freuen konnte.

Im Sommer 1975 war ich gerade achtzehn und nach meinem ersten Jahr am College wieder zu Hause in New York. In der kleinen Wohnung meiner Eltern in der Bronx kam ich mir eingesperrt vor. Ich jobbte als Kellner in einem Restaurant und schwärmte für ein Mädchen, dem ich gegen Ende des Schuljahrs begegnet war, aber sie wohnte in Chicago. In jenem Sommer kaufte ich mein erstes Auto, einen gebrauchten 1973er Dodge Dart Swinger in Metallicblau. Mir war jede Ausrede recht, um damit herumzufahren – zum Strand, in andere Bezirke, auf der Route 17 in die Catskills. Ich hörte »Born to Run« zum ersten Mal in jenem August im Autoradio. Der Song sprach zu meiner Seele, und er ließ mich aufs Pedal treten.

Das Album *Born to Run* kündigte einen Wandel an. Es klang vertraut und trotzdem wie etwas nie Gehörtes; es sprach romantisch und sehnsüchtig und schmerzhaft von Liebe; es war wie ein guter Freund, und plötzlich war man nicht mehr allein. Die wenigen Kritiker, die das Album nicht mochten, hörten vielleicht nur melodramatische Geschichten über Leute, die Mary, Wendy, Terry, Eddie, Bad Scooter oder Magic Rat hießen. Aber sie waren wie wir, zugleich auf der Flucht und auf der Suche nach etwas.

Das Album handelte nicht nur von Freiheit, sondern auch von Schicksal. Die vielschichtigen Klänge von Gitarre, Klavier und Saxofon, der pumpende Beat von Bass und Drums konnten dazu verführen, nur das Romantische daran zu bemerken und die Düsternis, die wie Tau darüberliegt, zu ignorieren.

»Rock'n'Roll war immer diese Freude, diese ganz bestimmte Art von Glück, die mit das Allerschönste im Leben ist«, sagte Springsteen. »Aber im Rock geht es auch um harte Zeiten, um Nähe und um Alleinsein.« Wer sind wir? Was wollen wir? Wohin gehen wir? *Born to Run* hatte einen Bezug zur damaligen Zeit, war aber zugleich zeitlos, diese Platte würde überdauern – und dreißig Jahre später spricht sie noch immer zu denen, die gerade achtzehn waren, als sie herauskam, und zu denen, die 1985, 1995 oder 2005 ihren 18. Geburtstag hatten.

Es ist eigentlich offensichtlich, aber es muss gesagt werden: Dies ist ein Album. Springsteen hat es so konzipiert, dass es als Ganzes gehört werden sollte, in der richtigen Reihenfolge. Es gibt keine Singles, die man downloaden kann, und kein Füllmaterial für die Rückseite der Single. Das traf und trifft auf Springsteens gesamtes Werk zu, jedes Album ist sorgfältig gestaltet, sowohl was den Sound als auch die Lyrics angeht, so wie ein Schriftsteller einen Roman behandelt, und aus der Summe dieser Mühen entsteht schließlich ein Ganzes. Man kann sich auch nur einen Song anhören, aber das ist so, als würde man nur ein Kapitel von einem Buch lesen.

Außerdem sollte darauf hingewiesen werden, dass es sich um Songs handelt, nicht um Gedichte. So ergreifend und inspirierend die Worte auch sein mögen, sie werden durch Musik vermittelt, und jeder Ansatz, die Kraft von *Born to Run* zu begreifen, muss scheitern, wenn man nicht seine musikalischen Qualitäten herausstreicht. Springsteen selbst stellte das klar, kurz nachdem das Album erschienen war: »Ich bin ein Songwriter. Ich bin kein Dichter.«

Zuletzt muss erwähnt werden, dass ich als überzeugter Fan schreibe, vielleicht sogar als richtiger Apostel, aber nicht naiv oder unkritisch bin. Ich untersuche, wie Springsteen diese Platte gemacht und wie das Publikum sie aufgenommen hat. Ich habe versucht zu verstehen, warum so viele Menschen das Album oder einzelne Songs davon als lebensverändernd bezeichnet haben. Beinahe alle großen Themen, die Springsteen im Lauf der Zeit immer weiterentwickelt hat, sind aus dem Urknall von *Born to Run* heraus entstanden. Springsteen hat es so formuliert: »Die wichtigsten Fragen, über die ich bis ans Ende meines Arbeitslebens schreiben werde, haben zuerst in den Songs von *Born to Run* Form angenommen.« Ich zitiere wiederholt aus Zeitungsinterviews mit ihm und beziehe mich auf Kommentare, die er auf der Bühne gemacht hat. Es ist unabdingbar, dass seine Stimme durchscheint, sie soll Zeugnis ablegen für die Geschichte, die ich erzählen will.

Mich interessiert Springsteens Werk, nicht sein Leben; die Kunst, nicht der Künstler. Die Ausnahme stellt seine Kindheit dar, denn die Beziehung zu den Eltern übte einen wichtigen Einfluss auf den Songwriter und Performer aus, zu dem er später wurde. Glücklicherweise war Springsteen nie besonders zurückhaltend und hat sich in der Öffentlichkeit und in Publikationen wiederholt über sein Leben und seine Arbeit geäußert. Er mag gewisse Dinge verschweigen, aber er hat sicherlich mehr als genug Material geliefert, das untersucht und zum Verständnis herangezogen werden kann.

Die Kritiker bezeichneten Springsteen 1975 als »einen amerikanischen Archetypus«, einen »echten amerikanischen Punk«. Als Punk bezeichnet zu werden war ein Kompliment: ziemlich wild und schräg, aber auch unschuldig, romantisch und auf besondere Weise mit der Tradition verwurzelt. Denn Rebellion hat in den USA eine Tradition. Die Vereinigten Staaten entstanden aus einer Revolte gegen die Autoritäten, und viele reale und fiktionale Figuren haben zu diesem Mythos beigetragen, von Daniel Boone bis Woody Guthrie, von Hester Prynne bis Huck Finn. Auf die Frage, wogegen er denn eigentlich rebelliere, antwortete Marlon Brando in *The Wild One* (1953): »Was hast du im Angebot?« Und er hat eine Lederjacke an, wie Bruce sie über zwanzig Jahre später auf seinem Cover tragen wird.

Born to Run ist ein amerikanisches Meisterwerk, es handelt von amerikanischen Themen wie Flucht und Suche, Erlösung und Verbindung. Daher rührt auch seine Zeitlosigkeit. Das Album nimmt uns mit auf eine Reise, die zugleich triumphal und verzweifelt, voller Freude und ohne Hoffnung ist. Es ist ein Album, das tief in der amerikanischen Geografie verankert ist und von den Highways und den Landstraßen, aber auch von Individualismus und Gemeinschaft spricht. Seit über dreißig Jahren beschäftigt sich Springsteen mit amerikanischer Identität. Diese Geschichte will ich hier erzählen, ihr Thema ist Springsteens Vision von Amerika, die mit *Born to Run* ihren Anfang nimmt, mit einer schneidenden Mundharmonika und einer zuschlagenden Verandatür.

Soundcheck: »The Screen Door Slams«

»Als *Born to Run* erschien, hatte es so viel mit mir selbst zu tun, dass ich das Gefühl hatte, hey, es ist dein Geburtstag. Ich fühlte mich wie neugeboren.«
– *Bruce Springsteen, 1987*

Im Juni 1973 waren Springsteen und die E Street Band (der Name bezog sich auf die Adresse des Pianisten David Sancious in Belmar) die Vorgruppe von Chicago im Madison Square Garden. Springsteen fand es furchtbar. Er hasste es, in einer großen Arena zu spielen, die Band hatte keine Zeit, einen Soundcheck zu machen, und die Vertreter von Columbia Records, die im Publikum saßen, konnten überhaupt nicht begreifen, was das Gewese um Springsteen sollte.

Ich war bei einem dieser Konzerte dabei, zusammen mit einem Mädchen, das ich gerne als Freundin gehabt hätte. Ich war sechzehn Jahre alt, ging in die High School, und der Anlass, für ein Konzert unten in der Stadt die Wohnung meiner Eltern verlassen zu können, war schon Grund genug, um hinzugehen. Wir hatten Plätze im Parkett, und von dieser Nacht weiß ich noch zwei Dinge: Irgendwann saß mein Date auf meinem Schoß und schlang die Arme um meinen Hals. Und dann war da ein Mann namens Bruce Springsteen, der furios spielte und meine Aufmerksamkeit fesselte. In jenem Sommer kaufte ich sein einziges Album. Was auch immer Bruce von diesem Auftritt halten mochte, er hatte zumindest einen Fan gewonnen.

Nur ein Jahr zuvor hatte Springsteen einen Vertrag mit Columbia Records unterschrieben, nachdem er John Hammond vorgespielt hatte, jenem legendären Manager, der 1961 Bob Dylan entdeckt hatte. Springsteens erstes Abum, *Greetings from Asbury Park, N.J.*, erschien im Januar 1973; für die Aufnahme im Studio hatte er gerade mal drei Wochen gebraucht. Die Kritiker mochten es. Lester Bangs schrieb im *Rolling Stone*, Springsteen sei »herausragendes neues Talent«, und staunte über seinen Wortschatz. Aber es verkaufte sich nicht besonders gut.

Das galt auch für das zweite Album, das noch im gleichen Jahr erschien, *The Wild, the Innocent, and the E Street Shuffle*. Aber wieder priesen die Rezensenten nicht nur seine Fähigkeiten als Songwriter, sondern auch sein musikalisches Talent.

Er wurde jetzt oft mit Dylan verglichen. Da nützte es nichts, dass Hammond verkündete, Springsteen sei »sehr viel weiter, viel reifer, als es Bobby war, als er zu mir kam«. Im März 1973 erklärte Springsteen, dass er nicht als neuer Dylan abgestempelt werden wollte, es ärgerte ihn sogar, weil er wusste, wie viele Karrieren schon an dieser Last gescheitert waren. Er bekannte sich zu Dylan und bezeichnete dessen Werk als »die großartigste Musik, die je geschrieben wurde«. Aber gleichzeitig stellte er klar, dass es nur eine kurze Phase gegeben hatte, in der »Dylan wichtig für mich war ... und mir das geben konnte, was ich brauchte«.

In dieser Phase, 1964–66, waren *Bringing It All Back Home, Highway 61 Revisited* und *Blonde on Blonde* entstanden. Und obwohl er von den nicht enden wollenden Vergleichen mit Dylan genervt war, spielte Springsteen zwischen Herbst 1974 und Frühjahr 1975 regelmäßig Dylans »I Want You«. »Ich will dich – das ist es, das eindeutigste Bekenntnis, das man jemandem gegenüber machen kann. Was kann man sonst noch sagen?«, sagte Springsteen. »Und es ist die beste Zeile in dem Song, diese drei Worte, in dem ganzen verdammten Song! Wenn ich das auflege, Mann, dann haut es mich um. Es haut mich aus den Schuhen, denn es ist kein Haken daran. Es ist einfach wahr, so verdammt wahr.«

Gleichzeitig erinnerte er jeden, der es hören wollte, daran, dass er aus einer völlig anderen Szene kam und von so unterschiedlichen Künstlern wie »Elvis, Otis Redding, Sam Cooke, Wilson Pickett, den Beatles, Fats, Benny Goodman und vielen Jazztypen« geprägt worden war. »Die kann man alle raushören aus meinen Sachen, wenn man will«, sagte er im September 1974. Er hätte problemlos noch Dion, die Ronettes, die Künstler des Stax-Labels, Van Morrison, die Doors, die Who, die Animals, die Yardbirds, die Stones und The Band anführen können.

In einem Interview im *Time Magazine* vom April 1974 sagte Springsteen zu Jay Cocks: »Der größte Gefallen, den mir jemand tun kann, ist, nicht Bob Dylan zu erwähnen.« Cocks wies darauf hin, dass »die vereinzelten Anklänge an Dylan« mit den »harten Rhythmen von Springsteens eigener wilder Mischung aus Rock, Jazz und Folk« kollidieren würden. Springsteen sagte einfach: »Ich will Songs schreiben, zu denen man tanzen kann.«

Die meisten frühen Fans von Springsteen konvertierten, nachdem sie ihn live gesehen hatten. Und wohl keiner war wichtiger als Jon Landau, der mit kaum sechsundzwanzig ein einflussreicher Musikkritiker beim *Rolling Stone* war und schon Erfahrung als Produzent hatte. Landau sah ihn im April und im Mai 1974 in Cambridge, Massachusetts. Er schrieb eine Rezension über den Auftritt vom 9. Mai im Harvard Square Theatre in *The Real Thing*, einer Wochenzeitschrift wie etwa *Village Voice* – ein glänzender Artikel, der mit einer langen autobiografischen Reminiszenz beginnt, in der Landau bekennt, welche Freude er in den Sechzigern am

»Geist des Rock'n'Roll« hatte und wie bedauerlich es sei, dass es immer weniger Künstler gäbe, die einen bleibenden Eindruck hinterließen. Und dann schrieb er Folgendes:

»Aber heute Abend gibt es jemanden, über den ich so schreiben kann, wie ich es früher tat, ohne irgendwelche Vorbehalte. Letzten Donnerstag im Harvard Square Theatre stand mir meine Rock'n'Roll-Vergangenheit schlagartig wieder vor Augen. Und zugleich sah ich die Zukunft des Rock'n'Roll, und ihr Name ist Bruce Springsteen. In einer Nacht, in der ich mich danach sehnte, wieder jung zu sein, gab er mir das Gefühl, als würde ich zum allerersten Mal Musik hören.«

Einer der Songs, die Landau in dieser Nacht hörte, war »Born to Run«. Es war das erste Mal, dass Springsteen ihn live spielte. Nach Landaus Beschreibung hatte er »ein ›Telstar‹-Gitarrenintro und eine Rhythmik wie Eddie Cochran«. »Telstar« bezog sich auf einen Hit von 1962, ein Instrumental von den Tornadoes, benannt nach dem Nachrichtensatelliten, das mit den Geräuschen eines Raketenstarts anfängt. Und Eddie Cochran war ein vielversprechender Star, der 1960 mit einundzwanzig Jahren bei einem Autounfall ums Leben kam, aber schon Hits wie »Summertime Blues« und »C'Mon Everybody« verzeichnen konnte, Songs, die ihren Effekt der Überarbeitung im Studio verdankten. Landaus kurzer Kommentar zeigt bereits, was für ein scharfsinniger Musikkritiker er war.

Springsteen war schon im Studio und versuchte, das auf Tape zu bannen, was er in seinem Kopf hörte. Dieser Prozess hatte im Januar 1974 begonnen. Es dauerte sechs Monate, bis der Song »Born to Run« eingespielt war. Das Album wurde erst im Juli 1975 fertig. Inzwischen hatte Columbia Landaus Äußerung aufgegriffen und vermarktete Springsteen als die Zukunft des Rock'n'Roll.

Im August 1975 füllten Fans fünf Nächte lang die Straßen vor dem Bottom Line Club Ecke Bleecker und Mercer Street in Greenwich Village, New York. Gegen fünf begannen sich Schlangen zu bilden, die sich bald bis um den Block zogen. Kritiker und Fans waren da, um Bruce Springsteen und seine Band live zu hören. Der Fünfundzwanzigjährige war jetzt seit über zehn Jahren ein Bandleader. Es hatte die Castiles und Steel Mill gegeben und noch andere Inkarnationen von Gruppen aus Freunden und Musikern, die jede Bar und jeden Club und jedes College bespielten, das bereit war, sie zu buchen.

Es hatte auch gute Kritiken gegeben. Einen Auftritt von Steel Mill 1970 in Berkeley bezeichnete ein Kritiker als »einen der erinnernswertesten Rock-Abende seit langem«. Aber die Band löste sich wieder auf.

Als Bruce Springsteen und die E Street Band im August 1975 die Bühne des Bottom Line betraten, waren die Erwartungen hoch. Columbias PR-Maschinerie lief auf Hochtouren, um die neue Platte zu bewerben, die am 25. August erscheinen sollte. Die Plattenfirma hatte fast 1000 Tickets von insgesamt 4000 aufgekauft und verteilte sie unter den Medienjournalisten. Ein DJ erklärte Columbias Strategie: »Geht hin und seht ihn euch an. Und wenn ihr ihn nicht mögt, dann spielt ihn nicht – oder schreibt nicht über ihn.«

Das Konzertplakat enthält schon die wichtigsten Elemente der Ikone, zu der Springsteen bald werden würde. Es zeigt ihn von hinten und in voller Größe, seine Haare sind lang, und er trägt eine Lederjacke, auf der steht: »Wild & Innocent«. Seine Gitarre baumelt auf seinem Rücken, und am Hals des Instruments hängt ein Paar Turnschuhe. Die Pose ist die reine Attitüde und weckt Assoziationen an Elvis Presley, James Dean, Marlon Brando oder Bob Dylan. Ein Journalist schrieb: »Er ist die Sorte von Künstler, auf die sich

Werbeposter für Springsteens Auftritte im Bottom Line

Walt Whitman, Jack Kerouac und Otis Redding hätten einigen können.«

Seit zwei Jahren hatte Springsteen jetzt schon mit dem Hype leben müssen, der sich nicht nur auf Landaus Elogen beschränkte. Er wollte seine eigene Identität finden, und trotz Landaus Vorhersage war es die eigene Zukunft, die ihn am meisten interessierte. Aber er wusste auch, was er zu bieten hatte: Talent, Charisma, Erfahrung, Haltung, Ehrgeiz und Arbeitsethos. Später bezeichnete er *Born to Run* als »meinen Versuch, den Titel zu holen. Ein Vierundzwanzigjähriger wollte die größte Rock'n'Roll-Platte aller Zeiten machen.«

WNEW-FM in New York übertrug die erste Show am Freitag, den 15. August. Wenn man in New York lebte und sich für Rock interessierte, dann musste man WNEW auf 102,7 hören. Die DJs waren kleine Berühmtheiten, und sie prägten den Musikgeschmack einer ganzen Generation. Scott Muni, Peter Fornatale, Dave Herman, Richard Neer, Jonathan Schwartz und Alison Steele, die sich »Nightbird« nannte, spielten lange Sets von bekannten und unbekannten Musikern. Falls die Plattenfirmen sie dazu nötigten, bestimmte Künstler zu spielen, dann konnte man das nicht heraushören, so gemischt, wie das Programm war. Aber bis zu jener Nacht hatte WNEW gezögert, auf den anschwellenden Chor der Kritiker zu reagieren, die von Springsteens Musik schwärmten. In einer Art öffentlicher Entschuldigung erklärte Dave Herman, er bedaure, dass ihn der ganze Hype von Columbia davon abgehalten habe, Springsteen zu beachten. Springsteen sei »völlig einzigartig, etwas völlig Neues«. Richard Neer stimmte zu: »Man muss Bruce sehen, um es zu glauben.«

Neer moderierte die Radioübertragung. Bevor Springsteen auf die Bühne kam, griff er sich Neers Mikrofon und witzelte darüber, dass er sich beim Wiegen gut gefühlt habe und für den Kampf bereit sei. »Für den Weltmeistertitelkampf im Schwergewicht«, kommentierte Neer, »schalten wir rüber zur Bühne und zu Bruce Springsteen.«

Bruce und die Band kamen gemeinsam auf die Bühne. Danny Federici an der Orgel war am längsten mit Bruce zusammen, schon seit 1970, vor den Tagen von Steel Mill. Als Springsteen schließlich von Columbia unter Vertrag genommen wurde, war Federici der neuen Band beigetreten. Garry Tallent, am Bass, hatte mit Bruce im Upstage in Asbury Park gespielt. Er studierte Oldies, als wären es heilige Schriften, und kam 1971 zu Springsteen. Clarence Clemons, »The Big Man«, dessen Saxofonsoli zum Grundstock vieler Songs wurden und der oft mit Bruce auf der Bühne herumalberte, kam 1972 dazu. Der Klaviervirtuose Roy Bittan und der explosive Drummer Max Weinberg traten der Band im September 1974 bei, nachdem sie auf eine Annonce in der *Village Voice* reagiert hatten. Weinberg war der fünfundfünfzigste Drummer, der zum Vorspielen kam, und er hatte den Job, als Bruce seinen Arm hob und Max prompt den Snaredrums einen Rahmenschlag versetzte. Bittan und Weinberg ersetzten David Sancious und Ernest Carter, die sich dafür entschieden hatten, woanders ihr Glück zu versuchen, allerdings erst, nachdem »Born to Run« eingespielt war. Und zuletzt, nur ein paar Monate zuvor, war Steve Van Zandt zurückgekommen, ein Profi von der Jersey Shore, der schon in früheren Bands und bei Steel Mill mit Springsteen gespielt und mit Southside Johnny gearbeitet hatte.

Zwei Stunden lang entführten Springsteen und die E Street Band das Publikum im Club und die Zuhörer am Radio auf eine Rock'n'Roll-Reise. Seine Stimme dominierte den Saal und den Äther: Rau, flüsternd, explosiv, ernsthaft, insistierend, freudig, instinktiv, spielerisch – sie deckte das gesamte Spektrum an Gefühlen und Vorstellungen ab, die in die Musik und in die Lyrics eingeflossen waren. Er erzählte Geschichten. Er spielte mit dem Publikum, er tanzte auf den Tischen vorne an der Bühne, bis sich das Mikrofonkabel löste. Er und die Band rockten das Haus.

Den Anfang machte »Tenth Avenue Freeze-Out«, ein

Song vom neuen Album *Born to Run*, den sie erst vor einigen Wochen zum ersten Mal live gespielt hatten. Er erfüllte seinen Zweck: Die R & B-Nummer brachte den Saal in einer Minute zum Kochen, obwohl niemand ihn kannte. »Spirit in the Night« hielt die Energie in Fluss, Bruce widmete es den Menschen unten an der Küste. Mit einer Geschlechtsanpassung und Glocken im Hintergrund coverte er »Then He Kissed Me« von den Crystals, einen der vielen Hits, die Phil Spector produziert hatte. Das Tempo verlangsamte sich mit »Growin' Up«, danach kamen zwei Songs von den ersten beiden Alben, darunter auch »The E Street Shuffle«, den Bruce mit einer langen, witzigen Geschichte darüber einleitete, wie er Clarence Clemons begegnet war. Er gab auch eine Coverversion von »When You Walk in the Room« von den Searchers zum Besten. Danach folgten drei zusammenhängende Songs vom neuen Album: »She's the One«, »Born to Run«, das er als »Tramps Like Us« ankündigte, und eine ruhige Version von »Thunder Road« am Klavier. Er heizte die Stimmung wieder an mit »Kitty's Back« und »Rosalita« und ging dann von der Bühne. Bei der Zugabe schaltete er einen Gang zurück mit der Ballade »4th of July, Asbury Park«, und dann brachte die Band alle auf die Füße mit dem abschließenden »Quarter to Three« von Gary U. S. Bond. Zum Schluss schrie Bruce: »Ich bin nur ein Gefangener des Rock'n'Roll!«

Es war die reinste Rock'n'Roll-Hysterie. Keine fünf Minuten nach der Show prophezeiten Neer und Herman, wer Springsteen im Bottom Line gesehen hätte, würde zukünftig zu den Glücklichen zu zählen sein, die die Beatles und Dylan noch in kleinen Clubs erwischt hatten. Die Rezensenten besprachen die Bottom-Line-Konzerte mit einer Atemlosigkeit, die sich beinahe mit den Auftritten selbst messen konnte. John Rockwell, der Musikkritiker der *New York Times*, bezeichnete Springsteen als den nächsten Mick Jagger und konstatierte, dass die Show, die er gesehen hatte, »zu den großen Rock-Ereignissen« gehöre. Und Dave Marsh, der schon in naher Zukunft Springsteens Biograf werden sollte, verkündete: »Ein Rockstar ist geboren!« »Wie nur die größten Rocksänger, Songwriter und Musiker hat er eine eigene Welt erschaffen«, erklärte Marsh, aber »Springsteen schreibt keine Rockopern; er lebt sie.«

Springsteen hätte nicht zufriedener sein können mit den Auftritten im Bottom Line: »Es lief praktisch perfekt. Die Band preschte durch die Shows wie eine gut geölte Maschine. Es gibt einfach nichts auf der Welt, was einen besser spielen lässt als so ein Gig. Als wir das Bottom Line wieder verließen, war die Band doppelt so gut wie vorher.« Steve Van Zandt beschrieb die Kraft der Band als »kontrollierte Spontaneität«. Jahre später erinnerte sich Max Weinberg daran, dass er das Adrenalin nicht unterdrücken konnte: »Wir kamen auf die Bühne, und die Leute mussten sich an ihren Armlehnen festhalten.« Clemons erinnert sich, wie sie mit jedem Auftritt besser und besser wurden. »Wir hätten ihnen den Rest gegeben, wenn wir noch länger in dem Club gespielt hätten.«

Jahre später beschrieb Springsteen die Aufgabe und die Stärke der Band so: »Schon als ich noch sehr jung war, lernte ich, wie man eine Band zusammenstellt, die aufregend und beeindruckend ist; dass man eine Show für die Leute da draußen machen muss, dass wir dich nicht bescheißen, wenn du zu uns kommst, weil dein Ticket so etwas wie unser Handschlag ist … dass das wichtig ist, dass es ein Zirkus ist, eine politische Kundgebung, ein Tanzfest, aber auch, dass die Band eine Gruppe von Zeitzeugen ist, dass wir euch zum Lachen und zum Weinen bringen wollen und dass wir so ernsthaft, wie wir nur können, Zeugnis ablegen wollen über all das, was wir erlebt haben.«

Der Rolling Stone brachte eine weitsichtige Besprechung

von Dave Marsh über die Shows im Bottom Line. Springsteen, schrieb er, »ist all das, was über ihn behauptet wird – ein magischer Gitarrist, Sänger, Songwriter, ein Erneuerer des Rock'n' Roll –, aber die E Street Band ist in der ganzen Aufregung beinahe untergegangen. Das ist lächerlich, weil diese Gruppe wahrscheinlich die größte amerikanische Rock'n' Roll-Band aller Zeiten ist.«

Und dennoch fragten sich in genau diesem Augenblick, Ende August 1975, einige Kritiker, ob es Springsteen gelingen würde, ein Album zu produzieren, das die großartigen Liveauftritte einfangen konnte. John Rockwell glaubte, dass der einzige Faktor, der Springsteen noch vom Superstar-Status trennte, »die Diskrepanz zwischen der Wirkung seiner Liveshows und seiner Alben« war. Er bezweifelte, dass irgendein Album mehr als ein »blasser Abklatsch« von Springsteens »überwältigenden« Liveaufritten sein könnte; Erfolg im Rockbusiness werde allerdings in verkauften Alben gemessen und nicht in ausverkauften Konzerten in irgendwelchen Clubs, und von den ersten beiden Alben zusammengenommen hätten sich kaum mehr als 50 000 Exemplare verkauft. Rockwell zufolge sah es in Wirklichkeit so aus: »Egal, wie viele Kritiker dich als die größte Sensation seit Elvis oder Dylan bezeichnen, du bist kein Superstar, solange du nicht Millionen von Platten verkaufst.« Springsteen sollte es zu einem späteren Zeitpunkt seiner Karriere so ausdrücken: »Mir gefällt die klassische Definition von Hits – so im Stil von: fünfzig Millionen Elvis-Fans können nicht irren.«

Springsteen wusste das alles, und er fühlte den Druck, etwas produzieren zu müssen. Garry Tallent erinnert sich: »Wir standen kurz davor, vom Label rausgeschmissen zu werden.« Roy Bittan zufolge wusste Bruce, »dass alles auf dem Spiel stand«. Steve Van Zandt sagt, wenn die dritte Platte »nicht eingeschlagen hätte, dann wäre es sicherlich zu Ende gewesen mit der Plattenkarriere«. Im Oktober 1974 sprach Springsteen darüber, was es kostete voranzukommen: »Wir haben eine Band, einen blauen Bus, einen Tontechniker, ein Büro in New York. Das sind die Dinge, die meine Entscheidungen beeinflussen. Wir müssen auftreten, denn wenn wir's nicht tun, fällt alles auseinander. Mit den Platten verdienen wir kein Geld.« Aber er blieb ein Romantiker: »Für mich«, sagte er einige Jahre später, »ist ein Romantiker jemand, der die Realität zwar sieht und jeden Tag in ihr lebt, aber trotzdem auch immer die Möglichkeiten erkennt. Du darfst deine Träume nicht aus dem Blick verlieren. Und darum geht es für mich beim Rock: Wenn er gut ist, vermittelt er dir das Gefühl, dass dein Traum wahr werden kann.«

1 Vor *Born to Run*

»Ich wurde geboren, alterte und starb, während ich dieses Album machte.«
— *Bruce Springsteen, 1976*

Springsteen war sieben Jahre alt, als er Elvis bei der *Ed Sullivan Show* sah. Presley trat dort zum dritten und letzten Mal am 6. Januar 1957 auf; Bruce wurde am 23. September 1949 geboren. An diesem Sonntagabend im Jahr 1957 lächelte Elvis, er witzelte herum und flirtete mit dem Publikum. Er trug einen Blazer mit Weste und war um die Augen geschminkt. Das stand in starkem Kontrast zu dem Auftritt, den Elvis kaum drei Monate vorher, am 26. Oktober, hingelegt hatte. Da hatte er »Don't Be Cruel«, »Love Me Tender« und »Hound Dog« gesungen, die Hüften geschwungen, sich auf die Zehenspitzen gestellt, die Mädchen hatten gekreischt, und die Musik war in Körperregionen vorgedrungen, von denen man gar nicht gewusst hatte, dass sie existierten. Und diese Gitarre: Sie war eine Waffe und sie war eine Rüstung. Es war ein Traum.

Die Show, die Springsteen sah, war in vielerlei Hinsicht gedämpfter. Die Kamera schwenkte nicht tiefer als bis zu Elvis' Taille, und die Gitarre hielt Elvis nur für einen Moment wie ein Requisit am Ende von »Heartbreak Hotel«. Er hatte keine Band zur Unterstützung, nur seine Backup-Sänger, die Jordanites. Egal. Der Zauber wirkte trotzdem.

Jimmy Iovine, der *Born to Run* arrangiert hat und zum

Vizepräsidenten von Interscope Geffen A & M Records aufstieg, hat die Bedeutung von Elvis so beschrieben: »Elvis Presley war der Urknall. Er war der einflussreichste Solokünstler in der amerikanischen Popkultur. Er hat unser Aussehen, unser Denken, unsere Kleidung, die Art, eine Gitarre zu halten, verändert. Er hat den Rock'n'Roll zwar nicht erfunden, aber er definierte ihn auf eine Weise, dass jeder, der nach ihm kam, in seiner Schuld stand … Elvis nutzte die Macht von Sexualität und Rebellion und wies uns den Weg in die Freiheit.«

Springsteen sah die Show und war wie hypnotisiert. »Ich konnte mir nicht vorstellen, dass jemand nicht wie Elvis Presley sein wollte«, erinnert er sich. Seine Mutter kaufte ihm eine Gitarre und fand sogar einen Lehrer für ihn, aber Springsteens Hände waren zu klein, und er mochte strukturierten Unterricht nicht und legte das Instrument bald beiseite, um sportlichen (»Ich wollte Baseballspieler werden«) und anderen jugendlichen Aktivitäten nachzugehen.

Aber Springsteen war mit dem Rock'n'Roll-Virus infiziert, und das gab ihm etwas, was er sonst nirgends finden konnte: »Das betraf all die Familien, in denen es keine Musik, keine Literatur und keinen Sinn für Kreativität gab, sie wurden alle angesteckt, und genau das passierte auch bei mir zu Hause.«

Er wuchs in Freehold auf, einer konservativen Kleinstadt, in der vor allem Arbeiter wohnten. Das Zweifamilienhaus seiner Eltern lag in der Randolph Street, in einem Randbezirk. Die Eltern seines Vaters lebten dort mit ihnen, bis er sechs Jahre alt war. Als Kind durfte Springsteen bis spät in die Nacht aufbleiben. »Wir waren eine sehr exzentrische Familie«, erzählt er. »Mein Zeitgefühl kam mir schon früh abhanden. Mit fünf oder sechs war ich ständig bis drei Uhr nachts auf. Es ist sicher kein Zufall, dass ich Musiker geworden bin.«

Zu Springsteens frühesten Eindrücken gehört der Geruch einer Kerosinlampe und eines Kohleofens, mit dem das Haus geheizt wurde. Bruce zielte mit seiner Wasserpistole auf die Kohlen und beobachtete den aufsteigenden Dampf. Seine Eltern zogen später in die Institute Street. Und als die Großeltern wieder zu ihnen ziehen mussten, mieteten sie ein Haus in der South Street, wo Springsteen während seiner Schulzeit lebte.

Springsteen ging auf die katholische Saint Rose of Lima School, wo er sich ein Vokabular, wenn nicht gar eine Glaubenslehre aneignete, die im Laufe der Zeit immer häufiger in seiner Arbeit auftauchen sollte. Die Konfessionsschule hinterließ ihre Spuren, sowohl emotional als auch physisch, denn der Junge war von Anfang an ein Außenseiter, den die anderen aufgrund seiner Weigerung, sich anzupassen, für sonderbar hielten. »Ich hasste die Schule«, erinnert Springsteen sich 1978, »und zwar abgrundtief.« Als er in der achten

Das Haus in der South Street in Freehold, in dem Springsteen als Jugendlicher lebte

Klasse einmal am Herumalbern war, schickten ihn die Nonnen zur Strafe in die erste Klasse und setzten ihn an eines der kleinen Pulte. Er saß da und griente, da sagte die Nonne: »Zeigt diesem jungen Mann, was wir mit Leuten machen, die im Klassenzimmer grinsen.« »Und dieser Junge«, erinnert sich Springsteen, »dieser Sechsjährige, dem man das sicherlich eingebläut hatte, der kommt zu mir rüber – er steht da und ist etwa so groß wie ich im Sitzen –, und er schlägt mir mitten ins Gesicht.« Den Stich würde er heute noch spüren, mehr Erniedrigung als Schmerz, genau wie damals, als die Nonnen ihn in einen Mülleimer stopften und ihm sagten, er sei wertlos.

1978 sagte er: »Ich wurde katholisch erzogen, und jeder, der katholisch erzogen wurde, hasst Religion … Ich schloss damit ab, als ich in der achten Klasse war. Wenn man älter als dreizehn ist, dann wird einem der ganze Kram einfach zu blöd.«

Allem Anschein nach führten Springsteens Eltern, Douglas und Adele, beide katholisch, eine gute Ehe, obwohl sie einigen Belastungen ausgesetzt waren. Gelegentlich lebten die Großeltern bei ihnen. Die finanzielle Katastrophe war immer nur ein oder zwei Rechnungen entfernt. Springsteens Eltern waren nicht besonders an Politik interessiert. Einmal kam er aus der Schule und fragte seine Mutter, ob sie Demokraten oder Republikaner seien. Sie antwortete: »Wir sind Demokraten, denn die Demokraten sind für die Arbeiter.« Das war alles an politischer Aufklärung, bis er später selbst anfing, sich dafür zu interessieren.

Adele, die aus einer italoamerikanischen Familie stammt (ihr Mädchenname war Zirilli), hielt den Haushalt zusammen. Springsteens Zuneigung zu ihr ist ungetrübt. (»Wie Superwoman kümmerte sie sich immer um alles, die ganze Zeit.«) 1989 beschrieb er sie als die Ernährerin und Stütze der Familie, die großzügig in ihren Überzeugungen und in ihrer Liebe war.

Seine Mutter vermittelte ihm das Arbeitsethos und die Erkenntnis, dass es wichtig ist, Tag für Tag zur Arbeit zu gehen – dass Stabilität, Würde und Gemeinschaft aus der Verpflichtung für eine Aufgabe entstehen. »Sie war stolz und stark«, sagt er, und das gab ihm als Kind einen großen Halt. Er erinnert sich daran, was sie alles tat, um für die Familie zu sorgen:

»Ich sehe meine Mutter noch vor mir – es gab da eine Kreditbank ungefähr 100 Meter von unserem Haus entfernt, und das war einfach ein Teil unseres Lebens. Meine Mutter ging im März hin und nahm einen Kredit auf, und bis zum Sommer hatte sie ihn abgezahlt. Und dann ging sie wieder hin und nahm einen neuen auf, und der brachte uns weiter durch – es war ein Kreislauf, das ständige Ringen um das Geld. Und sie hatten kein einfaches Leben. Es war erstaunlich, wie wenig wir davon mitbekamen, ich glaube, das meiste ersparten sie uns. Meine Mutter war – und das bleibt sie auch für mich – ein edler Mensch. Und weil sie der Inbegriff von Zuverlässigkeit war, stand sie am Morgen auf, machte uns für die Schule fertig, ging zur Arbeit, und das Tag für Tag, immer.«

Douglas aber, der holländische und irische Wurzeln hatte, war ein Herumtreiber und Trinker, ständig bemüht, seinen Job nicht zu verlieren: »Mein Vater kämpfte sehr hart, um einen Job zu behalten, dabeizubleiben, und sie konnten zusammen nur gerade so auskommen.« Im Gegensatz zur Mutter war die Arbeit für seinen Vater eine schmerzvolle Erfahrung, und zwar physisch – er hatte sein Gehör verloren, als er in einer Plastikfabrik angestellt war – und psychisch – es gelang ihm nicht, eine sinnvolle, befriedigende Aufgabe zu finden. Der Veteran aus dem Zweiten Weltkrieg war ein Einzelgänger. Springsteen erinnert sich nicht, dass jemals ein

Freund vorbeigekommen wäre oder dass sein Vater jemals gelacht hätte. »Als Kind fragte ich mich oft, worüber mein Vater nur so wütend war«, erinnert sich Springsteen. Douglas setzte sich am Sonntag gerne ins Auto und fuhr mit der Familie im Schlepptau ziellos durch die Gegend. »Wir fuhren den ganzen verdammten Sonntag nur so rum und kamen am Abend ganz erschöpft nach Hause«, erinnert sich Springsteen. Trotzdem waren das die einzigen Momente, in denen sein Vater fröhlich zu sein schien. Diese Erinnerung floss in viele von Bruce' Songs über Menschen in Autos ein. Er erkannte, dass »diese Art von Unterwegssein vielleicht genau das war, was er nach einer Woche Schufterei in der Plastikfabrik brauchte«.

Irgendetwas nagte an Douglas, vielleicht war es die Enttäuschung, dass sein Leben nicht anders verlaufen war, eine Enttäuschung, die in Wut und Gehässigkeit umschlug und einen tiefen Konflikt zwischen Vater und Sohn verursachte. Später begriff Springsteen, dass es damit zu tun hatte, dass sein Vater nie eine sinnvolle und dauerhafte Beschäftigung finden konnte. »Ich wuchs in einem Haus auf, wo es ständig darum ging, um einen Job zu kämpfen, und wo die Folgen davon, dass man seinen Platz in der Gesellschaft nicht finden konnte, sich in mangelndem Selbstwertgefühl, Wut und Gewalttätigkeit äußerten.« In diesen Jahren fühlte Springsteen sich isoliert, unverstanden und alleingelassen.

In den 1970er und 1980er Jahren benutzte Springsteen die Geschichten über seinen Vater, die er häufig auf der Bühne erzählte, als eine Art Exorzismus für seine eigenen Dämonen und als Ersatz für ein Gespräch, das nie stattfand: »Als ich noch klein war, dachte ich nicht viel darüber nach, aber später beobachtete ich meinen Vater, wie er von der Arbeit kam, sich in die Küche setzte und dort die ganze Nacht sitzen blieb, als wäre etwas in ihm gestorben oder als hätte er nie eine Chance gehabt zu leben, bis ich das Gefühl bekam, dass auch in mir etwas am Sterben war. Und nachts lag ich wach und dachte, wenn nicht irgendwas passiert ... dann würde ich ... dann würde ich eines Tages einfach ...«

Er hat den Satz nicht beendet.

Das Leben seines Vaters und seines Großvaters zeigten Springsteen die Kehrseite des amerikanischen Traums: wie Menschen ohne eigenes Zutun in die Klemme geraten. Und er wollte diesem Kreislauf entkommen: »Als ich ungefähr sechzehn war, fing ich an, mich umzuschauen, und ... ich blickte zurück, ich sah mir meine Freunde an und was sie so machten, und es schien mir nicht so, als ob irgendjemand einen Plan hatte oder eine Chance, aus diesem Leben rauszukommen, das wir führten. Mein Vater arbeitete in der Plastikfabrik, und mein Großvater hatte in einer Teppichweberei in der Stadt gearbeitet, und es war unwahrscheinlich, dass es für mich anders laufen sollte.« »Schon als ich noch sehr jung war«, sagte er 1981, »war für mich klar, dass ich sterben würde, wenn ich so leben müsste.«

Als Springsteen dreißig war, zeigte ihm seine Tante ein Foto seines Vaters in Uniform, als er gerade aus dem Krieg zurückgekehrt war: »Ich konnte mich nicht entsinnen, ihn jemals in meiner Kindheit so stolz oder so kühn erlebt zu haben. Ich fragte mich, wo all der Stolz geblieben war, wie er sich in so viel Bitterkeit verwandeln konnte. Er war so enttäuscht, ihm war schon so vieles ausgetrieben worden, dass er die Vorstellung nicht akzeptieren konnte, dass ich einen Traum hatte und die Chance, ihn zu verwirklichen.«

Bruce' jüngere Schwester Virginia wurde 1950 geboren, und 1962 kam Pam. Springsteen erinnert sich, dass ihre Geburt »eine der besten Phasen überhaupt war, weil sich die ganze Atmosphäre für eine Weile veränderte – mit all dem ›Pst, es ist ein Baby im Haus.‹«

Aber schon bald kamen die Spannungen wieder auf, die dadurch verstärkt wurden, dass Bruce jetzt ein Teenager war. Springsteen kam sich vor, als wäre er unsichtbar. Mit dreizehn kaufte er sich im Western Auto Store eine Gitarre für 18 Dollar, das Geld hatte er mit verschiedenen Jobs verdient: Häuser streichen, Dächer teeren, Gartenarbeit. Nachdem er die Beatles in der *Ed Sullivan Show* gesehen hatte, übte er den ganzen Tag. Adele Springsteen, die von der Hingabe ihres Sohnes beeindruckt war, nahm einen Kredit über 60 Dollar auf und schenkte Bruce an Weihnachten 1964 seine erste Elektrogitarre. Er dankte es seiner Mutter später mit dem Song »The Wish«.

Die Musik war jetzt das Wichtigste: »Von da an drehte sich alles um Musik. Alles. Ich wuchs in emotionaler Isolation auf«, erinnert Bruce sich, »deshalb lernte ich Gitarre spielen. Ich spielte täglich acht Stunden lang in meinem Zimmer.« Springsteen kommt zu dem Schluss: »Mein ganzes Leben bestand aus einer gewaltigen Anstrengung, sichtbar zu werden.« 1975 erzählte er dem *Time Magazine*: »Die Musik hat mich gerettet. Von Anfang an war die Gitarre etwas, auf das ich mich verlassen konnte. Ich weiß nicht, was passiert wäre, wenn ich nicht zur Musik gefunden hätte. Musik wurde zu meinem Lebensinhalt. Vorher hatte ich keine Ziele. Ich spielte zwar Football und Baseball und so weiter, ich versuchte es mit den ganz normalen Sachen, aber ich passte nirgends rein. Ich war wie in einem Labyrinth gefangen. Die Musik gab mir etwas. Sie war nie nur ein Hobby. Sie war ein Grund zu leben.« Ihm wurde klar: »Mit der Gitarre hatte ich den Zugang zum Highway gefunden.« Und sie gab ihm eine Identität: »Das erste Mal, als ich mein Spiegelbild wirklich wahrnahm, war an dem Tag, als ich die Gitarre in den Händen hielt«, sagte er 1975. Und später: »Rock 'n' Roll war das Einzige, was ich jemals an mir selbst mochte.«

Im Jahr 1992 bewies Springsteen, dass er tiefe Einsichten in seine eigene psychologische Disposition und deren Auswirkungen auf seine Songs und seine Auftritte gewonnen hatte: »Auf der Bühne rede ich viel von Gemeinschaft, aber für mich selbst ist es sehr schwierig, mich an irgendetwas zu binden. Seit meiner Jugend tendiere ich dazu, in psychologischer Hinsicht isoliert zu sein. Mit meiner Musik versuche ich Verbindungen anzuknüpfen, sowohl mit den Menschen an sich als auch mit dem Einzelnen ... Für mich geht es in der Musik darum, anderen näherzukommen und die Mauern einzureißen, die ich selbst nicht überwinden konnte.«

Nachts im Radio Musik zu hören gab ihm die Hoffnung, sein Leben könnte anders verlaufen als das seines Vaters und Großvaters. »Ich hatte Glück«, sagte er 1981 auf der Bühne, »denn in den frühen Sechzigern saß ich ganze Nächte in meinem Bett mit dem Radio unter meinem Kissen, und die Musik, die ich hörte, der Rock'n'Roll, barg ein Versprechen, das Versprechen, dass du, wenn du auf dieser Erde bist, das Recht hast, einigermaßen anständig und einigermaßen würdig zu leben; und ich wünschte mir immer, ich könnte runtergehen und meinem Vater sagen: ›Hör dir das an, diesen Song von Elvis oder von den Drifters‹, und er würde es dann in seinem Herzen fühlen können, so wie ich es in meinem fühlte. Viele Leute verstehen das nicht, sie hören dieses Versprechen, und es klingt für sie nur wie Lärm, oder sie glauben nicht, dass es wahr sein kann ... aber ich glaube daran.«

Douglas Springsteen konnte die Musik nicht so hören, wie sein Sohn es sich wünschte. Stattdessen führten das ewige Gitarrespielen, die langen Haare, das nächtliche Ausbleiben nur dazu, dass sich die Spannungen zwischen ihnen verschlimmerten. »Es gab zwei Dinge, die bei uns zu Hause sehr unbeliebt waren«, erzählte Springsteen auf der Bühne, »das eine war ich, das andere meine Gitarre.« Als er 1976 seine Coverversion von »It's My Life« von den Animals ankündigte, ging er weiter ins Detail:

> Mein Pop hatte die Angewohnheit, jeden Abend, jeden Abend um neun, Mann, alle Lichter auszumachen ... sich mit einem Sixpack in die Küche zu setzen und eine zu rauchen; meine Mutter saß derweil im Wohnzimmer vor dem Fernseher, bis sie in ihrem Stuhl einschlief, und wenn sie morgens aufwachte, ging sie einfach wieder zur Arbeit ... und sie arbeitete als ... sie war Sekretärin, unten in der Stadt ... und mein Pop, er war Aufseher im Knast, dann arbeitete er eine Zeitlang in dieser Plastikfabrik ... und in der Teppichweberei, bis sie zugemacht wurde ... Er war oft arbeitslos, er war nur zu Hause ... und sobald ich sechzehn wurde ... fing ich an abzuhauen ... und wenn ich zurückkam, dann ging ich durch die Stadt, bis ich plötzlich in unserer Auffahrt stand, und mein Pop hatte wie immer die Vordertür abgeschlossen, so dass meine Schwester und ich nicht reinkonnten und hinten durch die Küche gehen mussten, wo er uns sehen würde ... Ich erinnere mich, wie ich einmal in der Auffahrt stand und durch die Hintertür spähte, er saß am Küchentisch, und das Ende seiner Zigarette glühte. Ich kämmte meine Haare zurück, damit er nicht merkte, wie lang sie waren, betrat die Veranda und versuchte, durch die Küche zu schlüpfen, bevor er mich aufhalten konnte ... und er wartete, ich erinnere mich genau, der alte Mann wartete, bis ich an der Treppe war, dann erst rief er meinen Namen ... und dass ich zurückkommen und mich einen Moment zu ihm setzen sollte. Also setzte ich mich an den Küchentisch, und ich erinnere mich, dass er mir Sachen erzählte ... ich konnte seine Stimme hören, wie wir

da im Dunkeln saßen, aber … ich weiß noch, dass ich sein Gesicht nicht sehen konnte. Er fing an, von diesem und jenem zu sprechen, dann fragte er mich, womit ich mein Geld verdiente, mit wem ich mich träfe, was ich überhaupt vorhätte … und am Ende brüllten wir uns an, meine Mutter kam aus dem Wohnzimmer angerannt … wollte uns auseinanderbringen, zog ihn von mir weg … Schließlich rannte ich durch die Hintertür davon, brüllte, schrie ihn an … dass es mein Leben sei und ich das tun würde, was ich wollte.

An der Freehold Regional High School war Bruce ein ziemlich unauffälliger Schüler. Er las nur selten irgendetwas. »Das war mein Problem mit der Schule«, sagte er 1976, »ich hatte keine Lust, die Bücher zu lesen. Es lag nicht mal daran, dass ich sie nicht mochte, ich hatte einfach nicht die Geduld dazu.« Nur im Kurs für kreatives Schreiben bekam er gute Noten. Er schrieb Aufsätze und arbeitete manchmal einen Song um: »Ich erweiterte ihn zu einer Geschichte oder zu einem Aufsatz … Schreiben interessierte mich, vor allem diese Art zu schreiben.«

1965 trat Springsteen seiner ersten Band bei, den Castiles. Die Story von der ersten Probe zeugt von seiner Leidenschaft. Gordon »Tex« Vinyard, ein kinderloser Fabrikarbeiter um die dreißig, war der Manager. Bruce erschien im Probenraum und spielte vor. Dann fragte er, ob er dabei wäre, und Tex antwortete, er solle wiederkommen, wenn er ein paar Songs mehr könne. »Und am nächsten Abend«, erinnert sich Tex, »es war so gegen elf, klopfte es an meiner Tür. ›Hallo‹, sagt er, ›ich bin Bruce Springsteen, kennst du mich noch?‹ Ich sage: ›Klar kenn ich dich.‹ Er sagt: ›Na ja, ich habe ein bisschen geübt.‹ … Und was soll ich sagen, dieser verdammte Junge setzte sich hin und haute fünf Songs raus, dass einem die Ohren abfielen. Fünf Leads. Ohne Verstärker, aber fünf Leads.« Tex fragte, wo er das gelernt hätte. Bruce antwortete: »Beim Radiohören.«

In jenem Jahr hörte er im Radio einen Song, der ihn völlig umhaute: »Als ich das erste Mal Bob Dylan hörte, saß ich mit meiner Mutter im Auto, und das Radio lief. Auf WMCA kam plötzlich dieser Beckenschlag, der sich anhörte, als würde jemand eine Tür in deinem Kopf eintreten: ›Like a Rolling Stone‹. Meine Mutter hatte nichts gegen Rock'n'Roll, sie mochte die Musik, aber nach einer Minute sah sie mich an und sagte: ›Dieser Typ kann nicht singen.‹ Ich wusste, dass das nicht stimmte. Ich saß nur da und sagte nichts, aber mir war klar, dass das die abgebrühteste Stimme war, die ich je gehört hatte. Sie war markant und klang nach jemandem, der zugleich jung und erwachsen war.«

Den Herbst verbrachte Springsteen damit, sich immer und immer wieder *Highway 61 Revisited* anzuhören. Er saß da und starrte das Cover an, und der coole Punk Dylan starrte zurück. »Als ich noch fast ein Kind war«, erzählte er in seiner Laudatio anlässlich Dylans Einzug in die Rock and Roll Hall of Fame 1988, »da faszinierte mich Bobs Stimme, und gleichzeitig machte sie mir Angst. Sie gab mir das Gefühl, unfassbar naiv zu sein – das geht mir immer noch so –, indem sie an das wenige rührte, was ein fünfzehnjähriger Schüler aus New Jersey damals überhaupt von der Welt ahnen konnte. Dylan war ein Revolutionär. Bob befreite den Geist, so wie Elvis den Körper befreit hat. Er zeigte uns, dass Musik, nur weil sie von Natur aus so körperlich ist, nicht antiintellektuell sein muss. Er hatte die Vision und die Begabung, einen Popsong zu schreiben, der eine ganze Welt enthielt. Er erfand eine neue Art zu singen, und er überschritt die Grenzen dessen, was ein Künstler erreichen kann, und er hat den Rock'n'Roll für immer verändert.«

Springsteen, dem Dylans aufregender Sound im Kopf herumging, spielte mit den Castiles auf Tanzfesten bei Studentenverbindungen und in Jugendclubs entlang der Küste von New Jersey. Manchmal kamen sie bis ins Village und spielten im Café Wha?. Sie nahmen sogar zwei Songs auf, an denen George Theiss, Leadsänger der Band und zeitweiliger Freund von Springsteens Schwester, mitgeschrieben hatte. In jenem Sommer trampte Springsteen oft zum Strand. Die Mädchen mochten den ruhigen Jungen, der so toll Gitarre spielen konnte. Ein Bandmitglied erinnert sich: »Er hatte etwas Besonderes an sich ... Kaum stand er auf der Bühne mit einer Gitarre in der Hand, brachte er alles zum Leuchten. Es war, als stünde er unter Strom.« Wie die meisten Teenie-Gruppen begann die Band langsam auseinanderzudriften. Bruce wollte selber singen, und er wollte mehr richtigen Rock machen und eigene Songs schreiben. Als der Sommer 1968 zu Ende ging, löste sich die Band auf.

Ein Mitglied der Castiles ging zu den Marines (und kam später in Vietnam um). Springsteen wollte auf keinen Fall eine Militärlaufbahn einschlagen. Er erinnerte sich daran, wie sein Vater immer zu ihm sagte: »›Ich kann es kaum erwarten, bis die Army dich in die Finger kriegt ... wenn die Army dich kriegt, dann machen sie einen Mann aus dir ... sie schneiden dir die Haare ab, und dann wirst du endlich ein Mann sein.‹ Ja, und einmal, als ich einen Motorradunfall gehabt hatte und im Bett lag und mich nicht bewegen konnte, da ließ er einen Friseur kommen, der mir die Haare abschnitt. Ich erinnere mich, dass ich ihm sagte, ich hasse ihn.«

1969 wurde Springsteen zur Musterung bestellt. Er hoffte, dass er wegen der Gehirnerschütterung, die noch von dem Motorradunfall herrührte, abgelehnt würde. Und er füllte die Formulare absichtlich unsinnig aus. »Als wir in den Bus stiegen, hatten wir Angst«, erzählt er. »Ich dachte nur eins:

Ich geh da nicht hin. Ich hatte versucht, aufs College zu gehen [Ocean County Community College], aber ich passte da nicht rein ... Ich erinnere mich, wie wir in dem Bus saßen, ich und ein paar andere Jungs aus meiner Band, und der Rest bestand zu etwa sechzig oder siebzig Prozent aus Schwarzen aus Asbury Park. Und ich dachte: Warum soll mein Leben oder das von meinen Freunden weniger wert sein als das von jemandem, der aufs College geht?«

Springsteen fiel bei der Musterung durch. Als er nach Hause kam, fragten die Eltern: »Und, was ist passiert?« Er antwortete: »Sie haben mich nicht genommen.« Und »mein Vater saß da, er sah mich nicht an, er starrte ins Leere. Und dann sagte er: ›Das ist gut.‹ Es war ... puh ... das werde ich nie vergessen, niemals.« In diesem Moment machte Douglas Springsteen seinem Sohn ein Geschenk, das eines Tages Heilung und Versöhnung möglich machen würde. Aber erst als Bruce schon über dreißig war, konnten sie sich gegenseitig sagen, dass sie sich liebten.

Traumatische Kindheitserlebnisse und zerrüttete Verhältnisse hinterlassen bleibende Narben. 1990 kündigte Springsteen »My Father's House« an als »einen Song über die Schwierigkeiten, die uns auseinanderbrachten« und gab eine sehr persönliche Erfahrung preis:

Ich hatte sehr lange eine Angewohnheit; ich setzte mich in mein Auto und fuhr durch das alte Viertel in meiner Heimatstadt. Immer kam ich an dem Haus vorbei, wo wir früher lebten, manchmal war es schon tief in der Nacht ... Es kam so weit, dass ich das ganz regelmäßig zwei-, drei- oder viermal in der Woche tat, und irgendwann fragte ich mich: »Was zum Teufel mache ich hier eigentlich?« [lacht] Also ging ich zu einem Psychiater und erzählte ihm: »Doc, seit Jahren schon setze ich mich nachts in mein Auto, fahre in meine Heimatstadt zurück und klappere dann alle Häuser ab, in denen ich früher gewohnt habe. Warum mache ich das bloß?« Und er sagt: »Ich möchte, dass *Sie* mir sagen, warum Sie das tun.« [Gelächter] Und ich: »Aber dafür bezahle ich Sie doch.« Schließlich sagt er: »Tja, warum tun Sie das … Etwas Schlimmes ist passiert, und indem Sie zurückkehren, glauben Sie, dass Sie es ändern können; irgendetwas, das schiefgelaufen ist, deshalb kommen Sie immer wieder zurück, weil Sie hoffen, dass es sich wieder richten oder irgendwie verbessern lässt.« Und ich saß nur da, und dann sagte ich: »Genau das ist es.« Und er sagte: »Aber das können Sie nicht.«

Wenige Wochen nach Springsteens Musterung 1969 zog der Rest der Familie nach San Mateo, Kalifornien, um einen Neuanfang zu machen. Bruce blieb zurück. 1998 erinnerte er sich an die Reise seiner Eltern. Sie wussten nicht, wo sie hinsollten, aber sie entschlossen sich, einfach wegzugehen. Eine Hippiefreundin von Bruce schlug Sausalito vor, und sie fuhren hin, mussten aber feststellen, dass es nicht das Richtige für sie war. Springsteen erzählt das Ende der Geschichte: »Meine Mutter sagte, sie hielten an einer Tankstelle und fragten den Typ dort: ›Wo wohnen Leute wie wir?‹ – die Frage klingt wie der Titel einer Story von Raymond Carver –, und der Typ antwortete: ›Oh, ihr wohnt auf der Halbinsel.‹ Und dort landeten sie dann auch. Sie fuhren in den Süden von San Francisco, und seitdem leben sie dort. Damals war mein Vater zweiundvierzig – es ist eigenartig, sich vorzustellen, dass er sieben oder acht Jahre jünger war, als ich es heute bin. Es war eine ziemliche Reise, man brauchte Nerven und Mut dazu, wenn man aus einem kleinen Kaff in New Jersey stammte.«

Nachdem seine Eltern die Stadt verlassen hatten, zog Bruce nach Asbury Park. In den Clubs an der Küste von New Jersey war er schon ein bekanntes Gesicht. 1968 spielte er in einem Hardrock-Trio namens Earth (»eine echte Hendrix/Cream-Gruppe«, erinnert er sich) und wurde eingeladen, im Upstage Club zu jammen. Dieses Café mit Club war im selben Jahr von Tom und Margaret Potter eröffnet worden und wurde schnell zum Mittelpunkt einer ungewöhnlichen nächtlichen Musikszene. Das Upstage war am Wochenende bis fünf Uhr morgens geöffnet, und die Potters bestanden darauf, dass weder Drogen noch Alkohol konsumiert wurden. Sie ermutigten die Musiker, sich außerhalb ihrer Cliquen untereinander auszutauschen. Bei ihren ganzen Gigs in Bars und bei Tanzfesten vor Mitternacht hatten die Musiker meist die Top-40-Hits gecovert, jetzt konnten sie spielen, was sie wollten, auch eigene Songs, oder einfach herumexperimentieren. Auf der Bühne stand eine ganze Wand von Lautsprechern. Man musste nur seine Gitarre einstöpseln. Und hier wurde, wie der *Rolling Stone* berichtete, die »typische Asbury-Band mit ihrem plärrenden Verstärkersound geboren«.

Aber im Upstage ging es nicht gerade demokratisch zu. Tom Potter entschied, wer spielen durfte, und Gitarristen von überall kamen, um ihr Glück zu versuchen. »Das Upstage wurde zu einer Art Dodge City für Gitarristen«, erinnert sich Tallent, der dort oft die ganze Nacht Bass spielte. »Jeder Gitarrist im Umkreis von mindestens zwanzig Meilen hatte davon gehört und kam vorbei, um sich mit den anderen zu messen.«

Es gibt unterschiedliche Berichte darüber, wer Bruce in den Club einlud, wie sich die Situation entwickelte und wer dabei war. Margaret Potter erinnert sich an einen ruhigen Jungen, der fragte, ob er eine Gitarre borgen könnte. Er stöpselte sie ein und fing an zu spielen. Sie rannte runter in den zweiten Stock, wo Vini Lopez, Steve Van Zandt und Johnny Lyons herumsaßen und Monopoly spielten, und rief: »Jungs, oben ist ein Typ, der wirklich was draufhat!« Lopez sagt, Danny Federici sei auch dabei gewesen: »Wir sahen Margaret Potter oben an der Treppe. Da waren Bruce und Vinnie, ich meine Vinnie Roslin. Danny und ich sprangen rauf, und wir vier jammten zusammen. Danach waren wir eine Band. Vielleicht noch keine richtige Band, aber wir wollten unbedingt eine werden.« Roslin berichtete, dass Springsteen »einfach diese unbändige Lust zu spielen hatte. Er wollte überall, jederzeit und für jeden spielen. Er war wie ein Fernseher, der nur ein Programm hat, und da lief ›Die Musikstunde‹«.

Bruce erinnert sich: »Als ich das erste Mal da war, saß Vini Lopez an den Drums, Danny an der Orgel, und es war wie eine Offenbarung, weil gute Musiker da waren und manche ihre eigenen Sachen spielten. Es war wie ein Schock für mich. Ich kam rein und hatte das Gefühl, als hätte ich eine Entdeckung gemacht. So fing ich an, mit vielen der Leute zu spielen, die mich dann lange Jahre meiner Karriere begleitet haben.«

Springsteen, Lopez, Federici und Vinnie Roslin nannten sich zunächst Child, aber nachdem ihnen aufgefallen war, dass es schon eine andere Band dieses Namens gab, tauften sie sich 1970 um in Steel Mill. 1971 verließ Roslin die Band, und Van Zandt übernahm den Bass. Die Band hatte bald ein Gefolge von treuen Fans, die in ihnen die lokale Supergruppe sahen. Sie spielten harten Rock – wie Ten Years After oder Cream –, aber mit R & B-Anteilen. Mit ihrem Manager Carl »Tinker« West, dem eine Surfbrett-Fabrik gehörte, in der Bruce eine Zeitlang gearbeitet und gewohnt hatte (»Der Kunstharzgeruch der Surfboards konnte einen echt umhauen«), fuhren sie Ende 1969 nach Berkeley, Kalifornien, und wurden dort gut aufgenommen. Sie machten sogar drei Demotapes für Bill Graham, den legendären Rock-Promoter, der sie unter Vertrag nehmen wollte, aber die Band lehnte ab.

Am 4. Juli 1970 brachen in Asbury Park Rassenunruhen aus. Mitte der sechziger Jahre, als viele andere Städte brannten, war es dort ruhig geblieben. Jetzt wurden Polizei und Nationalgarde eingesetzt, um den Aufstand der zornigen schwarzen Bevölkerung der West Side niederzuschlagen, die jahrelang mit falschen Versprechungen abgespeist worden war und deren Situation sich immer weiter verschlechtert hatte. Die Unruhen zerstörten alles, was Asbury Park als Ferienort und kleiner Seehafen noch zu bieten hatte. Springsteen stand auf einem Wasserturm und sah die Stadt brennen. Bald würde er mit einer neuen Band ein eigenes Profil und einen harmonischen Sound erschaffen, etwas, das dieser Stadt nie gelungen war. Die Ausschreitungen beendeten eine kurze, aber glanzvolle Phase kulturellen Lebens. »Die Unruhen veränderten die wirtschaftliche Situation in Asbury Park über Nacht«, stellte der Historiker Robert Santelli fest. »Der Ort verwandelte sich buchstäblich in ein Niemandsland. Für den Tourismus wurde er sofort uninteressant, und auch die Clubs schlossen einer nach dem anderen.« Und Tinker West sagt: »Nach den Unruhen war alles vorbei.«

Vorbei war es auch für Steel Mill. In San Francisco hatte Springsteen eine Band gehört, die besser als seine war, und ihm wurde klar, dass es ihm nicht reichte, die beste lokale Band zu haben, er wollte die beste Band überhaupt. Außerdem war sein Musikgeschmack dabei, sich zu verändern; er entfernte sich vom gitarrenlastigen Hardrock hin zu mehr R & B mit vielen Bläsern. »Bruce wollte nicht mit Steel Mill weitermachen«, erinnert sich West. »Er hatte Leon Russell und Joe Cocker gesehen und den ganz großen Erfolg.« »Wir wären glücklich damit gewesen, wie Van Morrison und seine

Band zu sein«, erzählt Garry Tallent. Eine Zeitlang (einige Auftritte sind überliefert) war Springsteen der Leader von Dr. Zoom and the Sonic Boom, einer Jamband mit wechselnden Mitgliedern, die aus Sancious, Federici, Lopez, Tallent, Van Zandt und anderen bestand (Springsteens erster kurzlebiger Spitzname war »The Doctor«). 1971 gründete er die Bruce Springsteen Band, mit Bläsern und Background-Sängerinnen, die für einen Soul- und Gospelsound sorgten. Die Band profitierte vom Kultstatus, den Steel Mill in Richmond, Virginia genossen hatte, und spielte oft auf Collegefesten. Fast alle Mitglieder zogen nach Richmond. »Und dann«, erzählt Tallent, »war Bruce eines Tages plötzlich weg... Er verschwand einfach und ließ uns sitzen.«

Springsteen sagte später: »Ich hatte damals einiges an privaten Problemen.« Er fuhr nach Kalifornien und verbrachte einige Zeit bei seinen Eltern, dann kam er zurück nach New Jersey. »Mir wurde klar, dass ich die Sache anders anpacken musste«, erinnert er sich. »Ich fing an, meine eigenen Sachen zu schreiben, die man in Clubs nicht spielen konnte. Das hätte nicht funktioniert, denn sie verlangten nach Aufmerksamkeit, nach Zuhören und Konzentration. Aber ich wusste, wenn ich es wirklich schaffen wollte, dann musste ich etwas ganz anderes und wirklich Eigenes machen. Mich reizte die Unabhängigkeit, die Individualität einer Solokarriere. Damals fing ich an, einige der Songs von *Greetings from Asbury Park* zu schreiben. Ich wohnte damals über diesem kleinen Schönheitssalon, der geschlossen war, dort stand noch ein altes Klavier. Und nachts ging ich runter, setzte mich zwischen all die Haartrockner und schrieb einen Haufen Songs für das Album.«

West machte Springsteen mit Mike Appel und Jim Cretecous bekannt, die beide als Songwriter und Producer arbeiteten, und im März 1972 unterschrieb Springsteen den ersten von drei Verträgen. Später erzählte er Robert Hilburn, dass er deshalb nie den Mut verlor, weil er sich erst gar keine Hoffnungen machte: »Ich sagte mir einfach: Verdammt, du bist ein Verlierer. Du musst dir keine Sorgen machen. Ich dachte von Anfang an, dass sowieso nichts daraus werden würde. Aber das ist nicht dasselbe wie Aufgeben. Man macht weiter, aber man verlässt sich auf nichts. Das kann auch eine Stärke sein.«

Appel, der ebenso dreist wie arrogant sein konnte, setzte sich enorm für seinen Schützling ein, an den er fest glaubte, und es gelang ihm, ein Vorspielen für den 2. Mai bei John Hammond von Columbia Records zu organisieren. Appel verhielt sich Hammond gegenüber dermaßen respektlos, dass der Springsteen später erzählte, dass er ihn eigentlich abblitzen lassen wollte. Aber er gab ihm eine Chance. Springsteen erinnert sich:

> Für mich war es ein unglaublich wichtiger Tag. Ich hatte schon in so vielen Bars und bei so vielen Shows gespielt. Jetzt war ich zweiundzwanzig und stieg mit einer Akustikgitarre ohne Koffer aus dem Bus, die ich mir vom Drummer der Castiles geliehen hatte. Es war mir peinlich, so durch die Stadt zu laufen. Ich kam in sein Büro und spielte ein paar Songs, und er sagte: »Du musst was für Columbia einspielen. Aber erst will ich dich auf der Bühne sehen. Und wir brauchen ein Tape.« Mike Appel und ich liefen durch die Stadt, um einen Club zu finden, wo sie einen einfach spielen lassen würden. Im Bitter End ließen sie uns nicht. Wir gingen woandershin. Und zuletzt kamen wir zum alten Gaslight in der McDougal Street, und der Typ sagte: »Ja, wir haben heute eine Open Night, du kannst kommen und eine halbe Stunde spielen.« Im Club waren ungefähr zehn Leute, und ich

spielte eine halbe Stunde. John Hammond sagte: »Hey, das war toll. Komm morgen ins Studio von Columbia, und wir machen ein Demotape.« Ich war erst ein Mal in einem richtigen Plattenstudio gewesen, und zwar, als ich 69 in San Francisco in Bill Grahams Studio ein Tape gemacht hatte. Bei Columbia ging es ziemlich förmlich zu: Der Tontechniker trug ein weißes Hemd mit Schlips und war so um die fünfzig. Außer ihm waren nur John und Mike Appel dabei, und er drückte einfach auf den Knopf und gab mir eine Seriennummer, und los ging's. Ich war ganz aufgeregt. Ich wusste, dass ich ein paar gute Songs geschrieben hatte, und das hier war meine Chance. Ich hatte nichts zu verlieren, und das war der Anfang von allem.

Die Demotapes veröffentlichte Springsteen auf *Tracks* (1998). Wenn man sich diese Versionen von »Mary Queen of Arkansas«, »It's Hard to Be a Saint in the City«, »Growin' Up« und »Does This Bus Stop at 82nd Street?« anhört, wird einem Springsteens Ernsthaftigkeit und Stärke als akustischer Solokünstler bewusst. Als solchen nahm Hammond ihn dann auch unter Vertrag. Als Bruce seine Mutter in Kalifornien anrief, um ihr von dem Plattenvertrag zu berichten, war ihre erste Frage: »Und wie nennst du dich jetzt?« Vielleicht dachte sie dabei an Bob Dylan.

Aber als Bruce im Juli 1972 ins Studio kam, da war er nicht allein – er brachte die Band mit: Sancious, Tallent und Lopez. Und Clarence Clemons kam gegen Ende der Session für zwei Songs dazu, »Blinded by the Light« und »Spirit in the Night«. Springsteen sagte 1974: »Wenn sich die Türen erst mal für mich geöffnet hätten, wollte ich die Band mitbringen. Ich wollte eine Rhythmusgruppe, ich wollte vor allem deshalb eine Band, weil ich so lange in der Gruppe gespielt hatte und weil mir klar war, dass ein großer Teil meiner Fähigkeiten darin bestand, dass ich wusste, wie man eine Band nutzt. Und letztlich machten wir eine Akustikplatte mit einer Rhythmusgruppe, das war der Kompromiss zwischen der Plattenfirma, den anderen und mir.« Nach drei Wochen waren die Aufnahmen fertig.

Springsteens erstes Album, *Greetings from Asbury Park, N.J.*, erschien im Januar 1973, und sowohl der Titel als auch die Postkarte auf dem Cover erinnern an die heute verschwundene Musikszene. »Die Songs«, sagt Springsteen, »sind verschlüsselte Geschichten aus meinem Leben«, und er fügt hinzu: »In diesem Stil habe ich nie wieder geschrieben. Als die Platte dann da war, fing es mit diesen ganzen Vergleichen an, ›der neue Dylan‹ und so weiter, also entfernte ich mich wieder davon. Aber die Texte und die Atmosphäre von *Greetings* kamen aus dem Unterbewusstsein. Wenn man seine ersten Songs schreibt, dann denkt man dabei meistens nicht daran, dass sie jemals rauskommen werden. Bis dahin gab es nur mich und meine Musik. Und das passiert nur ein Mal.«

Die Presse wurde auf das bemerkenswerte Talent aufmerksam: »Noch nie hat mich ein Newcomer derartig beeindruckt«, stand in der *L.A. Free Press*. »Wenn man sich dabei ertappt, wie man morgens beim Aufwachen seine Songs singt, weiß man, wie gut dieser Junge ist«, verkündete die Zeitschrift *Crawdaddy*. Columbia schaltete eine Anzeige: »Diesem Mann gelingt es, mehr Gedanken und Ideen mit einem einzigen Song zu fassen, als manch anderer mit einem ganzen Album.« Aber die Verkaufszahlen, die im ersten Jahr etwa bei 20 000 Exemplaren lagen, waren enttäuschend.

Springsteen schrieb weiterhin seine Songs: »Ich schrieb wie verrückt. Haute alles raus. Hatte kein Geld, musste nirgends hin, hatte nichts zu tun. Kannte nicht allzu viele Leute.

Es war kalt, ich schrieb sehr viel und fühlte mich schuldig, wenn ich's nicht tat.«

Im Sommer war er wieder im Studio, um seine zweite Platte aufzunehmen, *The Wild, the Innocent, and the E Street Shuffle*, die Columbia im September auf den Markt brachte. *Rolling Stone* nannte ihn »ein bedeutendes neues Talent« und pries die Band, die »kraftvoll und präzise rockt«. Ein Rezensent befand: »Er verdient eine sehr viel größere Öffentlichkeit. Mit Anklängen von Jazz, Soul und Latin ist das die Art von Rock'n'Roll, die einen aufspringen und tanzen lässt.« Die vielleicht wichtigste Beobachtung stand in der *New York Times*, Bruce Pollack schrieb: »In einer Zeit der Rezession, der falschen Propheten und der Heuchelei, in der die meisten unserer Retorten-Superstars entweder abgewürgt wurden, zu flach, zu lahm oder einfach schon scheintot sind, verkünde ich allen Zweiflern mit großer Erleichterung, dass Bruce Springsteen wieder ein ehernes, jaulendes und herrliches Monstrum von einer Platte hingelegt hat.« Pollack schloss mit der Frage: »Wie wird erst sein drittes Album sein?«

Der Song »Rosalita« mit seinem ausgelassenen Beat und dem emanzipatorischen Thema – er handelt von einem jungen Rocker, der einen tollen Plattenvertrag unterschrieben hat und jetzt seine Freundin abholen will – wurde sofort zum Erkennungslied der Platte:

»I'm comin' to liberate you, confiscate you,
   I want to be your man
Someday we'll look back on this and it will all seem
   funny«

[Ich will dich befreien, dich in Beschlag nehmen,
   dein Mann sein
Und später mal werden wir über all das lachen können]

Dieser Song, sagte Springsteen später, »war ein Vorgeschmack auf *Born to Run*, inklusive des Fluchtthemas, nur mit mehr Humor«. Sein Blick in die Zukunft sollte nicht bedeuten, »dass es immer nur lustig *sein* würde, aber dass es uns so *vorkommen* würde. Das ist wohl eine der sinnvollsten Zeilen, die ich je geschrieben habe.«

Die ungetrübte Freude von »Rosalita«, dem vorletzten Song auf dem Album, wurde konterkariert von dem zweiten, »4th of July, Asbury Park (Sandy)«. Während der eine vom Aufbruch handelt, geht es im anderen um Abschied. Der Erzähler sagt Lebewohl zu seiner Sommerliebe und der ganzen Szene, die schon allmählich untergeht. »This boardwalk life for me is through« [Das Strandleben ist für mich vorbei], singt Bruce. Und so war es auch, sowohl für Springsteen als auch für die anderen Musiker, die das Upstage frequentiert hatten, das jetzt geschlossen war. Auch in den Arkaden fanden sich nach den Unruhen nur noch wenige Besucher ein. Der Song »war mein Abschiedsgruß an die Stadt, die ich als meine Heimat ansah«, sagte er 1998.

Das zweite Album verkaufte sich nicht viel besser als das erste, aber Springsteen und die Band spielten weiter und wurden besser. Es gab einige Wechsel unter den Mitgliedern (für Lopez kam Carter; dann gingen Sancious und Carter, Bittan und Weinberg kamen dazu, gefolgt von Van Zandt). Es war Zeit, wieder ins Studio zu gehen, um die dritte, alles entscheidende Platte aufzunehmen. Bruce hatte einige neue Songs geschrieben, er fand sie ziemlich gut, und vielleicht war ja auch ein Hit dabei. Auf die Frage, wie autobiografisch seine Songs wären, hat er immer wieder unterschiedliche Antworten gegeben.

Er sagte: »Ich möchte eigentlich nicht darüber reden. Ich würde die Songs gerne so stehen lassen, denn alles andere verdirbt sie nur. Wenn man anfängt, darüber zu reden, ist die Magie weg.«

Und er sagte: »Songs sind nicht im eigentlichen Sinn autobiografisch. Aber sie sind es in gefühlsmäßiger Hinsicht. Im Lauf der Zeit kann man sehen, wie die eigene Sicht auf die Dinge war und wie sie sich verändert hat. Man erschafft verschiedene Charaktere, und was sie gemeinsam haben, ist eine emotionale Leitlinie, die man selbst benutzt hat, um seinen Weg zu finden in einem Dasein, das einem oft ziemlich unberechenbar erscheinen kann.«

Und dann sagte er noch: »Es gibt keine einzige Note, die ich auf der Bühne spiele, die sich nicht direkt auf meine Eltern zurückführen lässt.«

2 Die Entstehung von *Born to Run*

»Als ich *Born to Run* aufnahm, wollte ich das größte Rock'n'Roll-Album aller Zeiten machen.«
— *Bruce Springsteen, 1987*

Am Anfang stand der Titel. Drei Worte: »Born to Run«. Es war im Frühjahr 1974, Springsteen wohnte in einem kleinen Haus im Westen von Long Branch, New Jersey, einen

Long Branch, New Jersey. In diesem Haus schrieb Springsteen die Songs für Born to Run.

Block vom Strand entfernt. Zum ersten Mal lebte er allein. Nachmittags setzte er sich an ein Äolsklavier, das am Fenster stand, und komponierte.

In *Songs* (1998) erinnert er sich, dass ihm »Born to Run« zuerst vorkam wie »ein Filmtitel oder so ein Autoaufkleber ... Ich mochte den Satz, weil er nach großem Kino klang, und ich dachte, dass er zu der Musik passen würde, die in meinem Kopf rumschwirrte. Aber ich brauchte sehr lange, um den Song zu schreiben, es waren Monate. Ich setzte mich jeden Tag dran. Ich hatte so ein kleines Notizbuch, und auf der ersten Seite kann man die ersten paar Zeilen finden, und dann kommen Seiten über Seiten, und als das Notizbuch voll war, war der Song fertig, was ziemlich viel Aufwand für die paar Verse ist.« Die Zeit, die er damit verbrachte, an dem Song zu feilen, war enorm. Das Notizbuch umfasst über 50 Seiten.

»Born to Run«, sagt Springsteen, »war das erste Musikstück, das ich geschrieben und als Studioproduktion konzipiert habe.« Er suchte nach einem »umfassenden Sound, um das Potenzial des Songs umzusetzen«, und so gut seine Band auch war, es reichte nicht, um das einzufangen, was er sich vorstellte. Als das Album im Dezember 1975 erschienen war, erklärte er: »Ich wollte nicht hier eine Stimme, da eine Gitarre, und dort das Klavier. Ich wollte, dass die Leute einen einzigen Sound hören, wie ein Donnergrollen.« »Für ›Born to Run‹ benutzte ich zum ersten Mal das Studio wie ein Werkzeug, und nicht nur, um das aufzunehmen, was wir tatsächlich spielten«, erinnerte er sich 1998. Der wohl rasanteste Live-Interpret seiner Zeit nutzte die Studiotechnik, um jene Platte zu machen, die seine Musik einem breiten Publikum vorstellen sollte.

Springsteen mühte sich ab mit dem Song und mit dem Album. Er hatte sich vorher noch nie ernsthaft mit dem Produzieren beschäftigt, und jetzt kamen seine perfektionistischen Tendenzen zum Vorschein, während er versuchte, »jedes einzelne Detail der Arrangements« im Griff zu behalten. »Wir arbeiteten mit einem 16-spurigen Aufnahmegerät«, erinnert er sich, »und wir spielten die einzelnen Spuren immer wieder neu ein und doppelten und mischten alles zusammen, und das schien ewig so weiterzugehen.« Louis Lahav, der Tontechniker vom 914 Studio, wo »Born to Run« eingespielt wurde, erinnerte sich 1988: »Es war ein 16-spuriger Track, aber der war so kompakt, dass er klang wie heute ein 32-spuriger.« Und Produzent Mike Appel weiß noch: »Beim Mischen konnte man keinen Moment unaufmerksam sein. Der Song sollte den Ton für die gesamte Platte angeben – und auch für Springsteens weitere Karriere.« »Es ging nicht nur darum, einen Song abzumischen«, fügt Lahav hinzu. »Es ging um diese eine Sache, an die man wirklich glaubt – es war beinahe religiös.« Springsteen hatte die Latte unwahrscheinlich hoch gelegt: »Ich wollte das größte Rock'n'Roll-Album aller Zeiten machen.«

»Wir wussten, was wir wollten«, sagte Springsteen, einige Monate nachdem das Album fertig war. »Es war nur sehr schwierig, es umzusetzen.« Er litt unter dem Druck, der von der Plattenfirma und den Kritikern ausging. »Es war die schlimmste Phase meines Lebens ... die *allerschlimmste*«, konstatierte er Ende des Jahres. Nach den Gründen gefragt, deutete er auf einen Stapel PR-Material, das ihn als die Zukunft des Rock'n'Roll darstellte. Er riss es entzwei und brüllte: »Deswegen!« »Plötzlich war ich die Zukunft des Rock'n'Roll«, sagte er einem Journalisten. »Das war zu viel an Aufmerksamkeit, es warf mich zurück in die Zeit, als mich niemand beachtet hatte. Die Arbeit an *Born to Run* war ziemlich beängstigend. Ich wurde geboren, alterte und starb, während ich dieses Album machte.«

»Es war die intensivste Erfahrung, die ich jemals gemacht habe«, sagte er, kurz nachdem das Album fertiggestellt war. »Nichts war dem jemals nahegekommen. Und was es noch schlimmer machte, war dieser Zustand von enormer Anspannung, der *vier Monate* lang anhielt, das muss man sich mal vorstellen. Manchmal kam man ins Studio, und die Atmosphäre war einfach mörderisch. Es lag etwas absolut *Tödliches* in der Luft. Die Leute fingen an, uns zu *meiden*.«

Zur Inspiration dienten Springsteen unterschiedliche musikalische Einflüsse. Rockmusiker sind wie Maler, sie kopieren, zitieren, imitieren und ehren so die alten Meister, und nicht selten gelingt es ihnen dabei, die Grenzen ihrer Kunst zu erweitern. Über die Jahre hat er behauptet, in dem Song und auf dem Album wollte er wie Roy Orbison singen, wie Duane Eddy Gitarre spielen und als Produzent Phil Spector nacheifern.

Orbison war vielleicht der beste Rocksänger der sechziger Jahre. Seine Stimme war opernhaft und gefühlvoll, ging über drei Oktaven und verlieh seinen Balladen Vitalität. Hits wie »Only the Lonely«, »Oh, Pretty Woman« und »Crying« verwandelten kleine Geschichten in große Opern. 1987 hielt Springsteen eine Rede bei Orbisons Einzug in die Rock and Roll Hall of Fame und erzählte, wie er 1970 eine fünfzehnstündige Reise nach Nashville auf sich genommen hatte, um als Vorgruppe für den Sänger beim Nashville Music Festival zu spielen. »Als ich ins Studio ging, um ›Born to Run‹ zu machen, da wollte ich vor allem wie Roy Orbison klingen.« Er fügte hinzu: »Ich werde nie vergessen, was er mir bedeutet und was er mir bedeutet hat, als ich jung war und Angst vor der Liebe hatte.«

Duane Eddy wiederum hatte die Rockgitarre erfunden. Er stellte das Instrument in den Mittelpunkt seiner Show und entfesselte damit Naturgewalten. Sein Spiel – er zupfte an den Basssaiten, wiederholte die Noten in kurzen Abständen und ließ sie nachhallen – wurde als »Twang« bekannt. Zwischen 1958 und 1963 hatte er eine Reihe von Instrumentalhits, fünfzehn Songs in den Top 40, unter ihnen »Ramrod«, »Cannonball« und »Forty Miles of Bad Road«.

Ein weiterer Einfluss war der ungewöhnliche Studiosound von Phil Spector, dem wohl wichtigsten Produzenten der späten fünfziger und frühen sechziger Jahre. Spectors Methode wurde später »Wall of Sound« genannt. Er baute die Songs aus einzelnen Tonspuren mit einer Vielzahl von Instrumenten auf, und diese komplexen Arrangements gaben jedem Song einen nahezu symphonischen Klang. Diese Methode verlieh Liedern über Teenagerliebe Bedeutung und Tiefe: »Be My Baby« von den Ronettes, »Da Doo Ron Ron« von den Crystals, »Leader of the Pack« von den Shangri-Las, »You Lost that Lovin' Feeling« von den Righteous Brothers. Indem er Spectors Methode anwandte, kombinierte Springsteen Musik mit Poesie, und es entstand Magie.

Eigentlich hatte er vor, den Girlgroup-Sound noch stärker in seine Musik zu integrieren. Im März 1974 sagte er: »Für mein nächstes Album will ich Mädels in der Band haben, weil ich einige gute Ideen habe, die über Background-Gesang hinausgehen. Aber im Moment fehlt mir dazu das Geld.«

Den ganzen Sommer 1974 verbrachte Springsteen im Studio, um »Born to Run« einzuspielen, wenn er nicht gerade einen Liveauftritt hatte. Die Shows wurden oft abgesagt, weil das Studio gerade frei war. Und wenn er dort nicht weiterkam, ging er raus und spielte irgendwo oder schrieb einfach nur. Weil er so viel herumexperimentierte, stiegen die Kosten für das Studio immer weiter an, was Dave Marsh zufolge ein Grund dafür war, dass Bruce in dem weniger gut ausgestatteten Studio in Blauvelt blieb, obwohl ihm in New York bessere zur Verfügung gestanden hätten.

Die erste Liveversion des Songs, die noch existiert, wurde am 13. Juli 1974 im Bottom Line in New York aufgenommen, über ein Jahr vor seinen spektakulären Auftritten dort. In musikalischer Hinsicht steht der Song weitgehend (er beginnt etwas langsamer, aber schon mit dem Trommelwirbel von Ernest Carter), die Lyrics dagegen unterscheiden sich deutlich von der endgültigen Version, so sehr, dass der Inhalt des Songs sich verändert. In der ersten Strophe singt Springsteen: »At night we stop and tremble in the heat / with murder in our dreams« [Nachts halten wir an und schaudern in der Hitze / und träumen von Mord]. Der Song ist düsterer. Er singt nicht für Wendy, deren Name gar nicht vorkommt. Die zweite Strophe beginnt: »So close your tired eyes little one / and crawl within my reach … we'll ride tonight on the beach / out where the surfers sat, wet and cold / as they watch the skies / there'll be a silence to match their own« [Schließ deine müden Augen, Kleine / und komm rüber zu mir … heute Nacht fahren wir zum Strand / wo Surfer in der Kälte frieren / und den Himmel beobachten / ob dort ein Schweigen herrscht so wie ihr eigenes].

Springsteen reizt die Themen Einsamkeit und Gewalt bis ins Extrem aus. In der dritten Strophe singt er: »And the boys try to look so hard / like animals pacing in a dark black cage / senses on overload / they're gonna end this night in a senseless fight / and then watch the world explode« [Und die Jungs geben sich so hart wie möglich / wie unruhige Tiere in einem pechschwarzen Käfig / alle Sinne überlastet / sie werden die Nacht mit einem sinnlosen Kampf beenden / und dann zusehen, wie die Welt explodiert]. Offensichtlich will er eine Übereinstimmung mit den anderen Songs schaffen, die er für das Album in Betracht zieht. Bei diesem Auftritt spielte er auch zum ersten Mal »Jungleland«. In der frühen Version von »Born to Run« begegnet man den »broken heroes / with a loneliness in their eyes« [Gebrochene Helden / mit Einsamkeit in den Augen], und anstatt »I'll love you with all the madness of my soul« [Ich will dich mit all dem Irrsinn meiner Seele lieben] singt Bruce: »Drive through this madness / oh burstin' off the radio« [Ich versuche, diesem Irrsinn davonzufahren / der aus dem Radio dröhnt]. Irgendwann zwischen Juli und dem Ende des Sommers überarbeitete Springsteen »Born to Run«. In einem Interview sagte er: »Ich bastle noch immer am Songtext für die neue Single, aber ich glaube, er wird gut.« Die Anklänge von Entfremdung, Einsamkeit und Gewalt verwandelten sich in Liebe, Kameradschaft und Erlösung.

Die unterschiedlichen Versionen von »Born to Run« machen deutlich, wie Springsteen musikalisch experimentiert. In der einen setzt ein weiblicher Chor ein, wenn er singt: »We gotta get out while we're young« [Wir müssen hier raus, solange wir noch jung sind], »I got to know how it feels« [Ich will wissen, wie es sich anfühlt] und »We'll walk in the sun« [Wir werden in der Sonne spazieren gehen]. Die Streicher sind hier noch dominanter als in der endgültigen Fassung. Es ist offensichtlich, warum Bruce diese Version verwarf: Der Chor und die Streicher lassen den Song zu ätherisch wirken und distanzieren ihn von der treibenden Kraft des Beats. In einer weiteren Version wurde Springsteens Stimme gedoppelt, der Chorus ist noch dabei, und die Streicher, die gegen Ende einsetzen, sind noch dominanter. Zwei andere Abmischungen spielen mit dem Kontrast von Streichern und Bass. Es gab auch Experimente mit anderen Soundeffekten wie Geräuschen von Straßenbahnen und von Dragrennen.

In Thom Zimnys Dokumentarfilm *Wings for Wheels: The Making of ›Born to Run‹* (2005) sieht man Bruce, wie er sich einige dieser frühen Fassungen anhört. Er lächelt, schüttelt den Kopf und bricht in Gelächter aus. »Die Streicher«, sagt er, »haben einiges von der Düsternis vertrieben«. Jeder einzelne Ton des Songs wurde abgestimmt. Die Kombinationsmöglichkeiten der einzelnen Abmischungen waren beinahe endlos, und Bruce hat sie sich anscheinend alle so lange angehört, bis er das fand, was er wollte, und sogar danach noch Verbesserungen vorgenommen.

In *Wings for Wheels* erläutert er beispielsweise, wie er am Anfang des Songs die Tonart des Gitarrenlicks angepasst hat, was Steve Van Zandt jedoch wegen der verschiedenen Spuren nicht hören konnte. Es klang eher wie Moll als Dur, und Bruce veränderte es. Und wenn man Carters Drums ausblendet, dann hört man etwas wie einen synkopischen Jazz-Fusion-Riff zu Anfang des Songs, einen Riff, den Weinberg niemals hätte spielen können, wie er selbst ehrlich zugibt.

In *Songs* spricht Bruce davon, dass »Born to Run« »ein Wendepunkt war, denn jetzt konnte ich meine Musik einem sehr viel größeren Publikum nahebringen. ›Born to Run‹ brauchte sehr viel Zeit, ich habe sechs Monate daran geschrieben. Aber es zeigte sich, dass der Song der Schlüssel für alle anderen auf dem Album war. Was die Lyrics angeht, war ich völlig in den klassischen Rock 'n' Roll-Metaphern gefangen, und ich suchte einen Weg, wie ich sie benutzen könnte, ohne anachronistisch zu wirken.«

Bassist Garry Tallent bemerkte nur: »Als wir ›Born to Run‹ zum ersten Mal in der Garage meines Vaters probten, da wusste ich: Das ist es. Das ist der Song, der meine Miete bezahlen wird.«

Heute wirkt es alles ganz unausweichlich, und wir sehen die endgültige Fassung als die obligatorische an. Aber Springsteen experimentierte lange im Studio. Und was sich an einem Tag genau richtig anhörte, klang beim nächsten Hören wieder ganz falsch. Ein Mix folgte dem nächsten, und immer noch suchte Springsteen nach der Kombination, die den Song wie eine Naturgewalt klingen lassen würde. »Es gibt ganz viel, was man gar nicht hört«, sagte er, »aber es ist wichtig, dass es da ist.« Die Länge des Songs wurde zu einem Problem: mit viereinhalb Minuten war er zu lang für eine Hitsingle. Aber er ließ sich nicht kürzen. Die Architektur von »Born to Run« war so angelegt, dass alle Teile statisch wichtig waren; hätte man nur eines entfernt, wäre der Song auseinandergefallen.

Bruce brauchte sechs Monate, um »Born to Run« einzuspielen. In *Wings for Wheels* lacht Van Zandt darüber: »Wenn man sechs Monate braucht, um einen Song einzuspielen, dann stimmt etwas nicht. Man sollte es in circa drei Stunden hinkriegen können.«

Bruce war das egal. Er wollte lieber spontan klingen als spontan sein. »Was spontan klingt, muss nicht unbedingt schnell gehen«, sagte er. »Ich glaube, Elvis hat für ›Hound Dog‹ etwa dreißig Takes gebraucht, und hör dir an, wie das abgeht.«

Peter Knobler, der für *Crawdaddy* schrieb, hatte schon früh die Gelegenheit, den Song in Springsteens Haus in Long Branch zu hören. Überall lagen Motorradzeitschriften und alte 45er herum. Über dem Bett hing ein Poster von Peter Pan, wie er gerade Wendy dabei behilflich ist, aus dem Fenster zu klettern. Ein sprechendes Detail: »Wendy, let me in, I wanna be your friend / I want to guard your dreams and visions« [Wendy, mach mir auf, ich will dein Freund sein / deine Träume und Visionen beschützen].

Knobler befand: »Der Song klang großartig, so spektakulär wie von Phil Spector. Vom Text konnte ich nicht viel verstehen, aber Bruce hatte mit einem Verstärker oder mit einem Kassettenrekorder den Klang eines Autoradios simuliert, und für mich hörte es sich nach einem großen Hit an. Gegen Ende wurde es sehr rhythmisch, und im Ausklingen rief Bruce ›WABC‹ [Hitsender von AM] rein, und wirklich, es klang unwiderstehlich.«

Dave Marsh schrieb im Oktober 1974 in *Creem*: »Springsteen ist besser als alles, was sonst im Radio kommt, und er hat eine neue Single, ›Born to Run‹, die hoffentlich bald überall gespielt werden wird ... Die Magie von Springsteen geht zurück auf eine Tradition, die mindestens so alt ist wie ›Jailhouse Rock‹ und ›Maybellene‹. Wenn er die Qualität seiner Produktion noch verbessert, dann wüsste ich nicht, warum die Schlüsselzeile von ›Born to Run‹ – ›Tramps like us, we were born to run‹ [Tramps wie wir sind für die Straße geboren] – nicht zur Parole des Jahrzehnts werden sollte.«

Anfang 1975 war es zu spät, den Song noch zu kürzen oder zu ändern, er war bereits zu einer Art Hit geworden. Mike Appel war daran gelegen, dass der Song im Radio gespielt wurde. Seit *The Wild, the Innocent, and the E Street Shuffle* war schon ein Jahr verstrichen. Am 3. November 1974 war Springsteen zusammen mit DJ Ed Sciaky bei WMMR in Philadelphia auf Sendung. Sciaky war schon früh ein stürmischer Fan. Er überraschte seine Hörer an jenem Tag mit der Radiopremiere von »Born to Run«.

In den vergangenen Wochen hatte Appel Tapes an Scott Muni von WNEW in New York, Maxanne Sartori von WBCN in Boston und Kid Leo (Lawrence Travagliante) von WMMS in Cleveland geschickt. Für Leo war »Born to Run« die »Essenz all dessen, was ich am Rock'n'Roll liebe. Bruce war der Unschuld und Romantik treu geblieben. Zugleich vermittelte die Musik auch Frustrationen und die beständige Lust davonzulaufen.« Leo spielte den Song jeden Freitagnachmittag um 17.55 Uhr; ein Fan erinnert sich, dass das der Auftakt zur Happy Hour am Wochenende war. Bis Neujahr spielten noch fast zwei Dutzend andere Stationen den Song.

Diese ganze Öffentlichkeit, ohne dass eine Platte in Sicht war, machte die Plattenfirma nervös. Wenn den Hörern etwas gefiel, wollten sie es sich in der Regel gleich kaufen.

Aber in diesem Fall schürte die Radiopräsenz Interesse für das Album.

Dass Bruce und die Band »Born to Run« gut draufhatten, beweist ein Auftritt vom 5. Februar 1975 im Main Point in Bryn Mawr. Während die Premiere von neuen Songs wie »Thunder Road« und die Versionen von »She's the One« und »Jungleland«, die ebenfalls auf dem Album erscheinen würden, nur zum Teil den endgültigen Fassungen entsprachen, riss die Band »Born to Run« runter, als ob sie es schon seit Jahren spielte. Im Studio wartete noch sehr viel Arbeit auf Bruce, aber »Born to Run« war fertig.

Die Sessions im 914 Studio in Blauvelt dauerten den ganzen Herbst an. Im September traten Roy Bittan und Max Weinberg der Band bei und lösten David Sancious und Ernest Carter ab, die ihr Glück anderswo versuchen wollten. Mit zwei neuen Mitgliedern war die Band auf einmal fast wie neu, und eine Menge Zeit ging dafür drauf, »der Rhythmussektion Nachhilfeunterricht zu geben«, wie Springsteen es ausdrückte. Das war besonders für den Bassisten Garry Tallent nicht ganz einfach, der sein Spiel umstellen musste, nicht zuletzt deshalb, weil Roy Bittan Linkshänder ist und deshalb stärker im unteren Register der Keyboards spielt. Und gleichzeitig mussten alle lernen, eine Studioband zu werden und die »Hyperaktivität« zu unterdrücken, für die sie bei ihren Liveauftritten bekannt waren. Springsteens Schreibstil wurde straffer, und die Band zog nach, weil ihnen klar wurde, dass weniger auch mehr sein konnte. Aber sich derart einzuschränken war schwierig für eine Band, die für ihre Dynamik und Spontaneität bekannt war. Im Studio wurden ihre musikalischen Möglichkeiten durch die Aufnahmetechnik und das Tracking eingeschränkt, und das nahm ihnen ihre Freiheit. Die Bandphilosophie bestand darin, »so nah am Jazz zu spielen, wie es im Rock möglich ist«, erinnert sich

Tallent. Und die ganze Aufnahmeprozedur »verlief völlig konträr zu allem, was wir sonst machten.« Die Band musste sich die Studiotechnik erst noch aneignen.

Ohne das Studioprotokoll lässt sich nicht genau feststellen, woran die Band wann arbeitete. Die Aufnahmesessions im 914 begannen mit Proben von »Jungleland«, das erste Mal hatte die Band den Song auf einem Konzert am 13. Juli 1974 gespielt, aber Bruce hatte den Text noch bis in den späten Herbst hinein umgeschrieben. Frühe Versionen von »Backstreets« und »She's the One«, ebenfalls im 914 aufgenommen, wurden später verworfen und neu eingespielt.

Springsteen nahm auch Songs auf, die er nicht auf das Album brachte. *Born to Run* ist das erste Album, für das Bruce alle Songs im Studio aufgenommen und dann in einem mühseligen Auswahlprozess entschieden hat, welche Songs auf das Album gehörten. Es gab nur drei oder vier Outtakes von *Born to Run* (obwohl von weiteren Tracks gemunkelt wurde). Das nächste Album, *Darkness on the Edge of Town*, das drei Jahre später erschien, brachte es auf über fünfundzwanzig. Springsteen ist ein sehr produktiver Songwriter, und es gibt Listen für das »Neue Album Nr. 3«, auf denen er folgende Titel notiert hat: »Angel Baby«, »Architect Angel«, »Thundercrack«, »Vision of Fort Horn«, »Two Hearts«, »Here She Comes«, »Glory Road«, »Janey Needs a Shooter« und »Jungleland«. Auf einer anderen Liste finden sich »American Summer«, »War and Roses«, »Up from the Street«, »Sometimes at Night«, »From the Churches to the Jails«, »The Legend of Zero and Blind Terry«, »The Hungry and the Hunted« und »Between Flesh and Fantasy«.

Im Oktober nahm die Band »A Love So Fine« auf, das sich zu einem instrumentalen Backup-Track für »So Young and in Love« entwickelte. Dieser Song enthielt Zeilen, die sich in »Night« wiederfinden, wie »The rat traps filled with soul crusaders« [Rattenfallen voller Seelenfänger]. Im Frühling nahm Bruce »Walking in the Streets« (auch bekannt als »Lovers in the Cold«) auf. Dieser Song ist in musikalischer und inhaltlicher Hinsicht ähnlich wie »Thunder Road«, an dem er gleichzeitig arbeitete. Weitere Songs, die ganz oder teilweise eingespielt, aber dann nicht verwendet wurden, sind »Lonely Night in the Park«, »A Night Like This« und »Janey Needs a Shooter«. »Linda Let Me Be The One« war wahrscheinlich der letzte Song, der aussortiert wurde. Der Text hätte zu den anderen Songs gepasst: »The midnight boys are outside / scraping tears off the street« [Die Midnight Boys sind draußen / und kratzen Tränen von der Straße]. Die Hauptfigur Eddie »walks like an angel in defeat« [geht herum wie ein besiegter Engel] und redet von »fast cars and spare parts / empty homes and hearts« [schnellen Autos und Ersatzteilen / leeren Häusern und Herzen]. Aber das moderate Tempo hätte das Gleichgewicht der acht anderen Songs gestört, die letztlich auf das Album kamen.

Als das Jahr zu Ende ging, gab es immer noch kein Album, sehr zum Verdruss von Columbia Records. Bruce kämpfte sich im Studio ab, verzettelte sich mit Kleinigkeiten, war ständig am Überarbeiten und mühte sich, den Sound, den er in seinem Kopf hörte, auf Tape zu bannen.

Von den Songs, an denen er im Herbst arbeitete, schien »Jungleland« ihn am meisten zu beschäftigen. Er hatte ihn im Juli 1974 zum ersten Mal live im Bottom Line gespielt und im Oktober mit Paul Williams von *Crawdaddy* darüber gesprochen. Er sagte, der Song »ist auf dem Weg. Eine Strophe ist noch nicht richtig fertig. Ein Refrain geht so: ›The streets alive with tough kid jets in nova light machines‹« [Straßen voller abgebrühter Kids in ihren aufgemotzten Karren]. Er sprach über den langsamen Teil und zitierte weitere Zeilen, die sich in den nächsten sechs Monaten noch verändern würden. Dann fügte er hinzu, dass »Jungleland« einer der Titel sei, die für das neue Album in Frage kämen.

Unter den Versionen von »Jungleland«, die Bruce schließlich verwarf, gab es zwei mit Streichern, eine mit Saxofonsolo und eine ohne. Clemons' Solo ist so entscheidend für den Song, wie man ihn kennt, dass sein Fehlen erst verdeutlicht, wie das Solo eine Verbindung zwischen den einzelnen Teilen des Songs schafft und ihm Dramatik und Spiritualität verleiht. Die Geigen und Celli lassen einen ins Träumen geraten und kontrastieren mit dem dynamischen Klavierpart; das Saxofon fesselt unsere Aufmerksamkeit. Springsteens Gesang ist unausgeglichen. Er tastet sich noch durch den Song und muss erst noch jenes urwüchsige Stöhnen in sich selbst aufspüren, das am Ende der Plattenversion steht.

In *Wings for Wheels* spricht Clemons in beredten Worten über das Saxofonsolo und wie Bruce während einer sechzehnstündigen Session jede einzelne Note und jede Zeile ausarbeitete. Aber der Song entglitt ihnen immer wieder. Clemons erinnert sich: »Ich ging ein paarmal aufs Klo, aber wir machten nicht mal eine Pause, um zu essen. Er sagte mir immer wieder: ›Mehr Wärme, mehr Bewegung, dieser Ton gefällt mir, lass uns da weitermachen.‹ Wir mussten die Passagen finden, die einen ins Mark trafen … Ich habe Leute getroffen, die zu mir sagten: ›Dieses Solo hat mir das Leben gerettet.‹ Also habe ich meinen Job gut gemacht.« Einmal spielten sie den Song vierzehn Mal am Stück durch, die Session dauerte bis vier Uhr morgens. Als die Sonne aufging, berichtete ein Anwesender, »waren alle kurz vorm Heulen«.

Irgendwann im November traf Springsteen sich mit dem Rockkritiker und Produzenten Jon Landau. Landau hatte Springsteen am 9. Mai live im Harvard Square Theatre gehört, wo er »Born to Run« vorgestellt hatte. Im Dezember spielte Bruce Landau eine Demoversion von »Jungleland«

vor und fragte ihn nach seiner Meinung. Jon sagte, er fände, die Qualität der Produktion hätte seit den ersten beiden Alben nicht eben Fortschritte gemacht. »Landaus größtes Verdienst war, dass er mir klarmachte, dass ich dabei war, es in den Sand zu setzen«, sagte Springsteen. Das knapp zehn Minuten lange Epos musste noch überarbeitet werden. Tatsächlich war »Jungleland« der letzte Song, der am allerletzten Tag im Studio im darauffolgenden Juli noch abgemischt wurde. Springsteens Methode bestand darin, durch Ausprobieren schließlich das zu finden, was er suchte. Landau erinnert sich: »Es war ein Albtraum. Er und Clarence hatten sich zurückgezogen, die Band saß in einem anderen Zimmer. Und in einem dritten Raum waren sie dabei, »Jungleland« neu abzumischen. Und um sieben, acht Uhr morgens krochen sie aus dem Studio, stiegen in den Bus und fuhren rauf nach Providence, um das erste Konzert ihrer Tour zu geben.«

Springsteen erinnert sich: »Am letzten Tag stolperten wir aus dem Studio, nachdem wir vier Tage hintereinander aufgenommen hatten, und fuhren zu unserem ersten Tourkonzert. Es war wie: ›Halleluja, Gott sei Dank, endlich sind wir da raus!‹«

Im Main Point in Bryn Mawr stellte Springsteen am 5. Februar »Wings for Wheels« vor, aus dem später »Thunder Road« wurde. Die Unterschiede im Text sind grundlegend. Mary heißt Angelina, aber noch ausschlaggebender ist, dass Bruce die Zeilen noch nicht gefunden hatte, die aus einem durchschnittlichen einen herausragenden Song machen würden. Nach dem langsamen Intro singt er bei zunehmendem Tempo: »This 442 is going to overheat / make up your mind girl, I have to get her back on the street« [Dieses Oldsmobile läuft schnell heiß / entscheide dich, Mädchen, ich muss den Wagen zurück auf die Straße bringen]. Und zuerst singt er: »Take a chance, take a chance« [Lass es drauf ankommen], wo es später »Thunder Road« heißen wird. Weiter geht es mit »The season's over and I feel it getting cold / I wish I could take you to some sandy beach where we'd never grow old / but baby, you know that's just jive / tonight's busted open and I'm alive ... maybe I can't lay the stars at your feet / but I got this old car and she's pretty tough to beat« [Der Sommer ist vorbei, und ich spüre, wie es kälter wird / ich würde dich gerne mitnehmen an einen Strand, wo wir niemals alt werden / aber, Baby, das ist ja nur Gerede / und die Nacht ist angebrochen, und ich bin am Leben ... vielleicht kann ich dir nicht die Sterne zu Füßen legen / aber ich habe diese alte Karre, und sie läuft noch ziemlich gut]. Er beschwört sie einzusteigen und schließt mit der Aussage, er sei ein Gewinner.

Die Studioversion unterscheidet sich in einigen kleineren textlichen Abweichungen von der endgültigen Fassung (Angelina heißt jetzt Chrissie). Eine Version beginnt mit einem Saxofonsolo, das dem Song eine Atmosphäre von Traurigkeit verleiht. In einer weiteren dominieren die Saxofonpassagen noch stärker. Einmal spielt Springsteen den Song nur mit Akustikgitarre, sehr eindringlich. Es gelingt ihm, dem Song nur mit dem Widerhall seiner Stimme Energie zu verleihen, der Appell an Chrissie (»Leave what you've lost / leave what's grown old«) [Lass alles zurück, was verloren und vorbei ist] ist sowohl inbrünstig als auch traurig.

Noch im Februar kam Landau während einer Aufnahmesession vorbei. Er hörte zu und sagte Bruce anschließend, wo seiner Meinung nach die Probleme lagen. Einen Monat später war Springsteen wiederum beeindruckt von dem Austausch mit Landau. Er fühlte sich festgefahren, und Landau schien sofort zu erfassen, wo die Schwierigkeiten lagen, und schlug Lösungen vor, die auch funktionierten. In *Wings for Wheels* erklärt Landau, wie er dabei behilflich war, »Thunder Road« zu optimieren, indem das Saxofonsolo vom mittleren

Teil zum Ende des Songs verschoben wurde. Plötzlich wurde aus einem Song mit Überlänge ein Vier-Minuten-Kleinod. Das öffnete Springsteen die Augen. Paul Nelson erzählt, dass Springsteen von der Erkenntnis, dass er einen Song in einer Nacht schreiben und in den nächsten paar Tagen einspielen konnte, so überrascht war, dass er anfing, den Rest des Albums mit neuer Energie umzuschreiben.« Nelson bezeichnete diese Zusammenarbeit als »die ideale künstlerische Vereinigung von kreativem Wahnsinn und kontrollierter Methode«. Landau, der Springsteen dabei half, seine Vorstellungen umzusetzen, wurde der Co-Produzent des Albums.

Die Beziehung zwischen ihnen wurde sehr familiär. 1978 beschrieb Springsteen, was Landau für ihn getan hatte: »Er war mir eine große Hilfe. Er half mir, gewisse Dinge wahrzunehmen, zu durchschauen, und das äußerte sich irgendwie in den Songs. Es ist schwer zu erklären. Es gab so etwas wie eine Bewusstseinsbarriere, die überwunden werden musste.« Bruce sprach auch davon, dass bei ihm zu Hause nur sehr wenig an Büchern, Musik oder Kultur vorhanden war, während Landau, der in Brandeis mit Auszeichnung abgeschlossen hatte, mit alldem aufgewachsen war. Ihre Unterhaltungen überzeugten Bruce davon, dass Landau intellektuell und im Hinblick auf die Musik einiges zu bieten hatte.

Nachdem er im April eine Session in Blauvelt miterlebt hatte, veranlasste Landau die Übersiedlung zu Record Plant in Manhattan, wo die Ausstattung deutlich besser war. Hier hatte schon John Lennon Aufnahmen gemacht. Jimmy Iovine, der später eine beachtliche Karriere als Produzent machen sollte, saß am Mischpult. Zwischen April und Juli kämpfte Springsteen darum, sein Album zu vervollkommnen. »Es ist äußerst schwierig, Springsteen aufzunehmen«, erzählte Iovine in einem Interview von November 1975. »Sein Gesang klingt schnell verzerrt, und damit muss man klarkommen. Ich versuchte erst gar nicht, ein sauber klingendes Album zu machen. Ich ließ Bruce sein Ding durchziehen und versuchte, drum herum die Platte so gut wie möglich hinzukriegen.« Jahre später erinnert sich Iovine: »Es war wirklich hart. Gott, war das hart. Wir kamen nur sehr langsam voran, und er hatte eine klare Vorstellung davon, was er wollte. Aber wir waren alle noch jung und unerfahren, deshalb mussten wir auf Umwegen zum Ziel kommen.«

Jeder einzelne Song hatte seine eigenen Tücken. Bruce hatte den Bo-Diddley-Beat, einen punktierten Rhythmus im Zweivierteltakt, bei »She's the One« gut drauf. Als er den Song in der Avery Fisher Hall im April 1974 spielte, scherzte er: »Vor ungefähr zwanzig Jahren hat jemand entdeckt, dass ... brave Mädchen ungezogen und böse Mädchen noch schlimmer werden, wenn sie diesen Beat hören.«

Der Beat blieb bestehen, aber der Text veränderte sich weiter. In der Liveversion vom Main Point sowie in einer alternativen Studioversion ist der Song über sechs Minuten lang. Bruce singt davon, wie sehr er sie, sich selbst und die Lügen hasst. Diese Litanei zieht sich endlos hin; in abgekürzter Form taucht sie in »Backstreets« wieder auf. Ohne die Hasstiraden wird »She's the One« zu einem leidenschaftlichen Bekenntnis. Auf ähnliche Weise wanderten Zeilen aus »Santa Ana«, einem Song, der eigentlich auf das zweite Album kommen sollte, zu »She's the One« (»French cream won't soften them boots / and French kisses will not break that heart of stone«) [Saure Sahne wird diese Stiefel nicht glätten / und Zungenküsse können kein Herz aus Stein erweichen]. Und wenn es nicht die exakten Worte waren, dann verlagerten sich doch die Themen. Im letzten Vers von »Seaside Bar Song«, der für das zweite Album eingespielt, dann aber weggelassen wurde, heißt es: »He knows you're out on the run / but I don't care, I wanna live a life of love while the night is still young« [Er weiß, dass du abgehauen bist / aber das ist mir egal, ich will für die Liebe leben, solange die Nacht noch jung ist].

1999 sprach Springsteen über die thematische Entwicklung seines Materials: »Wenn man eine gute Textzeile hat, dann will man sie nicht vergeuden – man schreibt nicht so viele gute. Wenn mir etwas einfiel, das ich mochte, dann habe ich immer versucht, es zu benutzen, denn das Schreiben fiel mir schwer, und aus irgendwelchen Gründen fing ich oft mit einer Sache an und landete dann ganz woanders.« Zugleich hat Springsteen immer mühelos und produktiv geschrieben. Danny Federici erinnert sich, dass Springsteen 1970 während der Zeit mit Steel Mill »ungefähr einen Song am Tag schrieb. Es war irre. Es kam so weit, dass ich gar nicht mehr zur Probe gehen wollte, weil es jedes Mal haufenweise neue Songs gab, die man lernen musste.«

Aber bei *Born to Run* war es anders. »Es war sehr schwierig, die Texte für das Album zu schreiben«, erinnert sich Springsteen in einem Interview von 1999. Und bei der Aufnahme »in etwa das zu bekommen, was ich wollte«, schien fast unmöglich zu sein. Aber es war genau diese künstlerische Auseinandersetzung, die den narrativen Zusammenhang und die lyrische Intensität von *Born to Run* möglich machte. Der Prozess des Schreibens und Aufnehmens entspricht den Leitthemen von Suchen und Unterwegssein, die die Platte durchziehen.

Born to Run war ein Wendepunkt in Springsteens Arbeitsweise. Kurz nachdem das Album erschienen war, sagte er, dass er »für einige Lyrics einen neuen Ansatz benutzt« habe. Vorher habe er alles »in ein paar Minuten, na ja, vielleicht in zehn Minuten geschrieben. Und dann brauchte ich sechs Monate, um diesen einen Song ›Born to Run‹ zu schreiben. Danach versuchte ich, wieder wie vorher ... so drei, vier Tage an etwas zu arbeiten.« Wie er in Zimnys Dokumentarfilm erklärt, hatte er für den Text von »Born to Run« deshalb so lange gebraucht, weil »mir völlig klar war, dass ich an den klassischen Rock'n'Roll-Metaphern herumbastelte, die schnell zum Klischee werden können«. Sein Stil wurde einfacher, komprimierter und visueller. Der Umzug zu Record Plant scheint ihn belebt zu haben, und er weiß noch, dass er die meisten Songs innerhalb von drei Wochen schrieb, aber sie einzuspielen blieb schwierig.

Nicht nur seine Lyrics, auch die Kompositionen veränderten sich. Er fing »Born to Run« auf der Gitarre an und beendete es auf dem Klavier. Der orchestrale Klang, den er sich wünschte, entstand beim Komponieren am Klavier. »An der Klaviatur«, erinnerte er sich in *Songs*, »gelang es mir, die Arrangements zu finden, die ich brauchte, um meine Songs zu begleiten.« Bittan erklärt in *Wings for Wheels*: »Am Klavier fallen einem ganz andere Sachen ein als mit der Gitarre.« Nicht alle in der Band waren davon begeistert. Seine ersten Erfolge hatte Bruce immerhin als Gitarrist gehabt, oft mit Van Zandt an seiner Seite. Über ein Jahrzehnt später gestand Van Zandt: »Für mich war das Hauptproblem bei dem Album das Klavier, das ich hasse. Sofort ist man vom Rock'n'Roll weg und am Broadway gelandet. Aber mit den Jahren wusste ich das Theatralische der Musik mehr zu schätzen.«

Als theatralisch kann man vor allem die Eröffnungen von »Jungleland« und »Backstreets« bezeichnen. Mit all den Wendungen und dem intensiven Gesang bot »Backstreets« endlose Möglichkeiten zum Experimentieren, und es gibt zahlreiche alternative Versionen mit unterschiedlichen Streicherarrangements. Auf einer begleitet Danny Federici das Klavier mit seiner Orgel, und die Streicher setzen noch vor dem Gesang ein. Bruce singt den Text zu schnell, aber seine gequälte Stimme ist in Höchstform. Gesang und Streicher reiben sich hier, denn sie zielen auf sehr unterschiedliche Wirkungen ab. Zwischendurch klingt Bittans Klavierpart geradezu magisch, aber er ist noch nicht am Ziel. Wieder eine andere Fassung hat den richtigen Sound, aber Bruce hat sich noch nicht für den endgültigen Text entschieden. Er blufft sich durch den Song mit Improvisationen wie: »I found her where she fell / Just another busted sister of the Heartbreak Hotel« [Ich traf sie, als sie ganz unten war / eine fertige Schwester aus dem Heartbreak Hotel] und »Dancing in the dark to the sounds of the King« [Wir tanzten im Dunkeln zu den Klängen des Kings]. Nur die letzte Strophe ist vollständig. »Damals versuchten wir, ganze Epen aufzunehmen«, erinnert sich Bittan. »›Jungleland‹ und ›Backstreets‹ sind nicht eben einfach einzuspielen. Es ist so, als würde man den Grand Prix fahren: Jedes Mal, wenn man eine Runde hinter sich hat, kommt schon die nächste.«

Die Bläser auf »Tenth Avenue Freeze-Out« stellten auch ein Problem dar. Niemand wusste, wie man den R&B-Sound hinkriegen könnte, der Clemons' Saxofonparts unterstützen sollte. Michael und Randy Brecker sollten Trompete, Flügelhorn und Tenorsaxofon spielen, aber sie warteten noch auf Instruktionen. Da kam gerade Steve Van Zandt auf einen Besuch im Studio vorbei. Er war Gitarrist bei Southside Johnny and the Asbury Jukes, und Bruce und er fingen an, von den Anfängen der Jersey-Shore-Szene zu sprechen. Springsteen fragte Van Zandt, ob er nicht helfen könne. Van Zandt berichtet: »Ich hing da im Studio rum, und was sie vorhatten, klappte einfach nicht. Ich wusste, woran es lag, und anstatt einfach sitzen zu bleiben und die Klappe zu halten, sagte ich frech: ›Das ist Mist, warum kriegt ihr das nicht besser hin?‹ Und Bruce antwortete: ›Warum probierst du's nicht mal? Hier klappt überhaupt nichts.‹ Und Van Zandt ordnete die Bläser, indem er die Akkordtabellen wegwarf und den

Musikern ihre einzelnen Parts vorsang. Bald darauf trat er offiziell der Band bei.

Aber die Quälerei war noch nicht vorbei. Sie arbeiteten vom späten Nachmittag bis zum Morgen. Manchmal stürmte einer wütend raus, drehte eine Runde um den Times Square und kam dann zurück, um weiterzumachen. Landau machte Bruce deutlich, dass er das Album unbedingt abschließen musste. Springsteen würde stundenlang über einer einzigen Zeile brüten, beschwerte Landau sich. »Er sagte: ›Jungs, wartet mal, ich muss mal kurz diese Zeile checken‹, und dann saß er vier Stunden später immer noch da und veränderte irgendwelche Kleinigkeiten.« Dreißig Jahre später erinnert sich Bruce: »Ein Monster hatte von mir Besitz ergriffen. Das war ich vielleicht selber.« Bruce wusste Landaus Zuspruch zu schätzen, der ihm ganz offensichtlich half, weiterzukommen, aber was seine künstlerische Vision betraf, ließ er sich auf keine Kompromisse ein. »Der Tag der Veröffentlichung ist nur ein Tag«, sagte er zu Landau, »die Platte ist für immer.«

Immer wieder hat Springsteen betont, dass er im Studio unter »grauenvollem Druck« stand. Columbia Records saß ihm im Nacken, die Kosten schossen in die Höhe, und die Medien erwarteten von ihm die Rettung des Rock'n'Roll. Auch die Fans verlangten lautstark nach dem dritten Album. Bei einem Auftritt machte Bruce Werbung für David Sancious' neue Platte, als eine Stimme aus dem Publikum schrie: »Und was ist mit dir?« Springsteen hielt einen Moment inne, dann sagte er: »Mit mir? Ich bringe keine Platte mehr raus«, aber dann korrigierte er sich und sagte: »Nein, ziemlich bald, okay?« Am intensivsten aber war der Druck, den Bruce auf sich selbst ausübte. Kurz nachdem *Born to Run* veröffentlicht war, zog er den Schluss: »Was diese Platte so schwierig gemacht hat, das war ich selbst.«

Iovine erinnert sich, dass »Bruce acht Stunden damit zubringen konnte, eine einzige Zeile für ›Jungleland‹ zu suchen, und noch länger für den Gitarrenpart von ›Thunder Road‹. Tagelang sagte er immer wieder zu allen: ›Noch mal, noch mal‹. Einmal schlief ich vier Stunden lang, und als ich aufwachte, hörte ich als Erstes Bruce mit seinem ›noch mal‹.« Um wach zu bleiben, nahm Iovine einen Kaugummi, packte ihn aus und warf den Gummi weg, um auf dem Silberpapier zu kauen.

Den Sommer 1975 verbrachte Bruce in einem grässlichen Hotelzimmer im Holiday Inn auf der Westside von New York. Dort hing ein schiefer Spiegel, der Bruce wahnsinnig machte. »Jeden Tag, bevor ich rüber ins Studio ging, rückte ich diesen Spiegel gerade«, erzählt er. »Und jedes Mal, wenn ich zurückkam, hing er wieder schief. Jedes Mal. Dieser Spiegel ... er wollte einfach nicht gerade hängen. Da bin ich also, mit diesem schiefen Spiegel, nach einer Woche sah der ganze Raum sowieso wie Nagasaki aus ... mit dem Müll überall. Und dann ruft eines Tages plötzlich diese Braut an, mit der ich in Texas mal eine Nacht verbracht hatte, und sagt, sie sei in Jersey und wüsste nicht, wo sie wohnen soll, und sie ist kurz vorm Durchdrehen. Und schließlich sage ich: ›Okay, du kannst hierbleiben.‹ Und jeden Tag ging ich ins Studio, und da war *das*, und dann kam ich zurück, und da war der schiefe Spiegel.« Der Spiegel wurde zu einem Symbol für alles, was in seinem Leben schieflief, und schließlich betrachtete er *Born to Run* als »das Album, das dem Spiegel glich – es war irgendwie schief, es wollte einfach nicht gerade hängen.«

Jeder Tag, sagte Springsteen, sollte der letzte sein, aber Tage und Wochen vergingen, und es war noch immer kein Ende abzusehen. Er versuchte, den letzten Song, ›She's The One‹, abzuschließen; er war am Klavier und Landau in der Kabine, und sie arbeiteten seit Stunden ohne Pause. »Ich legte meinen Kopf auf das Klavier. Es wollte einfach nicht kommen. Und jeder sagt mir, wie ich es machen soll – sie wollten mir alle helfen, und sie gaben sich wirklich Mühe –, und Landau sagt dies und das und flippt richtig aus ... und dann, ganz plötzlich, schauen sich alle um, und Landau ist verschwunden, er ist einfach raus in die Nacht – na ja, es war schon gegen sechs Uhr früh –, weil er es nicht mehr ertragen konnte. Er war so schlau, nach Hause zu gehen und etwas zu schlafen. So ging es die ganze Zeit. Und wenn ich um zehn Uhr morgens in mein Zimmer kam, das mit dem schiefen Spiegel, dann sagte die Braut zu mir – sie sagte das jedes Mal, wenn ich heimkam: ›Ist es fertig?‹ Und ich sagte: ›Nein.‹ Und ich hätte heulen können ... na ja, vielleicht habe ich wirklich ein bisschen geheult.«

In einem Interview erzählte er: »Diese Sache hat mir fast den Rest gegeben, ich ächzte und stöhnte, pennte auf dem Fußboden weg, schleppte mich um sechs Uhr morgens halbtot raus und versuchte nur noch, es in mein Hotelzimmer zu schaffen.«

Bruce lief die Zeit davon. Die *Born to Run*-Tour sollte am 20. Juli in Providence, Rhode Island, starten. Und das Album war noch immer nicht abgemischt. Am 19. Juli probte die Band für die bevorstehende Tour in einem Raum über dem Record-Plant-Studio, und die Session dauerte von drei Uhr nachmittags bis zehn Uhr morgens. »Wir haben das Album in neun aufeinanderfolgenden Tagen abgemischt«, erinnert sich Iovine, »zwischendurch sind wir mal für ein paar Stunden nach Hause gegangen. Wir haben sogar im Studio geschlafen. Wir mussten es fertig bekommen. Bruce hatte Auftritte für uns gebucht. Aber er hatte diese Vorstellung im Kopf, und egal wie müde er war, er konnte davon nicht ablassen.«

Kurz nach der Veröffentlichung des Albums erinnerte sich Bruce daran, wie sie die letzten Tage im Studio verbracht hatten: »Der letzte Morgen. Ich hatte am selben Abend einen Gig in Providence; und da war ich nun, sang ›She's the One‹, mischte in einem anderen Studio ›Jungleland‹ ab; und gleichzeitig probten wir mit der Band für den Gig am Abend. Das war wirklich so, ich bin beinahe gestorben.«

Es gibt ein Foto, das am Morgen der Probe entstanden ist. »Das ist das Gruseligste, was ich je gesehen habe«, sagte Bruce ein paar Monate später. »Sieh dir die Band an. Es sollte auf dem Plattencover sein. Es ist so grauenvoll. Du hast im Leben nicht solche Gesichter gesehen … Wir waren seit vier Tagen da drin, und jede einzelne Minute lässt sich von den Gesichtern ablesen. Das Licht fällt durchs Fenster, es ist etwa zehn Uhr morgens, wir haben seit Tagen nicht geschlafen. Wir hatten am Abend einen Gig, wir waren am Proben, und was noch schlimmer war, ich konnte nicht singen.«

Und es war immer noch nicht vorbei. Er ging zurück ins Holiday Inn, packte, und seine Freundin fragte dasselbe,

Die Band am letzten Tag der Probe- und Aufnahmesession im Studio, 20. Juli 1975

was sie seit Wochen gefragt hatte: »Ist es vorbei?« »Ich sagte: Nein, es ist nicht vorbei. Ich hätte heulen können. Ich wäre gestorben, wenn wir es nicht hingekriegt hätten. Wir kamen aus dem Studio, und ich hätte jemanden umbringen können.« Die Anspannung, die diese Platte gekostet habe, sei unbeschreiblich gewesen: »Es war mörderisch; es war unmenschlich. Ich habe es gehasst. Konnte es nicht ertragen. Es war das Schlimmste, Schwierigste, Fieseste, was ich jemals tun musste.«

Ende Juli war die Band in Washington, D.C., und in Virginia. Iovine arbeitete an den Mastertapes, kopierte sie zuerst von mehrspurig auf zweispurig um und benutzte dann einen Kompressor und einen Equalizer, um das offizielle Studio-Masterband herzustellen, das für die Pressung der Platte verwendet werden sollte. Diese Arbeit ist sowohl eine Kunst als auch eine Wissenschaft für sich. Iovine schickte Bruce ständig neue Muster, und Bruce lehnte sie immer wieder als unzulänglich ab. Einmal warf er die Probepressung in den Pool. Er war kurz davor, das Album hinzuschmeißen. Nach all der Mühe und unter dem immensen Erfolgsdruck hatte er Angst und fühlte sich wie gelähmt. Das Album »machte mir einigermaßen Angst. Ich hatte dort Dinge geäußert, die ich nie vorher gesagt hatte. Es war eine sehr persönliche Angelegenheit.« »Nachdem es fertig war? Ich fand es furchtbar!«, erinnert er sich ein Jahr später. »Ich konnte es mir nicht anhören. Ich fand, es war der größte Mist überhaupt.«

Landau machte gerade Ferien in San Francisco, als er von Bruce' Wutanfall hörte. Für Marsh fasste er zusammen, was er Springsteen am Telefon gesagt hatte: »Hör mal, es muss dir nicht gefallen. Denkst du etwa, Chuck Berry sitzt den ganzen Tag rum und hört sich ›Maybellene‹ an? Und wenn doch – glaubst du etwa, er will dann nicht auch ein paar Sachen ändern? Komm, es wird Zeit, die Platte rauszubringen.«

Der Rockkritiker Paul Williams sprach 1975 mehrfach mit Bruce und äußerte bereits vor der Veröffentlichung der Platte eine scharfsinnige Vermutung: »Es gibt da etwas, was er nicht sagt, obwohl ich mir sicher bin, dass er es fühlt: Sein drittes Album ist alles, was noch zwischen ihm und dem ganz großen Erfolg steht. Die Leute von der Plattenfirma wissen es, und sie sind deswegen schon ganz aus dem Häuschen. Irgendwo tief in seinem Inneren muss Springsteen sich fragen: ›Will ich mich dem wirklich aussetzen?‹« Bruce sagte zu Williams: »Man muss die Kontrolle behalten. Wenn man das nicht mehr kann, dann fängt es an, einen fertigzumachen.«

Zuletzt konnte Springsteen endlich loslassen. Die lange, anstrengende kreative Phase im Studio war vorbei. Ende August 1975 wurde *Born to Run* veröffentlicht. Aus diesen drei Worten waren ein Song und ein Album entstanden, die ihren Platz unter den Meisterwerken der amerikanischen Musikkultur des 20. Jahrhunderts finden würden. Über dreißig Jahre später kann sogar Bruce das zugeben.

3 Die Songs von *Born to Run*

»Ich wollte, dass es gewaltig klingt, dich an der Kehle packt und dich zwingt, diesen Ritt mitzumachen, aufmerksam zu sein – nicht nur der Musik, sondern auch dem Leben gegenüber, der Tatsache, dass man lebendig ist.«
– *Bruce Springsteen, 2005*

In *Songs* liefert Springsteen eine Zusammenfassung des Albums: »›Thunder Road‹ ist die Eröffnung des Albums, es stellt die Protagonisten und das Leitthema vor: Willst du dich auf das hier einlassen? Auf uns? Auf das Leben? Dann wird man mit ›Tenth Avenue Freeze-Out‹ durch die Entstehungsgeschichte der Band geführt, bei ›Backstreets‹ geht es um zerbrochene Freundschaften, ›Born to Run‹ führt hinaus ins offene Land und ›Jungleland‹ in die dunkle Stadt mit spirituellem Hintergrund. Es ist ein epischer Kreislauf, der sich in einer endlosen Sommernacht abspielt, und all das in weniger als vierzig Minuten.«

SEITE EINS
»Thunder Road«
Das Album beginnt ruhig, mit Mundharmonika und Klavier. Die Melodie gönnt uns eine Atempause, bevor es losgeht. 2005 hat Springsteen gesagt, die musikalische Eröffnung sollte wie eine Einladung sein. Gleichzeitig wird Spannung aufgebaut. Die Mundharmonika klingt wie eine quietschende Verandatür, und tatsächlich taucht im Text eine zuschlagende

Tür auf (»The screen door slams«). Die ganze erste Strophe singt Bruce nur mit Klavierbegleitung. »Der Klavierpart von ›Thunder Road‹ kündigt den neuen Tag an – deshalb habe ich den Song auch an den Anfang gestellt und nicht ›Born to Run‹«, erinnert Springsteen sich.

Dann werden wir in eine dramatische Handlung versetzt. Die Verben weisen darauf hin: die Tür schlägt zu, Marys Kleid schwingt, als sie tanzt, das Radio spielt. Springsteen verbeugt sich vor Roy Orbisons »Only the Lonely« und führt sofort eines der Leitthemen des Albums ein: das Alleinsein und die Sehnsucht nach einer Gefährtin. Mary ist für den Erzähler die Antwort, aber sie hat ihn bereits abgewiesen: »Don't turn me home again / I just can't face myself alone again / don't run back inside / »Darling, you know just what I'm here for« [Schick mich nicht wieder weg / ich kann das Alleinsein nicht mehr ertragen / renn nicht wieder rein / Liebste, du weißt schon, warum ich hier bin].

Bei Konzerten lässt Bruce das Publikum oft noch die letzte Zeile singen, bevor er in ein schnelleres Tempo verfällt. Der Erzähler sucht nach Liebe, Sex und Nervenkitzel. »So you're scared and you're thinking / that maybe we ain't that young anymore« [Du hast also Angst, und du denkst / dass wir vielleicht gar nicht mehr so jung sind]. Springsteen hat während seiner Laufbahn viele tiefgründige und poetische Verse geschrieben, aber keiner übertrifft diese Zeile. Er war damals erst vierundzwanzig. Doch eine ganze Generation fühlte sich damals ausgebrannt, als wären sie alle in den Nachwehen der kulturell und politisch so turbulenten sechziger und frühen siebziger Jahre vorzeitig gealtert. Die einzige Hoffnung lag im Dunkel der Nacht: »Show a little faith / there's magic in the night« [Hab ein bisschen Vertrauen / die Nacht ist voller Magie]. *Born to Run* ist ein nächtliches Album, eine Meditation über die Nacht als Verheißung, aber auch als ein potenziell gefährlicher, sogar todbringender Ort. Der Erzähler will mit einem Mädchen durchbrennen, von der er sagt: »You ain't a beauty, but hey you're all right« [Du bist keine Schönheit, aber hey, du bist schon in Ordnung]. Diese Zeile versteht sich eher als ein Tribut an die Frauen denn als sexistischer Kommentar. Bei Liveauftritten grinst das Publikum, so wie Springsteen es auch oft tut. Der Erzähler ist bestimmt auch kein Adonis, denken wir. Aber Liebe und Freundschaft sind nicht nur etwas für die Makellosen.

In der nächsten Strophe kommen Gitarre und Bass dazu. Die Musik beginnt sich aufzubauen, der Song ändert seine Gangart. Es folgt eine Aufzählung von Verzögerungstaktiken, Gesten des Selbstmitleids: sich verkriechen, in seinem Kummer schwelgen, sich bekreuzigen, die Rosen in den Regen werfen, oder: »Waste your summer praying in vain / for a saviour to rise from these streets« [Du verschwendest deinen Sommer mit unerhörten Gebeten / dass hier plötzlich ein Erlöser aufersteht]. Der Erzähler sagt: Grübel nicht, warte nicht, sondern handle jetzt. Der Einfluss von Springsteens katholischer Erziehung und das religiöse Vokabular, das sich durch alle seine Songs zieht, sind auch hier ganz offensichtlich. In »Thunder Road« werden sowohl der Erlöser, das Gebet, der Glaube, Kreuze, Errettung, der Himmel als auch das Gelobte Land erwähnt. Man kann den Song durchaus als eine religiöse Vision bezeichnen: eine Vision von Mary, die auf der Veranda tanzt, »One last chance to make it real / to trade in these wings on some wheels« [Eine letzte Chance, es wahr zu machen / und diese Flügel gegen ein paar Räder einzutauschen], mit der Implikation, dass Engel irdisch werden können; dann endet der Song mit Bezügen auf Geister, Heimsuchung und Skelette. Die Erlösung liegt auf dem Highway, mit einer Gefährtin an der Seite.

Sich auf den Weg zu machen, um sich selbst zu finden, ist

ein so gängiges Klischee, dass es allzu leicht fällt, die Macht zu ignorieren, die es über uns hat. Natürlich hat Springsteen keineswegs die Fluchtfantasie erfunden. Die Gründungsgeschichte Amerikas beruht darauf, und das weite Land hat von Anfang an jeder Generation die Möglichkeit gegeben, Mobilität zu erleben. Springsteen steht in einer langen kulturellen Tradition. Es ist der romantische Traum, aufzubrechen und sich frei zu fühlen:

> Hey, what else can we do now
> Except roll down the window
> And let the wind blow back your hair
> Well the night's busting open
> These two lanes will take us anywhere
>
> [Hey, was bleibt uns denn sonst übrig
> Als das Fenster runterzukurbeln
> Und die Haare im Wind flattern zu lassen
> Die Nacht fliegt uns entgegen
> Und diese Straße bringt uns überall hin]

Mit diesen Zeilen schaltet der Song in den dritten Gang: Die Stimme wird gedoppelt, die Drums treten deutlicher hervor, und zum ersten Mal ist das Glockenspiel zu hören, dessen Geklingel wie Sternenstaub schimmert.

»Oh Thunder Road, oh Thunder Road.« Der Gesang wird energischer, und der Song ändert noch einmal die Richtung mit: »Well I got this guitar / and learned how to make it talk« [Ich habe hier diese Gitarre / und weiß, wie ich sie zum Sprechen bringen kann]. Springsteen hat 2005 gesagt, das sei »die sentimentalste Zeile, die ich je verfasst habe«. Er fügte hinzu, die Gitarre sei seine »Befreiung« gewesen. Springsteens Gitarre, die auf dem Cover abgebildet ist und die er dreißig

Jahre lang spielte, hatte er für 185 Dollar in einem Musikladen in Belmar gekauft. Sie bestand eigentlich aus zwei Gitarren: einem Esquire-Hals und dem Körper einer Telecaster, und sie klang ganz einzigartig. Der kurze Gitarrenlick hier und noch einmal später in diesem Song sind die einzigen Stellen, an denen das Instrument in den Vordergrund tritt und unsere Aufmerksamkeit auf sich zieht. Es kommt im letzten Song des Albums wieder vor.

Der Song nähert sich seinem Finale; es klingt, als würden Maschinen hochgefahren. »And I know you're lonely / for words I have not spoken« [Und ich weiß, du sehnst dich / nach Worten, die ich nicht gesagt habe]. Vielleicht lauten diese Worte: Ich liebe dich. Wir wissen es nicht. Andere Bewerber sind abgewiesen worden, aber in dieser Nacht wird Mary die Freiheit angeboten und die Gelegenheit, gewisse Gelübde zu brechen. Wir wissen, dass der Trip nicht umsonst ist, aber worin der Preis besteht, den wir zahlen müssen, wird nicht erwähnt. Was wir wissen und fühlen können, ist, dass das Glück anderswo wartet. Der Erzähler befiehlt Mary: »Climb in / it's a town full of losers / and I'm pulling out of here to win« [Steig ein / diese Stadt ist voller Verlierer / und ich haue ab, um zu gewinnen].

Um das zu betonen, wechselt Springsteen von Moll bei »Mary climb in« zu Dur, als er das Finale herausschreit. Immer wieder wird er diesen Wechsel von Moll zu Dur verwenden, um einen Grundton zu schaffen und lyrische Spannungen und Gegensätze zu betonen. Es folgt ein minutenlanges triumphales Duo von Saxofon und Gitarre, das uns den Highway hinunterführt. Die Freiheit findet sich sowohl in der Musik als auch im Text wieder.

Roy Bittan erläuterte, dass der Song »aus verschiedenen auf- und absteigenden Klavierparts besteht, die Garry und ich fast alle zusammen spielten. Es war unumgänglich, hier das Klavier und den Bass zusammenzutun. Als wir an ›Thunder Road‹ arbeiteten, hatte ich aus irgendeinem Grund das Gefühl, dass diese verschiedenen Parts sehr viel besser funktionieren würden, als wenn man nur die ganzen Riffs gespielt hätte. Ich konnte die Auf- und Ab-Bewegung bei jedem Akkordwechsel spüren.«

Von allen Songs auf *Born to Run* – und sogar aus dem ganzen Springsteen-Kanon – ist »Thunder Road« vielleicht für viele der wichtigste. Als Springsteen 1995 gefragt wurde, warum er ihn für seine *Greatest Hits*-CD ausgewählt hat, obwohl der Song nie ein Hit oder auch nur eine Single war, antwortete er: »Er scheint alles zu enthalten. Ungefähr so, als würde man versuchen, einen bestimmten Moment im Leben festzuhalten, und einem dann bewusst wird, dass man vor einer grundlegenden Entscheidung steht, die das ganze Leben verändern wird. Es ist ein seltsamer Song, denn er handelt gleichzeitig von Träumen und von Enttäuschungen.«

Er führte das 2005 in einer Folge der Sendung *Storyteller* weiter aus: »Als ich den Song schrieb, hoffte ich, dass der Rock'n'Roll mir ein aufregenderes Leben ermöglichen würde, intensivere Erfahrungen, mehr und besseren Sex, Spaß, noch mehr Spaß, dass ich mich selbst und mein Potenzial weiterentwickeln könnte; mein Gedanke war, dass das alles in mir steckte und da draußen irgendwo zu finden war.«

In der Verbindung von Ernsthaftigkeit und Humor fängt dieser Satz die Essenz von Springsteens ungebrochenem Glauben an die erlösende Kraft des Rock'n'Roll ein, der für ihn eine Reise ist, auf der man selbst wächst. Natürlich ändert sich die Bedeutung jedes Songs ständig, sowohl für den Performer als auch für den Hörer. Große Kunst wächst und wandelt sich mit uns, und wir entdecken immer wieder neue Bedeutungen in alten Liedern und Gedichten. »Thunder Road« kann man als eine Feier des *carpe diem* – nutze den Tag – verstehen. Und in diesem Sinn ähnelt er einem Gedicht, das vor fast 350 Jahren von Andrew Marvell geschrieben wurde: »To His Coy Mistress« [An seine spröde Geliebte, 1681]: »But at my back I always hear / Time's Winged Chariot hurrying near« [Doch hinter mir jagt schon heran / Der Zeit geflügeltes Gespann].* Der Tod ist uns ständig auf den Fersen, deshalb sollten wir handeln, bevor es zu spät ist.

»Thunder Road« hat diverse persönliche Essays inspiriert, der schönste ist von Nick Hornby in *31 Songs*, dem Buch, in dem Hornby über all die Songs schreibt, die ihm etwas bedeuten. »Ich liebe diesen Song seit mittlerweile einem Vierteljahrhundert, und ich habe ihn häufiger gehört als jeden anderen, abgesehen möglicherweise von ... Wem will ich was vormachen? Da kommt keiner ran.« Er spricht davon, wie der Song überdauert hat, während viele andere schal geworden sind. Hornby erwähnt auch dessen Mängel: den »überholten Romantizismus«, die »überfrachteten« Lyrics. Und er weist darauf hin, dass man »das Wort ›Erlösung‹ ... sicherlich wie die Pest meiden sollte, wenn man Stücke über Erlösung schreibt.« Und »obwohl ich kein Amerikaner und nicht mehr jung bin, Autos hasse und nachvollziehen kann, warum so viele Leute Springsteen bombastisch und theatralisch finden, ... gelingt es ›Thunder Road‹ irgendwie, für mich zu sprechen.« Für Hornby geht es in dem Song darum, es zu schaffen, berühmt zu werden, zu gewinnen. Er identifiziert sich mit der Zeile über die verflossene Jugend und

---

* Zitiert nach: *Hundert englische Gedichte*. Zweisprachige Ausgabe, herausgegeben und übersetzt von Hans-Dieter Gelfert, München: Deutscher Taschenbuch Verlag, 2000. (Anm. d. Ü.)

gibt zu, dass er »schon sehr, sehr lange das Gefühl hatte, nicht mehr ganz so jung zu sein – eigentlich seit Jahrzehnten –, und selbst heute scheint der Song mir eher Ausdruck der Wehmütigkeit der mittleren Jahre zu sein als dieser plötzlichen Panik, die einen in der späteren Jugend erfasst.«

Hornby drückt seine Bewunderung für die akustische Soloversion aus, die Bruce nicht für das Album ausgewählt hat und in der sich »Thunder Road« als eine »selbstquälerische, erschöpfte Hymne auf die Vergangenheit, eine verlorene Liebe, verpasste Gelegenheiten, Selbsttäuschung, Pech und Versagen« präsentiert. Diese Version sei ebenso gut, und Hornby fügt hinzu, dass »ein Künstler, der einen vom Wahrheitsgehalt dessen, was er singt, mit jeder Version überzeugen kann …, als Künstler verdammt viel geleistet hat.«

Hornby führt weiterhin aus, dass »Thunder Road«, obwohl es der erste Song des Albums ist, so klingt, als ob er sich auf etwas bezieht, was schon geschehen ist, und dass *Born to Run* deshalb »praktisch mit seinem eigenen Abspann beginnt«. Hornby wünscht sich verständlicherweise, der Song könnte den Weg zur Erlösung weisen. Aber der Song formuliert Hoffnungen und Träume, während der Rest des Albums erforscht, ob und wie sie verwirklicht werden können.

Die Bedeutung, die dieser Song für viele Amerikaner hat, wurde – wie so vieles andere – besonders deutlich nach den Terroranschlägen vom 11. September 2001, als Themen wie Liebe und Heldentum auf einmal schmerzlich aktuell wurden. Die *New York Times* brachte unter dem Titel »Porträts der Trauer« eine Serie von kurzen biografischen Abrissen über die Opfer. Der Artikel über den Versicherungsangestellten Jim Berger trug die einfache Überschrift: »Fan vom Boss«. »Er kannte den Text von ›Thunder Road‹ auswendig und sang den Song für jeden, der in seinem Auto mitfuhr«, erzählte seine Frau Suzanne. Springsteen war gerührt von der

Erwähnung seines Stückes und davon, dass bei den Trauerfeiern immer wieder seine Musik gespielt wurde. Er rief Suzanne Berger an und sagte: »Ich möchte nicht in Sie dringen, aber Sie sollen wissen, dass mich das sehr bewegt hat und ich mehr über Ihren Mann erfahren will.« Bei der Begräbnisfeier für Jim sang die Trauergemeinde »Thunder Road« und gedachte eines Freundes, der »uns allen eine Lektion in bedingungsloser Liebe erteilt hat«.

»Tenth Avenue Freeze-Out«

Dieses rockige R & B-Stück ist wahrscheinlich der fröhlichste Song über Alleinsein und Verlassenheit, der jemals aufgenommen wurde. Er beginnt mit einem kurzen Intro und legt dann richtig los mit Klavier, Backbeat und Bläsern. In musikalischer Hinsicht ist der Song eine Hommage an den frühen Rock'n'Roll und Soul, aber er blendet auch zeitgenössische Rhythmen ein.

Ort und Raum spielen eine wesentliche Rolle in der Geografie von *Born to Run*, und Springsteen bewegt sich von der Landstraße im ersten Song hin zur Avenue im zweiten. Landstraßen, Alleen, Gassen und Feldwege können gleichzeitig Fluchtwege und Sackgassen darstellen: »'Cause I'm running on the bad side / and I got my back on the wall« [Denn ich fahre auf der falschen Seite / und ich steh mit dem Rücken zur Wand], verkündet der Erzähler in der ersten Strophe.

Aber wer ist dieser Erzähler eigentlich? Zuerst wird in der dritten Person von jemandem namens Bad Scooter gesprochen, er ist auf der Suche nach dem »Groove« und einem Ort, an dem er bleiben kann. Es könnte sich den Initialen nach um Springsteen selber handeln. Der »Big Man«, der in der letzten Strophe der Band beitritt, ist natürlich Clarence Clemons, und auf einer Ebene handelt der Song davon, wie Bad Scooter und Big Man sich begegnet sind.

Die Geschichte, wie Clemons zu der Band kam, war lange ein wesentlicher Teil der Bühnenshow. Bruce benutzte sie, wenn er »The E Street Shuffle« vorstellte. Von Anfang an war Clemons auf der Bühne Springsteens Gegenpart und Sidekick, seine Saxofonsoli prägten den Sound der E Street Band. Bruce erzählte gern davon, wie er in einer dunklen, regnerischen Nacht nach einer schlecht besuchten Show auf der Strandpromenade von Asbury Park plötzlich einen riesigen Mann in einem weißen Anzug auf sich zukommen sah, der ein Saxofon dabeihatte. Frühe Versionen dieser Geschichte berichten ganz offen davon, dass er Bedenken hatte, was dieser große schwarze Mann ihm antun könnte. Clemons aber streckte seine Hand aus, und als die beiden sich berührten, stoben die Funken, und damit beginnt der Song.

Clemons' Version klingt etwas anders. Er spielte damals in einem Club in Asbury Park, und Springsteen war im Student Prince, nur ein paar Blocks entfernt. Die Sängerin von Clemons' Band bestand darauf, dass er hingehen und sich Springsteen anhören sollte, weil sie fand, dass die beiden gut zusammenpassen würden. Zwischen zwei Auftritten ging Clemons also rüber ins Prince: »Es war eine windige Regennacht, und als ich die Tür öffnete, flog das ganze Teil aus den Angeln und gleich die Straße runter. Die Band war auf der Bühne und starrte mich an, wie ich da im Eingang stand. Und vielleicht hat das Bruce etwas nervös gemacht, denn ich sagte nur: ›Ich würde gerne mit euch spielen‹, und er sagte: ›Klar, mach einfach, was du willst‹. Der erste Song, den wir zusammen spielten, war eine frühe Version von ›Spirit in the Night‹. Bruce und ich sahen uns an und sagten nichts. Wir wussten es einfach. Wir waren das, was dem anderen bisher in seinem Leben gefehlt hatte. Er war das, wonach ich immer gesucht hatte. Er war damals nur ein dürrer Junge, aber er war ein Visionär. Er wollte seinem Traum folgen. Und von da an war ich Teil der Geschichte.«

Es gibt zwei Möglichkeiten, wer in dem Song das »Ich« ist, das plötzlich vom »Freeze-Out« befallen wird: Entweder sind der Erzähler und Bad Scooter dieselbe Person, oder der Erzähler beobachtet, wie Bad Scooter und Big Man sich begegnen. Ich bevorzuge die erste Interpretation, die unmissverständlich wäre, wenn Springsteen einfach die erste Person anstelle der zwei Bezüge auf Bad Scooter verwendet hätte, was er aber aus erzähltechnischen und dramaturgischen Gründen nicht getan hat. Springsteen spielt auf dem gesamten Album mit der Erzählperspektive. Nur bei »Jungleland« verwendet er den Blick von außen. In allen anderen Songs geht es um »mich«, um »dich« oder um »uns«.

Der Erzähler ist »im Dschungel gestrandet«, und auf der Tenth Avenue wird ihm klar: »I'm all alone ... / and I'm on my own / and I can't go home« [Ich bin ganz allein ... / auf mich selbst gestellt / und ich kann nicht nach Hause]. Springsteens Stimme wurde hier ein Hall verliehen, als säße er inmitten der Hochhäuser in der Falle und würde um Hilfe schreien. Noch beängstigender ist die Stimme im Hintergrund, die ihm sagt: »Kid, you better get the picture« [Junge, kapier es endlich].

Einsamkeit, Isolation, Bezugslosigkeit – das sind die Erfahrungen eines Erzählers, der nicht nach Hause kann oder das gar nicht will. Was heißt nun »Tenth Avenue Freeze-Out«? Springsteen sagte 2005: »Ich weiß bis heute nicht, was das eigentlich bedeuten soll, aber es ist wichtig.« Wo ist die Tenth Avenue? Daniel Wolff legte die Geografie von Asbury Park als Bezugsrahmen zugrunde und vermutete, dass es »die Grenze zur Außenwelt« sei, der nördliche See, hinter dem sich eine andere Welt befindet. In Asbury verlaufen die Avenues alle nach Norden, bis zur Eighth Avenue, dann kommt der Dead

Lake Drive. An der imaginären Tenth Avenue liegt also der See selbst. Erst als Bad Scooter/Ich sich in Bezug mit einem anderen menschlichen Wesen, Big Man/Clarence Clemons, setzt, können sie »diese Stadt knacken« und dem Freeze-Out, dem quälenden Gefühl des Ausgeschlossenseins, entkommen. Der Rock'n'Roll wird sie erlösen – und uns auch, wir können uns mit ihnen »bequem zurücklehnen und lachen«.

Nie waren diese Worte zutreffender, als wenn Springsteen den Song live spielte. »Tenth Avenue Freeze-Out« kam immer als Eröffnung der Shows im Bottom Line im August 1975, und als die *Born to Run*-Tour im Herbst losging, fing er mit »Thunder Road« an, gefolgt von »Tenth Avenue Freeze-Out«.

Fünfundzwanzig Jahre später, im Jahr 2000, lag es vor allem an diesem Song, dass Bruce sich wieder der E Street Band und dem Geist des Rock'n'Roll zuwandte. Nachdem er 1975 ein Star und 1984 sogar ein Superstar geworden war, löste er die Band 1989 auf. (Steve Van Zandt hatte die Band 1984 verlassen, Nils Lofgren ersetzte ihn.) Bruce heiratete Patty Scialfa, sie bekamen zwei Kinder, und er hatte einige musikalische Erfolge und auch einige Pleiten. Sein Vater starb 1998, er selbst wurde 1999 fünfzig, und nach einem Jahrzehnt ohne die Gruppe von Musikern, mit denen er berühmt geworden war (ausgenommen Roy Bittan, der 1992 in Springsteens neuer Band spielte), brachte er die E Street Band wieder für eine sensationelle Tour zusammen.

Während »Tenth Avenue Freeze-Out« stellte er immer die Band vor, was jedes Mal eine ganz besondere Sache war. Am Anfang der Tour, im Juli 1999, unterbrach er den Song plötzlich mittendrin, um eine Geschichte zu erzählen: »Als ich ein junger Mann war, ging ich viele Wege wie ein Kind. Den Weg der Liebe, den der Angst, der Hoffnung und des Glaubens, den Weg des Zynismus, des Mitgefühls, des Eigennutzes, den Weg des sexuellen Vergnügens (der sehr beliebt ist), aber immer war ich allein, verloren im Dunkeln, in meiner eigenen Bitterkeit.« Und während er unterwegs war, sagt er, traf er die einzelnen Mitglieder der Band, er stellt sie vor, und sie spielen ein paar Takte, der Sound baut sich auf, und dann tut er so, als könne er sich nicht erinnern, wen er noch nicht erwähnt hat, und brüllt in die Menge: »Was sagt ihr? Wer ist es?«, immer wieder, bis das Crescendo erreicht ist und es aus ihm herausbricht: »Und dann kam der Big Man dazu.«

Gegen Ende der Tour, ein Jahr später im Madison Square Garden, spielte Bruce in der Pause die Rolle des Priesters. Er stimmte »Take Me to the River« an und verkündete: »Heute Abend will ich den Fluss des Lebens finden, ich will den Fluss der Liebe finden, den Fluss des Glaubens und den Fluss der Hoffnung. Ich will jenen Fluss der Verwandlung finden, der dich verändern kann, wenn du daran arbeitest. Ich will jenen Fluss der Auferstehung finden, wo jeder eine zweite Chance kriegt.« Er nannte noch die Flüsse der Weihe, der sexuellen Heilung, der Kameradschaft, der Freude und des Glücks, und er lud die Menge dazu ein, ihm auf diese Reise zu folgen, denn »man stolpert nicht zufällig über sie, man muss sie suchen, und von allein kommt man nicht dorthin«. Er ist zum Rock'n'Roll-Prediger geworden, der eine Rock-Taufe schmeißt, einen Rock-Exorzismus und eine Rock-Bar-Mizwa. Er stellt die weiteren Bandmitglieder vor und kommt zum »Gesandten des Soul, dem Minister der Bruderschaft, dem Herrscher von der E Street«, und die Menge brüllt Clarence' Namen als Antwort auf die wiederholte Frage: »Wer ist es? Sagt mir, wer es ist!«, bevor sie mit dem Song weitermachen.

Es war ein erstaunlicher Auftritt, der die hoffnungsvolle Message von *Born to Run* nach fünfundzwanzig Jahren wieder aufgriff. Bruce und die Band widmeten sich wieder der Kunst, eine Rock'n'Roll-Hysterie zu entfachen, und sie schwelgten in der Erkenntnis, die nur im Lauf der Zeit entstehen kann: Die gemeinsame Reise mit all denen, die deine Erfahrungen geteilt haben, ist das Gegenmittel für die Einsamkeit und der Beweis, dass wahre Liebe existiert.

»Night«
Der Song ist ein Kurzstreckenlauf, der kürzeste des Albums. Die Nacht ist natürlich das Territorium der Freiheit, die Domäne des Handelns. Kein anderes Wort erscheint häufiger im Springsteen-Kanon, nicht einmal »Liebe«. Allein schon unter den Titeln gibt es »Spirit in the Night«, »Prove it All Night«, »Because the Night«, »Something in the Night«, »Drive all Night« und »Open all Night«. Und die Nacht kommt in jedem Song auf *Born to Run* vor.

Der Song legt mit Gitarre und Snaredrums los. Die Gitarre wechselt die Tonart, dann setzt das Klavier mit Achtelnoten ein, während die Gitarre lang gezogene ganze Noten über dem Beat spielt. Das Tempo ist schnell, aber konstant. Saxofon und Klavier dominieren im Intro. Nur in der Zeile »You're out on a midnight run« [Du bist auf einem Mitternachtstrip] verlangsamt sich das Tempo, aber sogar hier treibt Tallent den Beat in den tieferen Registern weiter an.

Springsteen setzt hier eine Reihe von Dur/Moll-Sequenzen ein. Auf diese Weise überlagern sich die musikalischen Wechsel mit dem Songtext. Moll verbindet sich mit der monotonen Welt des Alltags und der Arbeit, während Dur die Möglichkeit eröffnet, in die Nacht hinauszurasen. Moll: »You work all day« [Du schuftest den ganzen Tag], Dur: »to blow them away in the night« [um nachts alles rauszulassen], Moll: »As it changes to green / with your faith in your machine« [Wenn die Ampel grün wird / kannst du dich auf deine Karre verlassen], Dur: »Off you scream into the night« [und du rast los in die Nacht], Moll: »You work nine to five«

[Du rackerst dich von neun bis fünf ab], Dur: »and somehow you survive / till the night« [und irgendwie stehst du es durch / bis zur Nacht].

Aber am Ende, als man sich schon auf einen erneuten Moll/Dur-Wechsel eingestellt hat, bleibt Bruce bei Dur und verleiht so der letzten Zeile des Songs eine besondere Betonung: »Until all you can see is the night [Bis du nur noch die Nacht wahrnimmst], bevor zum Schluss das Saxofon mit seinem Solo einsetzt.

Die Musik unterstreicht also hier die Botschaft, die der Text vermittelt, und in »Night« schlüpft Springsteen zum ersten Mal in die Rolle des einfachen Arbeiters.

Der Erzähler spricht uns durchgehend mit »Du« an, er behauptet, uns zu kennen. Er weiß, dass wir jeden Tag mit Jobs zubringen, die wir kaum aushalten können, und dass wir einen Chef haben, der uns tyrannisiert. Wir können nichts machen, als den Tag durchzustehen und für die Nacht zu leben. Es sollte noch eine Weile dauern, bis Springsteen in seinen Songs eine Kritik am kapitalistischen System, das die Arbeiter ausbeutet, formulierte. So wird im Titelsong von *The River* beispielsweise der Verlust von Jobs »aus wirtschaftlichen Gründen« beklagt. Was er in »Night« zum ersten Mal zur Sprache bringt, ist eine Aufwertung der Arbeiterklasse, die ihre eigenen Träume hat, Träume, die davon handeln, der Fron des Arbeitslebens zu entkommen.

Springsteen trägt bekanntlich den Spitznamen »The Boss«. Er selbst hasst diesen Namen: »Ich hasse es, ›Boss‹ genannt zu werden. Es ist einfach so. Ich habe es von Anfang an gehasst«, sagte er 1981. Der Name stammt aus den Anfangszeiten der Band, als er seine Leute am Ende der Woche auszahlte und sie scherzhaft dem Boss dankten. »Mir persönlich wäre es lieber gewesen, wenn das unter uns geblieben wäre«, sagt er, aber mittlerweile hat er diesen Titel selbstironisch akzeptiert. Der Spitzname verleiht seinen Songs über den Alltag und die Träume der Arbeiterklasse Resonanz. Später würde Bruce eine Zeile schreiben, die ihn als »einen Reichen im Hemd eines Armen« beschreibt und zeigt, wie er um die Glaubwürdigkeit seiner Rolle gerungen hat – aber noch nicht jetzt, nicht auf *Born to Run*. Springsteen kennt die Nachtmenschen ganz genau, er ist einer von ihnen. »Mein Leben spielt sich nachts ab« sagte er. »Tagsüber war ich nie auf. Nachts sind die Menschen lebendig.«

»Du bist nur ein Gefangener deiner Träume«, erklärt er. Der Traum ist ein zentraler Begriff in Springsteens Vision, besonders hier und auf den nächsten Alben, *Darkness on the Edge of Town* und *The River*. Auf *Born to Run* heißt es in »She's the One«: »She's standing in that doorway like a dream« [Sie steht in der Tür wie ein Traum]; in »Jungleland«: »The rat's own dream guns him down« [Der eigene Traum hat die Ratte erledigt]; und in »Born to Run« sind wir gefangen in einem »runaway American dream« [entschwundenen amerikanischen Traum].

Wie ist dieser Traum beschaffen, der uns gefangen hält, uns erledigt oder uns davonträgt? So klischeehaft das klingen mag, es ist der Traum, die wahre Liebe zu finden, sich die eigene Freiheit zu erhalten, dem Gefühl, in der Falle zu sitzen, zu entkommen, das daraus resultiert, dass die Zukunft vorherbestimmt erscheint und ein monotones Leben nur von irgendwelchen nächtlichen Eskapaden unterbrochen wird. »Night« wird dadurch so eindrucksvoll, dass Springsteen nicht nur die verklärte, sondern auch die dunkle Seite dieser Fluchtfantasien erforscht – denn vielleicht kann man nirgends hin, muss letztlich aufhören davonzulaufen, und es könnten einem nachts auf dem Highway böse Geister begegnen. Was am Ende zählt, ist der Traum selbst.

Die Arbeit ist kein Selbstwert, man arbeitet nur, weil man

muss. Erlösung heißt, in seiner aufgemotzten Karre rumzufahren und einer Schönen auf den Fersen zu sein, »so pretty that you're lost in the stars« [so hübsch, dass du in Verzückung gerätst]. Man kann nur auf sein Auto vertrauen, weil es eine Maschine ist, über die man die Kontrolle hat. Es ist erstaunlich, wie viele Fans von Bruce, die oft aus der weißen städtischen oder vorstädtischen Mittelschicht stammen und nie Autorennen gefahren sind, sich mit der romantischen Vorstellung von heißen Nächten auf dem Asphalt identifizieren können.

Diese Erfahrung ist eine physische: »Every muscle in your body sings« [Jeder Muskel in deinem Körper singt]. Die Zeile erinnert an Walt Whitman: »I sing the body electric« [Ich singe den Leib, den elektrischen]. Während die Arbeit des Tages einen körperlich erschöpft, ist die nächtliche Fahrt physisch befreiend, sie verhilft einem dazu, sich in einen anderen Zustand zu versetzen, wenn auch nur für kurze Zeit.

Aber in der Dunkelheit lauert auch die Verzweiflung. So grandios und befreiend der Song auch sein mag, erinnert er uns doch daran, dass wir »traurig und frei« sind. Traurigkeit und Verzweiflung ziehen sich durch das ganze Album, auch in seinen triumphalsten Momenten. Es zeugt von Springsteens Fähigkeiten als Autor, dass er uns nicht sagt, warum so viel Traurigkeit vorhanden ist, er stellt es nur fest. Fragen nach dem Warum werden nicht beantwortet: Warum wir traurig sind, warum wir leiden (»Thunder Road«), warum wir verzweifelt sind (»Backstreets« und »Jungleland«), warum wir Angst haben und einsam sind (»Born to Run«). Vielleicht liegt es daran, dass wir das Alter fürchten; vielleicht weil wir in grässlichen Jobs feststecken, die an uns zehren und uns abstumpfen, und vielleicht ist es einfach ein Zustand, den wir akzeptieren müssen, auch wenn wir gleichzeitig dagegen ankämpfen.

Als Springsteen zwei Jahre später »Racing in the Street« aufnahm, hatte die Dunkelheit der nächtlichen Straße jegliche vermeintliche Freiheit überschattet. Die Ballade in der ersten Person handelt von einem Dragster-Rennfahrer, der sein Leben auf der Straße satthat, aber weiß, dass es für ihn nichts anderes zu tun gibt als »Come home from work and wash up / and go racing in the street« [Von der Arbeit nach Hause zu kommen, sich kurz zu waschen / und raus zum Rennen zu gehen]. Der Erzähler gewinnt ein Rennen und ein Mädchen, aber dann geht es abwärts. Sie ist todunglücklich und »cries herself to sleep at night / ... but all her pretty dreams are torn« [weint sich nachts in den Schlaf / ... denn all ihre hübschen Träume sind dahin]. Es scheint keinen Ausweg zu geben, und die Protagonisten leiden an einer Form von Ursünde, sie sind in einem Dasein gefangen, das sie nicht selbst bestimmen können. Am Schluss fahren sie ans Meer, »to wash these sins off our hands« [um all die Sünden von unseren Händen zu waschen], aber der Makel ist unauslöschlich.

»Backstreets«

Der letzte Song auf Seite eins bringt uns von nächtlicher Freiheit zur Dunkelheit des Schicksals. Der Sommer ist »verseucht«, ein erster Hinweis auf den angegriffenen Daseinszustand, um den es hier geht. All das klingt in der langen instrumentalen Einleitung schon an. Dies ist kein dreiminütiger rockiger Kurzstreckenlauf. Der Song hat vielmehr etwas Opernhaftes und Theatralisches, das Klavier und die Orgel erinnern an einen Gottesdienst, und sobald der Text anklingt, birst alles vor Poesie. Das Intro dauert über eine Minute.

Wenn Springsteen anfängt zu singen, klingt alles dumpf und weit entfernt: die Drums tief und hallend; die Gitarre beinahe gleichgültig. Der Erzähler berichtet davon, wie er

Terry begegnet ist: »Me and Terry became friends / trying in vain to breathe / the fire we was born in« [Ich und Terry wurden Freunde / wir versuchten vergeblich zu atmen / in dem Feuer, in das wir geboren wurden]. Auffällig ist der grammatikalische Fehler: »was« steht hier anstelle von »were«. Springsteens Figuren sind aus der Arbeiterklasse, sie sind ungebildet und von der Straße. Die Formulierung »born into fire« erinnert an »Born to Run«, aber an dieser Stelle gibt es nur eine Möglichkeit: Man muss in Bewegung bleiben und nachts irgendwo unterkriechen, denn »with a love so hard and filled with defeat« [bei dieser Liebe, die so schwierig und aussichtslos ist], bleibt einem nichts anderes übrig.

»Hiding on the backstreets« wird tief aus dem Inneren herausgeschrien, ursprünglich, zornig. Mit der zweiten Strophe legt der Song zu. Hier gibt es nichts Romantisches mehr – zusammengekauerte, verzweifelte Liebende – außer dem Versprechen von ewiger Liebe, das nicht haltbar ist: »You swore we'd live forever« [Du hast geschworen, dass wir ewig leben würden]. Dies ist ein Song über Verrat.

In der dritten Strophe gibt es einen musikalischen Wendepunkt, die Energie steigert sich, und Springsteen wechselt die Tonart. Menschen werden verletzt, manche sterben sogar, und die ganze Stadt weint. Atemlos und hasserfüllt geht der Erzähler auf Terry los, die ihn angelogen und dann verlassen hat. Am Ende der letzten Zeile fällt er in Moll, der Wechsel unterstreicht seine Einsamkeit und Hoffnungslosigkeit.

Ein klagendes Gitarrensolo bringt uns zum Ende: Im Dunkeln liegend, lauscht der Erzähler der Beichte des Verrats. Terry ist ein »tramp of hearts« [Tramp der Herzen], eine prägnante Formulierung, besonders wenn man an die »tramps like us« [Tramps wie wir] denkt, die in »Born to Run« auftauchen. Schließlich sind wir alle keine Helden, sondern ganz durchschnittliche Menschen, »We're just like all the rest« [Wir sind genauso wie alle anderen], und das ist der schlimmste Vorwurf von allen. Der Song endet mit urigen Schreien und geisterhaften Gesängen. »Hiding on the Backstreets« wird mehrfach wiederholt. Es ist der Ort, an dem wir bleiben müssen, wo wir uns einlassen müssen auf »den stürmischen Kampf mit dem Schicksal«, wie es der Philosoph Ralph Waldo Emerson in seinem Essay »Selbstvertrauen« (1841) nennt.

Eine Auslegung des Songs, die sich unter Fans hartnäckig hält, geht dahin, dass »Backstreets« von einer homosexuellen Beziehung handelt. Verbotene Liebe kann sich nur im Verborgenen abspielen, Terry ist ja kein geschlechtsspezifischer Name, und die Protagonisten des Songs kämpfen nicht nur miteinander, sondern auch damit, dass sie vergeblich versuchen, wie ihre Filmhelden zu sein – also attraktiv, männlich und heterosexuell. Der Erzähler und Terry müssen ihre Liebe für immer in den Seitenstraßen verstecken. Es ist aufschlussreich, dass es in einer frühen Version heißt: »Watching the heroes working in the funhouse ripping off the fags« [Auf dem Rummelplatz kann man dabei zusehen, wie die Helden die Schwuchteln abziehen].

Obwohl es unwahrscheinlich ist, dass Springsteen diese Auslegung beabsichtigt hat, hat er doch festgehalten, dass er »ein Außenseiter in [s]einer Heimatstadt war« und schon deshalb nie an die gängigen Stereotypien über die Schwulenszene geglaubt habe: »Ich und ein paar andere Jungs waren die Freaks in der Stadt – und wenn wir so rumstreunten, wurden wir oft verprügelt. Homophobe Tendenzen waren mir fremd … Ich war offen und nicht per se schon intolerant.«

Das bedeutet aber nicht, dass der Erzähler des Songs homosexuell ist. Die Live-Performances von »Backstreet« in den späten Siebzigern machen deutlich, dass Terry eine Frau ist und die Wunden der verlorenen Liebe weiter eitern. Auf der *Darkness*-Tour hat Springsteen meist im Anschluss an den Song eine lange Geschichte erzählt. (Einiges davon floss in die Lyrics von »Sad Eyes« ein, das auf dem Album *The River* zu »Drive All Night« mutierte.) Jeden Abend lautete sie ein bisschen anders, aber der Inhalt blieb der gleiche: Einige Zeit später begegnet er Terry wieder, und er hat seine Liebe zu ihr nicht vergessen, und als er sich daran erinnert, was er zu tun geschworen hat, um ihr seine ewige Zuneigung zu zeigen, und der schmerzliche Verlust ihm wieder gegenwärtig ist, da beschuldigt er sie in einem Ausbruch, dass sie ihr Versprechen, ihn nie zu verlassen, gebrochen hat. »Little girl, you lied«, schreit er immer und immer wieder. Das Lügen wurmt ihn am allermeisten, es ist ein Vertrauensbruch, der niemals vergessen oder vergeben werden kann.

Seite zwei
»Born to Run«
Hatte der Beckenschlag zu Anfang von Bob Dylans »Like A Rolling Stone« schon »eine Tür in deinem Kopf eingetreten«, dann war der erste Trommelwirbel von »Born to Run« das Fanal für eine ganze Generation, ihre Reise in die Freiheit anzutreten. Der Song leitet die zweite Seite ein. Die Klage von »Backstreets« verklingt, wir drehen die Platte um. Und dann heben wir ab.

Eines der musikalischen Mysterien des Songs ist die Frage, wie er so schnell losgehen und trotzdem kontinuierlich an Eigendynamik zulegen kann, wie ein anhaltendes Crescendo. Das schnelle Drum-Solo, das sich der gesamten Toms bedient, löst die sich überlagernden Klänge von Bläsern, Gitarre, Bass, Glockenspiel und Drums aus. Wenn man sich »The Loco-Motion« von Little Eva aus dem Jahr 1962 anhört, erkennt man eine Quelle für diesen Trommelwirbel.

Die Initialzündung geht von den Snaredrums aus. In den ersten vier Takten spielt Ernest Carter Viertelnoten auf jeden zweiten Taktschlag. In den zweiten vier Takten verdoppelt sich das Tempo der Snares, die jetzt auf den zweiten und vierten Taktschlag fallen. Der Wechsel ist subtil, verändert aber das Tempo.

Der Song ist um »dichte, knappe Arrangements« herum organisiert, darüber lagern sich zahlreiche Instrumente. Im Hintergrund hört man nicht eine einzelne Akustikgitarre, sondern mehrere komprimierte Gitarren, die eine hohe Klangdichte erzielen. Es gibt sogar eine zwölfsaitige Gitarre, die einzelne Noten spielt. Die Drum- und Basslinien sind ebenso dicht. Das Resultat ist, so Springsteen, eine »dunkle Spannung« in der Musik.

Bruce beginnt zu singen. Dieses Mal gibt es kein »ich« wie in »Thunder Road« oder »Tenth Avenue Freeze-Out«, kein »du« wie in »Night« oder »Backstreets«. Dieses Mal geht es um »uns«. Wir gehen zusammen mit dem Erzähler auf die Reise, wir haben Anteil an diesem »runaway American dream«. Die Formulierung ist treffend. Der amerikanische Traum von harter Arbeit, die einen voranbringt, die Erfolg und Aufstieg beschert, ist aus dem Lot und außer Kontrolle geraten. Der Traum ist uns entglitten, und jetzt wollen wir ihm davonlaufen. Man höre sich an, wie Springsteen diese Worte singt, er lässt sie träumerisch und zugleich höhnisch klingen. Das trifft vielleicht auch auf die verlorene Liebe von »Backstreets« zu – man denke nur an »Runaway«, einen Hit von Del Shannon aus dem Jahr 1961 über ein Mädchen, das einem Jungen das Herz bricht und davonläuft.

Natürlich trifft auch die umgekehrte Lesart zu, anstelle des amerikanischen Traums, der sich verflüchtigt hat, steht dann die eigene Fluchtfantasie. Wir sind für die Straße geboren, weil das weite amerikanische Land schon immer den

Aufbruch und das Unterwegssein ermöglicht hat – die Straße führt einen fort aus den überfüllten Kirchen und Städten, den ratternden Fabriken, den beengenden Wohnungen, hinaus in ein unentdecktes neues Territorium.

Während die Bläser ausscheiden und Carter mehr auf den Becken spielt, beginnt die Gitarre mit gezupften tiefen Achtelnoten und schafft eine spannungsgeladene Atmosphäre. Sie kündigt eine Veränderung an, die nach den ersten zwei Versen auch eintritt. Gitarre und Glockenspiel variieren einen Dreiklang, der der Musik etwas Aufheiterndes verleiht. Die ersten Gitarrenlicks erinnern an Duane Eddys »Because They're Young« von 1960.

Nachdem Bruce »Stepping out over the line« gesungen hat, folgt eine dramatische Pause, ein kurzer Wirbel auf den Tom-Toms, und dann setzen die Instrumente aus. Springsteen schreit: »Wooooah«, und die Instrumente setzen wieder ein. Das geschieht fast unmerklich, und man kann es leicht überhören, aber es verleiht dem Song neue Energie und weckt Erwartungen. Was wird passieren, wenn wir die Grenze überschreiten?

Die letzten Zeilen der ersten Strophe machen uns deutlich, wovor wir davonlaufen. Wir sitzen in der Falle. Uns erwartet nur der Tod, wahrscheinlich sogar von eigener Hand. Es ist erschreckend, dass das Wort »suicide« [Selbstmord] in der ersten Strophe gleich zweimal auftaucht.

Bruce singt: »We gotta get out while we're young.« Dabei muss man an »Thunder Road« denken. (Bruce hat während der *Born to Run*-Sessions auch »A Love So Fine« eingespielt, während der *Darkness*-Session wurde daraus »So Young and in Love«.) Abzuhauen ist natürlich eine klassische Rock-Metapher. Springsteen coverte oft den Animals-Hit »We Gotta Get Out of this Place« von 1965. (Der Song enthält die Zeilen: »So young and pretty / … you'll be dead before your time is due« [So jung und hübsch / ... du wirst tot sein, bevor deine Zeit gekommen ist]).

Springsteen wählt dann das ideale Wort, um »uns« zu beschreiben: Tramps. Es suggeriert den Verlust von Heimat und Wurzeln. Und es lässt uns an den sexuell freizügigen »tramp of hearts« aus »Backstreets« denken. Auch die Tradition des fahrenden Musikers wird evoziert: Man denke an Woody Guthries *Bound for Glory* (1943). Der Tramp resultiert aus einer Gesellschaft in der Krise; während der Depression gab es Tausende von Tramps. Aber es ist auch eine selbstgewählte Lebensform, die Unabhängigkeit anstelle von Konformität setzt. Chaplin verkörperte individuelle Menschlichkeit und Moral in seiner Rolle als Tramp, der immer wieder viel mächtigere Kräfte besiegt und am Ende die Liebe findet. In der letzten Szene von *Moderne Zeiten* (1936) gehen der Tramp und sein Mädchen die Straße hinunter in den Sonnenuntergang, sie sind dem amerikanischen Traum von harter Arbeit und gesellschaftlichem Aufstieg entkommen und haben ihren eigenen Platz gefunden. Mehrere Rezensenten, die Springsteen live gesehen haben, beschrieben ihn als »chaplinesk«.

In diesen drei Worten – Born to Run – bringt Springsteen die amerikanische Kultur auf den Punkt. Es gab schon andere Songs mit ähnlichen Titeln: beispielsweise »Born Under a Bad Sign« und »Born to Be Wild«. Während der erste von einer Amerika eingeschriebenen Ursünde handelt und der zweite von amerikanischer Gewalttätigkeit, gelingt es nur »Born to Run«, die ursprüngliche Identität Amerikas als einer Nation von Einwanderern anzudeuten, die immer in Bewegung sind, auf der Suche nach einer besseren Gelegenheit, die dazugehören und sich gleichzeitig wieder davonmachen wollen. Auf seiner Gitarre wechselt Springsteen zu Dur, und wir sind hingerissen.

Es ist anzunehmen, dass Springsteen auch den Countrysong »Born to Lose« kannte, den sowohl Johnny Cash als auch Ray Charles gecovert haben. Der Rockkritiker Greil Marcus hat darauf hingewiesen, dass »Born to Lose« ein altes Punk-Tattoo war und die Songs des Albums »alle irgendwo zwischen ›Born to Run‹ und ›Born to Lose‹ angesiedelt sind, als ob der einzige Trip, der sich überhaupt lohnen würde, einer sei, bei dem man riskiert, alles zu verlieren.«

Die zweite Strophe und der Refrain sind musikalisch ähnlich, aber Springsteen fügt Elemente hinzu, um die Energie aufrechtzuerhalten. Die Sinnlichkeit und Intensität des Gesangs steigern sich. Eine Orgel begleitet die Zeile: »Just wrap your legs 'round these velvet rims« [Nimm einfach diese samtigen Felgen zwischen deine Knie]. Die einzelnen Ebenen verbinden sich, und die Lyrics laufen auf das unvermeidliche Fazit hinaus, das das Thema des Songs, des Albums und des gesamten Werks von Springsteen enthält: »I want to know if love is wild / Girl, I want to know if love is real« [Ich will wissen, ob unsere Liebe leidenschaftlich ist / Mädchen, ich will wissen, ob sie echt ist]. Man muss sich anhören, wie er »real« singt, wie seine Stimme ansteigt und dann bricht.

Das Saxofonsolo treibt uns und den Song voran und wird auf den Drums von einem schnellen Jazzrhythmus begleitet. Die Erregung steigt mit dem Zusammenspiel von Glockenspiel, Gitarre und Klavier, Geigen setzen ein. Der Sound ist opernhaft und kraftvoll. Bruce endet mit: »I want to die with you, Wendy, out on the streets tonight / in an everlasting kiss« [Ich will heute Nacht mit dir auf der Straße sterben, Wendy / in einem endlosen Kuss] und einem trotzigen »Hah«.

In seinem späteren Werk sollte Springsteen sich von der Todesromantik wegbewegen, aber hier noch nicht. Der Erzähler und Wendy schließen einen Liebes-Selbstmordpakt, nur so können sie für immer zusammen sein und einen Ausweg finden, aus dieser Stadt entkommen, die »a death trap, suicide rap« [eine Todesfalle, ein vorsätzlicher Selbstmord] ist. Sie werden entkommen, bevor das System sie zermalmt, auch wenn das bedeutet, dass sie nicht alt werden.

Im Anschluss an Bruce' »Hah« setzen die Instrumente wieder ein, aber sie bewegen sich in eine unklare Richtung. Eine gespannte Erwartung erfasst den Zuhörer. Wie wird sich das Ganze auflösen? Wohin gehen wir? Bruce liefert dann einen der großen Einzähler in der Musikgeschichte, um die Spannung aufzulösen, und alles sammelt sich für den symphonischen letzten Satz.

Gebrochene Helden, Traurigkeit, Irrsinn – nur eine wahre und beständige Liebe kann einen heilen, glücklich und gesund machen. »We're gonna get to that place« [Wir werden dort hinkommen] singt der Erzähler, aber vielleicht kann man ihm das nicht abnehmen: Gibt es einen solchen Ort wirklich? Geht es nicht eigentlich um die Reise, nicht um das Ziel? »We'll walk in the sun« [Wir werden in der Sonne spazieren gehen], aber was dann? Diese Frage sollte Springsteen erst viele Jahre später für seine Figuren und für sich selbst beantworten. Der musikalische Höhepunkt des Songs ist mit der dritten und letzten Reprise von »Baby, we were born to run« [Baby, wir sind für die Straße geboren] erreicht. Eine eindringlich hallende Vokalinstrumentation verlangsamt den Song und bringt ihn zum Abschluss, die letzten Töne verklingen in der Ferne.

Seit 1976 spielte Bruce »Born to Run« immer gegen Ende des Sets oder als Zugabe, und dabei ist es bis heute geblieben. Die Lichter werden gedimmt, alle singen zusammen, und man kann direkt fühlen, wie der ganze Saal darin aufgeht.

Nur auf der *River*-Tour eröffnete er manchmal das Konzert mit dem Song. Am 3. Oktober 1980 kam er in Ann Arbor, Michigan, auf die Bühne und legte mit »Born to Run«

los. Überraschenderweise vergaß er den Text: »Ich wusste, dass das passieren würde. Ich habe mir den Song vor der Show etwa zehn Mal angehört, aber als ich ans Mikrofon trat, war plötzlich alles weg. Ich ging rüber zu den Drums, und da hörte ich die Worte leise irgendwo in meinem Hinterkopf, und dann bemerkte ich, dass das Publikum sie sang. Das war ganz toll. Als hätten wir einen ganz besonderen Draht. Sie saßen nicht nur passiv da, sie nahmen teil.«

Der 9. Dezember 1980, der Tag nach dem Attentat auf John Lennon, verlieh dem Song eine schmerzliche Aktualität. An diesem Abend kam Bruce im Spectrum in Philadelphia auf die Bühne und sagte: »Es ist schwer, an so einem Tag zu spielen, wo wir so viel verloren haben ... Die erste Platte, die ich hatte, hieß ›Twist and Shout‹, und wäre John Lennon nicht gewesen ... wenn er nicht gewesen wäre, dann wären wir heute alle ganz woanders ... Diese Welt ist sinnlos und man muss mit so viel leben, das einfach unerträglich ist ... und es ist schwer, heute Abend hier zu spielen, aber es bleibt einem ja nichts anderes übrig ...« Und dann begann die Band mit »Born to Run«.

Springsteen hat davon berichtet, wie sich die Bedeutung des Songs über die Jahre für ihn verändert hat. 1984 sagte er: »Heute bedeutet ›Born to Run‹ mir sehr viel mehr als damals. Wen ich den Song jetzt singe, dann ist es, als hätte er all diese zusätzlichen Jahre aufgesogen ... Er fühlt sich immer noch echt an. Besonders für mich. Es ist immer einer der emotionalsten Momente der Show. Ich sehe all die Leute vor mir, denen der Song etwas bedeutet – es ist ihr Song. Er gehört ebenso dem Publikum, wie er mir gehört.«

1988 spielte Springsteen den Song zum ersten Mal in der akustischen Version, und das hat ihn wiederum verändert. Am 27. April 1988 kündigte er »Born to Run« in Los Angeles folgendermaßen an:

Dies ist ein Song, der sich in all den Jahren, in denen ich ihn gesungen habe, sehr verändert hat, es scheint, als hätte er die Zeit in sich aufnehmen können. Als ich ihn schrieb, war ich vierundzwanzig und saß in meinem Schlafzimmer in Long Branch, New Jersey. Wenn ich daran zurückdenke, überrascht es mich manchmal, wie ich damals überhaupt wissen konnte, was ich wollte, denn all die Fragen, die ich mir in diesem Song stellte, die versuche ich seitdem zu beantworten. Und ich glaube, als ich diesen Song schrieb, da dachte ich, es geht um einen Typ und sein Mädchen, die einfach weglaufen wollen, ohne anzuhalten oder umzukehren. Und das war eine hübsche romantische Idee, aber nachdem ich all diese Leute in ihre Autos gesetzt hatte, fiel mir auf, dass ich mir irgendeinen Ort ausdenken müsste, wohin sie gehen könnten. Und schließlich wurde mir klar, dass individuelle Freiheit ohne Verbindung zu einer Gemeinschaft, Freunden oder zur Welt da draußen am Ende ziemlich bedeutungslos ist. Also, ich glaube, der Typ und das Mädchen, die haben nach einer solchen Verbindung gesucht, und dasselbe tue ich heute Abend auch. In dem Song geht es um zwei Leute, die einen Weg nach Hause finden wollen, und ich spiele ihn jetzt für euch, ich widme ihn euch – und will nur noch sagen, dass er mir eine gute Begleitung auf meiner Suche war, und ich hoffe, dass das für euch auch zutrifft.

Und während er und seine Fans älter wurden, heirateten und Kinder bekamen, nahm der Song immer neue Bedeutungen an. In der akustischen Version ist er langsamer, ohne das musikalische Feuerwerk im Hintergrund weniger atemlos und wird zu einem Song übers Ankommen statt über Abschied – darüber, den einen Ort zu finden, an dem man leben will. Einzusehen, dass man nicht für immer weglaufen kann, ist kein Eingeständnis einer Niederlage. Vielmehr ist es eine Hommage an all die Fluchtfantasien, bedeutet aber auch, dass wir es schaffen können mit einer Liebe, die für immer leidenschaftlich und echt ist.

»She's the One«

Nach dem Viereinhalb-Minuten-Sprint von »Born to Run« beginnt »She's the One« ruhig, mit einer zwölfsaitigen Gitarre, die mit Aufschlag gespielt wird. Klavier und Gitarre tragen den Song durch die erste Strophe. Springsteens Stimme hallt. Der Song handelt von einer herzzerreißenden Leidenschaft für ein Mädchen mit »killer graces« und »a smile that kills me« [tödlicher Anmut und einem Lächeln, das mich umbringt]. Liebe und Tod bleiben metaphorisch verflochten. Und die Augen des Mädchens »shine like the Midnight sun« [leuchten wie die Mitternachtssonne]. (Man erinnere sich an die Straße in »Thunder Road«, die »wie ein Killer in der Sonne lauert«, und an das Ende von »Born to Run«, wo von einem Platz an der Sonne geträumt wird.)

Nachdem Bruce »She's the One« gesungen hat, explodieren die Percussions, und der Gesang wird mehrstimmig, passend zum Text: »thunder in your heart at night« [dein Herz klopft nachts wie verrückt]. Der berühmte Bo-Diddley-Beat tritt deutlich hervor, eine kraftvolle Fusion von Blues- und Rockriffs, der Springsteen hier Tribut zollt (man höre sich Diddleys »Who Do You Love« an. Oder denke an »Not Fade Away«, den Buddy-Holly-Song, in der berühmten Coverversion der Rolling Stones, den auch Springsteen 1978 im Konzert spielte, gefolgt von »She's the One«).

In der zweiten Strophe verdeutlicht die Wortwahl, dass diese Leidenschaft beinahe religiöse Züge angenommen hat: Der Erzähler kniet im Dunkeln, er singt: »There's this angel in her eyes / that tells such desperate lies« [Da ist dieser Engel in ihren Augen / der so verzweifelte Lügen erzählt] und erinnert uns an »Backstreets«, wo Terry »like an angel on my chest« [wie ein Engel auf meiner Brust] liegt und ihre Lügen beichtet. »No matter how far you run« [Egal, wie weit du rennst] deutet auf eine Einschränkung der Fluchtfantasie hin: Es gibt Gefühle und Erinnerungen, denen man nicht entfliehen kann und die einen am Ende einholen werden.

Bei der Überleitung wechselt Springsteen zu Moll, und sein Gesang wird intensiver, lauter, leidenschaftlicher. Das verleiht der Zeile »Just one kiss / she'll fill them long summer nights / with her tenderness« [Nur ein Kuss / sie füllt die langen Sommernächte / mit ihrer Zärtlichkeit] besonderen Nachdruck. Das Saxofonsolo füllt die Pausen zwischen den beschwörenden Reprisen von »She's the One«. Der Song kommt zum Ende, und Bruce' Gesang drückt aus, was Worte allein nicht können: Begehren, Verzweiflung, Sehnsucht.

Bei seinen Konzerten in den späten siebziger Jahren schmückte Springsteen seine Bühnenansagen zu diesem Song immer mehr aus. Diese hier stammt aus einer Show in Oxford, Ohio, im Oktober 1976:

> Drüben in Ägypten haben Wissenschaftler Ausgrabungen gemacht … Sie gruben auf dem Baugrund für ein Holiday Inn, und als sie schon tief im Herzen der Erde waren, stießen sie auf eine Grabkammer. Also rollten sie den Stein beiseite, und da hörten sie auf einmal diesen Beat. Sie fanden heraus, dass immer wenn dieser Beat erklang, Männer ihre Frauen nahmen – und Frauen ihre Männer – und sich ganz tief in eine dunkle Ecke zurückzogen, wo sie eng aneinandergeschmiegt tanzten. Sie fanden Spuren von diesem Beat auf dem Mars.

Sie verfolgten ihn zurück bis zum Anfang des Universums, als alle Klänge explodiert sind, und sie entdeckten, dass er irgendwo an der Route 18 in New Jersey in den Untiefen der Erde seinen Ursprung hat. Wenn dieser Beat erklingt, werfen die Mädels ihre Kleider weg und tanzen auf den Gängen, erwachsene Männer fallen auf die Knie und heulen, brave Mädchen werden ungezogen und böse noch schlimmer. Und wenn all das heute Nacht nicht passiert, dann seid ihr selber schuld.

Und damit wirklich jeder verstand, worauf der Song zurückgriff, spielte Springsteen oft noch Bo Diddleys »Mona« oder »I Need You Baby« (das die Rolling Stones so großartig auf ihrem ersten Album coverten) und machte dann mit »She's the One« weiter; insgesamt etwa zwölf bis dreizehn Minuten musikalischer Raserei, die genau das verursachten, was er vorhergesagt hatte.

»Meeting Across the River«

Diese ruhige Ballade mit Klavier und Trompete (Randy Brecker) sorgt für eine akustische und erzählerische Atempause nach der Anspannung der vorangegangenen Songs. Sowohl musikalisch als auch stimmlich verbreitet der Song eine Atmosphäre von Verzweiflung, Hoffnungslosigkeit und aufgesetztem Optimismus, denn der Erzähler sucht nach der letzten großen Chance, einen Treffer zu landen. (Der Arbeitstitel hieß: »The Heist« [Der Raubüberfall].)

Neben einer komplexen Harmoniefolge benutzt Springsteen wieder den Wechsel von Moll zu Dur, um die Aufmerksamkeit auf bestimmte Textstellen zu lenken, beispielsweise auf: »She'll see this time I wasn't talking / then I'm gonna go out walking« [Ich werde ihr beweisen, dass ich es diesmal ernst meine / und dann werd ich einfach gehen].

Die vorangegangenen Songs drückten das Bedürfnis aus, wegzugehen, zu flüchten, der Falle zu entkommen; hier geht der Erzähler tatsächlich woandershin, er überquert den Fluss, eine natürliche Grenze, die nur durch einen Tunnel überwunden werden kann.

Auf »die andere Seite« zu gehen kann vieles bedeuten, zum Beispiel von New Jersey nach New York zu fahren. Es ist auch die Unterwelt gemeint, das Reich der illegalen, gefährlichen Unternehmungen. Oder der Tod.

In der Beziehung des Erzählers zu Cherry gibt es einen romantischen Subtext, aber der Song handelt nicht von Liebe, sondern von Männlichkeit: »Here, stuff this in your pocket / it will look like you're carrying a friend« [Hier, steck das in deine Tasche / es wird aussehen, als hättest du einen Freund dabei]. Keine richtige Waffe, aber etwas, das so aussieht. Die folgenden Zeilen erinnern uns an das Klassenbewusstsein der Protagonisten: »Change your Shirt, 'cause tonight we got style« [Zieh dir ein anderes Hemd an, heute Nacht sind wir vornehm].

»And the word's been passed this is our last chance« [Und es geht das Gerücht um, dass das hier unsere letzte Chance ist]. Wer hat es gestreut, und welche letzte Chance: eine Schuld zu bezahlen, sich zu beweisen, gerade noch wegzukommen? In »Thunder Road« gab es auch eine letzte Chance. *Born to Run* ist praktisch ein Generator von letzten Chancen. Wie auch immer die Antwort lautet, der Song endet ruhig, das Klavier verklingt, und wir hoffen, dass der Erzähler und Eddie es schaffen werden, aber ahnen zugleich, dass es nicht so ist.

Der Song war so suggestiv, dass einige Schriftsteller 2005 einen Sammelband mit dem Titel *Meeting Across the River: Stories Inspired by the Haunting Bruce Springsteen Song* herausbrachten, in dem sie ihre eigenen Versionen der Geschichte vorstellten. Der Autor Martin Smith erklärt: »Es geht mehr um das, was im Text *nicht* vorkommt, das macht den Song so faszinierend.« Er nennt »Meeting Across the River« ein »episches Drama, das von Springsteen mit der kargen Präzision eines Haiku erzählt wird«. Smith will den Leser dazu anregen, sich selber die Hintergründe und das Ende der Geschichte von Eddie, Cherry und dem Erzähler auszumalen.

Zusammen mit mehreren anderen auf dem Album markiert der Song eine entscheidende Veränderung in Springsteens Schreiben. Er hatte nicht mehr das Bedürfnis, ein ganzes Wörterbuch auszuschlachten, und verzichtete auf Ellipsen und Wiederholungen. Ihm war klar geworden, dass es darum geht, etwas dramatisch umzusetzen und nicht nur eine Beschreibung zu liefern, denn das macht letztlich einen guten Text aus. Er hatte gelernt, dass es beim Schreiben darauf ankommt, eine Szenerie zu erschaffen, die lyrisch und musikalisch überzeugt, und den Zuhörer in deren Mittelpunkt zu versetzen. Roy Bittan hat es am besten getroffen: »Früher war es so: Wenn er versuchte, etwas auszudrücken, brauchte er quasi so was wie den großen amerikanischen Roman dafür. Inzwischen ist er zu einem guten Kurzgeschichten-Autor geworden.«

»Jungleland«

Springsteen brauchte über sechzehn Monate, um »Jungleland« zu schreiben, zu verfeinern und einzuspielen. Er ging Take für Take durch und sagte immer wieder »Noch mal«, denn er war auf der Suche nach etwas, das er nur im Experimentieren mit verschiedenen Musikstilen finden konnte. »Jungleland« markiert eine Kulmination narrativer Tendenzen, die bereits auf den ersten beiden Alben zu finden sind, nämlich den Übergang zu einem volleren und besser produzierten Sound und einen Abschied: Bruce würde nie wieder einen so langen Song schreiben, der von so vielen Figuren bevölkert wurde oder derartig opernhaft war.

Zu Anfang seiner Karriere, so erklärte Bruce später, »habe ich mehrere wilde, lange Stücke geschrieben – ›Thundercrack‹, ›Kitty's Back‹, ›Rosalita‹ –, die so arrangiert waren, dass die Band und das Publikum nach Atem ringen sollten. Gerade wenn man dachte, der Song wäre vorbei, kam schon die nächste Sequenz, die das Ganze noch höher schraubte. Das sollte der Stimmung nach dem Finale einer großen Soul-Revue entsprechen.«

Der epische Song beginnt mit Geige (Suki Lahav) und Klavier. Die Geige sorgt für die elegische Note. Das Klavier geleitet uns in die Handlung. Jemand namens Magic Rat kommt in die Stadt, es ist eine Art Heimkehr. Er trifft ein barfüßiges Mädchen, »drinking warm beer in the soft summer rain« [das warmes Bier im sanften Sommerregen trinkt], eine der suggestivsten Metaphern in Springsteens Werk, die beinah in Haiku-Form etwas ganz Essenzielles über sein Frühwerk aussagt.

In der zweiten Strophe setzt die Orgel ein. Starke Dualismen durchziehen den Song: »the hungry and the hunted« [die Hungrigen und die Gejagten]; »what's flesh and what's fantasy« [was ist wirklich, was Einbildung]. Die Protagonisten sind in Gegensätzen befangen, die keinen Trost bieten können. Hier dominiert das Physische den Geist: »And the poets down here / don't write nothing at all« [Und die Dichter hier unten / schreiben überhaupt nichts]. Die Verben definieren den Song: ziehen, rollen, zerreißen, zuschlagen, blitzen, explodieren, kämpfen.

»Jungleland« ist ein gefährlicher Ort, wo sich um Mitternacht die Gangs treffen. Aber in der dritten Strophe visualisiert Springsteen die Szene als eine Art *West Side Story* plus Rock 'n' Roll: »An opera out on the turnpike / there's a ballet being fought out in the alley« [Da draußen auf dem Asphalt spielt sich eine Oper ab / in der Gasse wird ein Ballett ausgefochten]. »Jungleland« ist ein Todeswalzer. Der Song selbst ist eine Asphalt-Oper, in der die Straßenjungs ihren Kampf nicht mit Messern, sondern mit blitzenden Gitarren austragen. Musikalisch findet die Überleitung statt, als Springsteen die Zeilen »The hungry and the hunted / explode into rock and roll bands« [Die Hungrigen und die Gejagten / verwandeln sich in Rock 'n' Roll Bands] mehr schreit als singt, und die Tonart bei diesen beiden Zeilen wechselt.

Dieser Wechsel verweist schon auf den nächsten Teil, der auf ein singendes Gitarrensolo folgt. Das erstaunliche Saxofonsolo, das nach »Just one look and a whisper / and they're gone« [Nur ein Blick und ein Wispern / schon sind sie verschwunden] einsetzt, trägt uns davon. Es dauert über zwei Minuten und erzählt eine eigene Geschichte von dem Abend und den Ereignissen, die sich abspielen. Die Geigen setzen wieder ein, und dann folgen düstere Klavierakkorde.

Ein neue Strophe beginnt, vielleicht nähern wir uns dem Abschluss. Springsteen wechselt weiterhin Tonart und Harmonien, wirft sich in die Zeile »Outside the street's on fire« [Draußen brennt die Straße], aber wechselt dann zu einem Klavier- und Geigenakkord, der ausklingt, als er zum Ende kommt: »And in the quick of the night / they reach for their moment / and try to make an honest stand« [Und im Tempo der Nacht / nutzen sie den Moment / um Stellung zu beziehen]. Der Erzähler sagt uns: »They wind up wounded / not even dead [Am Ende sind sie verwundet / noch nicht mal tot]. Der Tod wäre romantisch. Verwundet zu sein, verkrüppelt, dazu gezwungen, sich den ganzen Tag lang bei der Arbeit zu schinden und die langen Nächte in unerfülltem, ja unerfüllbarem Begehren zu verbringen, ist nicht romantisch. Mit Schreien direkt aus dem Innersten, begleitet von Klavier und Geige, endet »Jungleland«. Dies ist eine der Stellen, an denen die ganze Anspannung durchscheint, die bei der Entstehung des Albums vorherrschte. Das Geheul war improvisiert, aber Landau erinnert sich, dass er beim ersten Hören gleich wusste, dass die Platte so enden müsste.

Es ist »der eigene Traum, der die Ratte erledigt« hat, und das ist eine der beängstigendsten Feststellungen überhaupt – dass der Verlust des amerikanischen Traums uns umbringen wird und die Fluchtfantasie nur eine weitere Falle ist, die auf uns wartet.

Auf seinem nächsten Album, *Darkness on the Edge of Town*, sollte Springsteen weiterhin Träume erforschen. Nach einem mehrere Jahre andauernden quälenden Rechtsstreit, der zur Trennung von seinem Manager Mike Appel führte, und nachdem er die Kehrseite des Ruhms kennengelernt hatte, war Bruce nicht mehr der unbekümmerte Punk von der Straße. Das Foto auf dem Cover steht in starkem Kontrast zu *Born to Run*. Springsteen ist glatt rasiert, seine Haare sind frisiert, sein Blick ist ernst. Er trägt zwar noch immer das weiße T-Shirt und die schwarze Lederjacke, aber er steht in einem Innenraum, zwischen Fenster und Wand gefangen. Er sagte: »Auf *Born to Run* ging es um die Hoffnung auf einen kostenlosen Trip. Auf *Darkness* gibt es so was nicht mehr, wer mitfahren will, muss bezahlen.«

»Badlands«, der erste Song auf *Darkness*, enthält die Warnung:

> Talk about a dream
> Try to make it real
> You wake up in the night
> With a fear so real
> Spend your life waiting
> For a moment that just don't come

[Wenn du einen Traum hast
dann versuche, ihn zu verwirklichen
Du wachst nachts auf
Und hast richtig Angst
Dass du dein ganzes Leben warten wirst
Auf einen Moment, der einfach nicht kommt]

Der zweite Song, »Adam Raised A Cain«, entspringt aus »the dark heart of a dream« [dem dunklen Herzen eines Traums]. In »Racing in the Street« heißt es: »All her pretty dreams are torn« [All ihre hübschen Träume sind hin]. Im Titelsong leben die Protagonisten »On the line where dreams are found and lost« [An der Grenze, wo Träume gefunden und verloren werden]. In »Prove It All Night«: »If dreams came true wouldn't that be nice« [Wäre das nicht schön, wenn Träume wahr würden]. In »The Promise«, das zwar eingespielt wurde, aber nicht auf das Album kam: »When the promise was broken, I cashed in a few of my dreams« [All die Versprechungen haben sich nicht erfüllt / da habe ich ein paar von meinen Träumen verscheuert].

Und in »Promised Land« gibt Springsteen den Rat:

Blow away the dreams that tear you apart
Blow away the dreams that break your heart
Blow away the lies that leave you nothing but lost and
   brokenhearted

[Vertreib die Träume, die dich zerreißen
Vertreib die Träume, die dir das Herz brechen
Vertreib die Lügen, die dich nur ratlos und mit gebroche-
   nem Herzen zurücklassen]

Auf *Darkness* folgte zwei Jahre später das Doppelalbum *The River*, das zwei Themenschwerpunkte hat. Hier verteilte Springsteen den Rausch und die Verzweiflung, die er oft musikalisch und textlich in einem Song zusammengefasst hat, auf verschiedene Songs über Liebe und Verlust, Leidenschaft und Sehnsucht. Die Liebeslieder sind Popsongs und Partylieder, meistens nicht länger als vier Minuten: »The Ties that Bind«, »Crush on You«, »Cadillac Ranch«, »Sherry Darling«, »You Can Look (But You Better Not Touch)«, »Ramrod«. Natürlich gibt es immer noch Spannung zwischen Sound und Lyrics, so wie in »Hungry Heart«, einem fröhlich klingenden Song über einen Mann, der seine Familie verlässt.

Daneben werden die Themen »Dunkelheit« und »Traum« in düsteren, melancholischen Balladen fortgeführt. In »Independence Day« verlässt ein Sohn seinen Vater: »'Cause the darkness of this house has got the best of us« [Weil die Düsternis dieses Hauses uns fertiggemacht hat]. In »Drive All Night« liegt ein Paar, dessen Liebe vorbei ist, »in the heat of the night like prisoners all our lives« [wie lebenslänglich Gefangene in der Hitze der Nacht]. Und mit der Erwähnung von gefallenen Engeln, die angesichts ihrer Niederlage weinen, erinnert der Song wieder an »Backstreets«.

Auf *The River* löst sich der Traum auf: »Someday these childish dreams must end« [Irgendwann müssen diese kindischen Träumereien aufhören] (»Two Hearts«); »To say I'll make your dreams come true would be wrong« [Dass ich deine Träume wahr machen kann, wäre gelogen] (»I Wanna Marry You«); »Just to end up caught in a dream where everything goes wrong« [Nur um am Ende in einem Traum gefangen zu sein, in dem alles schiefgeht] (»Price You Pay«); »Baby, there's nights when I dream of a better world« [Baby, es gibt Nächte, da träume ich von einer besseren Welt] (»Jackson Cage«); »Once I dreamed we were together again« [Einmal habe ich geträumt, wir wären wieder zusammen] (»Point Blank«).

Der Titelsong ist einer der ergreifendsten im gesamten Springsteen-Kanon. Er schrieb ihn, nachdem er im Hotelzimmer einen Song von Hank Williams gesungen hatte. »Ich benutzte eine Folk-Stimme – so wie ein Typ auf einem Barhocker dem Fremden neben ihm die Geschichte erzählen würde«, sagte er. »Der Song basiert auf der Pleite in der Bauindustrie in den späten 1970er Jahren und den schweren Zeiten, die meine Schwester und ihre Familie damals durchlebten.« Mit eindringlicher Mundharmonika und Gitarre erzählt der Song in der ersten Person von einem Mann, der sich an seine erste Liebe, Mary, erinnert, die er mit siebzehn traf. Er hat sie geschwängert, und dann musste er sie heiraten und auf dem Bau arbeiten, um seine junge Familie zu ernähren. Aber die Jobs sind knapp. Was ist passiert? Wohin ist das Leben entschwunden? Er versucht, nicht daran zu denken, wie er einst in heißen Sommernächten seine Liebste im Arm hielt:

> Now those memories come back to haunt me
> They haunt me like a curse
> Is a dream a lie if it don't come true
> Or is it something worse
>
> [Die Erinnerungen quälen mich
> Sie suchen mich heim wie ein Fluch
> Ist ein Traum eine Lüge, wenn er nicht wahr wird
> Oder noch etwas Schlimmeres]

Der amerikanische Traum ist schlimmer als eine Lüge. Es ist ein abgekartetes Spiel, das uns bei der Stange halten und glauben machen soll, dass wir selbst über unser Leben bestimmen können. Aber letztlich können wir das nicht. Mit dieser Feststellung ist Springsteen nicht allein. Schriftsteller wie Herman Melville, Richard Wright, Arthur Miller oder Toni Morrison haben sich alle mit der Kehrseite des amerikanischen Traums auseinandergesetzt. »Du kannst nicht einfach nur ein Träumer sein«, sagt Bruce. »Irgendwann wird das zu einer Illusion, die zur Selbsttäuschung führt. Träume zu haben ist so ziemlich das Wichtigste im Leben. Aber wenn man zulässt, dass sie sich in Illusionen verwandeln – das ist Gift.«

Den letzten Song auf *The River* könnte man als Ende der Geschichte verstehen, die anfing, als Mary und der Erzähler in »Thunder Road« die Stadt verließen, um es zu schaffen: »Wreck on the Highway« erzählt in der ersten Person von einem Typ, der von der Arbeit nach Hause fährt und einen schrecklichen Unfall am Straßenrand sieht, überall Blut und Glassplitter, das Opfer ruft nach Hilfe. Der Erzähler kommt nach Hause, aber mitten in der Nacht wacht er plötzlich im Dunkeln auf und denkt an den Unfall auf dem Highway. Springsteen erklärt: »Der Song handelt davon, wie man mit seinem eigenen Tod konfrontiert wird und in die Erwachsenenwelt eintritt und feststellt, dass man nicht mehr unendlich viel Zeit hat.«

Born to Run, *Darkness on the Edge of Town* und *The River* lassen sich als Trilogie verstehen, in der über Traum und Dunkelheit, Flucht und Gefangensein, Freiheit und Schicksal meditiert wird. *Born to Run* stand am Anfang von Springsteens Erkundung unserer Träume. Wir können sie bis in alle Ewigkeit verfolgen. Vielleicht wenden sie sich auch gegen uns und verfolgen uns. Letztlich haben wir nur den Traum von der Liebe, die Fluchtfantasie, den Traum von der Erlösung, den Traum davon, den Traum zu vertreiben, und selbst wenn die Geschichte fast immer schlecht ausgeht, können wir manchmal doch eine Liebe finden, die gar kein Traum, sondern leidenschaftlich und ganz und gar echt ist.

4 Die Geografie von *Born to Run*

»Die wichtigsten Fragen, über die ich den Rest meines Arbeitslebens schreiben werde, haben zuerst in den Songs von *Born to Run* Form angenommen. Mit diesem Album überwand ich meine jugendlichen Vorstellungen von Liebe und Freiheit. *Born to Run* war der Scheideweg.«
– *Bruce Springsteen, 1998*

Peter Knobler von *Crawdaddy* fragte Springsteen 1975, ob ein Konzept hinter dem Album stehe. »Bei *Born to Run* ging es nur um eins«, antwortete er. »Ich wollte eine große Platte machen, die diesem Titel entspricht. Wie ein vorbeirasendes Auto, so dass allen die Klappe runterfällt. Keine Kompromisse.«

Um den Sound, den er sich wünschte, zu erzielen, verließ er sich völlig auf die Band, was er vorher so nicht getan hatte. Mit *Born to Run* verlegte sich Springsteen deutlicher auf einen rockigen als auf einen akustischen Sound und definierte seine Rolle nicht länger nur als Gitarrist, sondern als Bandleader. Mit dem Album »ging ich wirklich auf die Band zu«, sagte er im September 1975. »Es ist gar nicht mehr akustisch – es gibt keine einzige akustische Gitarre, glaube ich. Etwas mehr in die Richtung der Band.«

Schon früh in seiner Karriere wurde Springsteen klar, wie viele extrem gute Gitarristen es gab. Schließlich wuchs er heran im »Zeitalter der Gitarristen«, wie er es nannte, von »Alvin Lee, Jeff Beck, Clapton und Hendrix«. Er war der lokale Überflieger, aber er wusste schon, dass an seiner Musik mehr dran sein musste, als Gitarren zum Glühen zu bringen: »Es gibt viele Typen, die richtig gut spielen. Aber es gibt nicht so viele, die gut schreiben«, erklärte er. »Wenn ich meine eigene Sichtweise – meine Vision – umsetzen wollte, dann konnte das nicht mit dem Instrument geschehen – es musste mehr durch das Songwriting kommen ... Ich fing also an, mich für das Arrangement zu interessieren, wie das Ganze in einem Ensemble funktioniert.«

Einige Wochen nach dem Erscheinen des Albums sprach er in einem Interview über prägende Einflüsse und seine eigene Rolle als Bandleader: »Wenn ich irgendwas höre, dann verinnerliche ich es sehr schnell und kann es dann auf meine Weise benutzen. Die ganzen Sachen von Stax und Atlantic, die mag ich sehr. Wilson Pickett, Sam Cooke, Sam and Dave, Eddie Floyd, die MGs, Steve Cropper ... Die besten Bandleader der letzten zehn oder zwanzig Jahre waren Soul-Bandleader. Sie haben ihre Bands in Form gebracht. So will ich meine Band auch benutzen. Ich mache zwar was anderes, aber doch in dieser Richtung.« Besondere Bewunderung hegte er für James Brown und die Kontrolle, die er über seine Band hatte: »Er faucht, und die Typen überschlagen sich. Es ist unglaublich.«

Über *Born to Run* sagte Springsteen: »Ich fing an, eine eigene musikalische Persönlichkeit zu entwickeln.« Das hieß auch, dass er die offenkundigen musikalischen Einflüsse überwinden musste, die die ersten beiden Alben geprägt hatten, um durch das Verschmelzen und Umformen der Arbeit von vielen anderen Künstlern eine eigene Stimme und einen eigenen Sound zu finden.

Das Album, sagte er damals, sei »eine sehr persönliche Sache«. Und mit Scharfblick konstatierte er: »Die Anspannung, unter der wir standen, ist deutlich spürbar.« Thematisch »handeln die meisten Songs davon, im Nirgendwo zu sein. Irgendwo da draußen, im Nichts. Ich glaube, darum geht es in jedem Song auf dem Album. Darum und um den Versuch, das zu begreifen und einen Sinn darin zu finden.«

Vielleicht fühlte sich Springsteen selbst orientierungslos, während er *Born to Run* schrieb und einspielte, jedenfalls erschuf er ein Ensemble von Figuren, die darum kämpften, sich selbst zu finden, der Einsamkeit zu entkommen und der Liebe einen Platz einzuräumen. Das Album weist die Merkmale einer kohärenten Erzählung auf. Dazu trägt ein Überbleibsel von Springsteens Originalkonzept bei, nämlich dass die Songs einen ganzen Tag im Leben seiner Protagonisten illustrieren sollten. Diese Idee gab er auf. Aber er gestaltete die Protagonisten des Albums »weniger exzentrisch und weniger ortsgebunden … Sie hätten alle und jeder sein können … Das waren die ersten Skizzen zu jenen Personen, deren Leben ich in den kommenden zwei Jahrzehnten nachzeichnen würde.«

Wie wichtig Orte in Springsteens Werk sind, ist hinlänglich bekannt. In seiner Springsteen-Biografie *Born to Run* (1979) schrieb schon Dave Marsh über dessen »bemerkenswert konkreten Sinn für Örtlichkeiten«. Bob Crane ging in *A Place to Stand* (2002) noch weiter und untersuchte die Art und Weise, in der Springsteen »Orte zu Protagonisten macht und sogar zu Kräften, die die Möglichkeiten und Entscheidungen seiner Figuren beeinflussen«. Springsteen sagt, dass er schon sehr früh begann, »darüber zu schreiben, wie Orte dein Leben beeinflussen, dass einem die Beschaffenheit eines bestimmten Ortes für immer eingeschrieben ist. Davon handelt Rockmusik meistens nicht. Als ich meine erste Platte machte, *Greetings from Asbury Park, N.J.*, wollten sie, dass ich sage, ich bin aus New York. Aus New Jersey zu sein, das war so wie ›Hallo, ich komme aus Nirgendwo‹, aber aus irgendeinem Grund gefiel mir die Vorstellung, dass man mit bestimmten Voraussetzungen geboren wird und dann etwas daraus macht. Deshalb habe ich auch nie meinen Namen geändert.«

Wenn seine ersten Alben davon handelten, »wie es ist, an einem bestimmten Ort zu sein«, dann, so Springsteen, »geht es bei *Born to Run* darum, nirgends zu sein«. Damit meinte er, dass die konkrete Umgebung weit weniger wichtig ist als »die Idee, die dahinter steht«. Springsteens Bemerkungen zielen auf die Reise, die Flucht und die Suche nach Liebe, die im Mittelpunkt des Albums stehen. Aber es existiert auch eine Geografie des Verlorenseins, des Nirgendwoseins. Die Konturen von *Born to Run* entstehen aus der Erkundung einer räumlichen, zeitlichen und moralischen Geografie.

Will man diese Geografie begreifen, sollte man sich zuerst das Cover des Albums ansehen, das reine, dynamische Bewegung ist.

Es ist ein Klassiker, hervorragend gestaltet von John Berg

Das Plattencover von Born to Run

und Andy Engel; das Foto, das zu einer der Ikonen der Rockgeschichte wurde, machte Eric Meola. Meola, nur ein Jahr älter als Bruce, hat seither eine bemerkenswerte Karriere als Profifotograf in Werbung und Kunst gemacht. Damals war er sowohl Fan als auch Fotograf: Er hatte Bruce mehrmals auf der Bühne gesehen, seit er sein Fotostudio 1971 eröffnet hatte, und war oft bei Record Plant, als das Album aufgenommen wurde. Aber es stellte sich als schwierig heraus, Bruce in sein Studio zu kriegen. Im Spätsommer 1975 sagte Springsteen ständig Termine ab, weil er an seinem Album arbeiten wollte. Schließlich reichte es Meola, und er rief Mike Appel an und sagte, entweder Springsteen würde die Verabredung einhalten oder es gäbe kein nächstes Mal.

Als Springsteen und Clemons am 20. Juni 1975 zur Fotosession kamen, die nur zwei Stunden dauerte (und in der über 700 Bilder entstanden), hatte Meola schon eine klare Vorstellung davon, wo Springsteen herkam und wofür seine Musik stand. Es war abgesprochen, dass die Fotos in Schwarz-Weiß sein sollten, und Bruce und Clarence hatten mehrere schwarz-weiße Requisiten dabei – ein Radio, Turnschuhe, Hüte. Meola war auf der Suche nach einem ganz bestimmten Look: »Ich wollte etwas, das praktisch unmöglich zu drucken war, dann aber super aussehen würde, wenn es gut gedruckt wäre – irgendwie unschuldig und zugleich ausgebufft«, erinnert sich Meola. »Von Anfang an sollte Clarence mit auf dem Cover sein, und die Idee, beide vor einen weißen Hintergrund zu stellen, hat einfach funktioniert.«

An jenem Tag gelangen Meola einige erstaunliche Bilder: ein Porträt von Bruce unter einer Feuertreppe; Clarence' Arm, der Bruce einen Schubs gibt; ein intimes Porträt von einem lächelnden Bruce, das in den Linernotes abgebildet wurde. Von der Szene, die schließlich auf das Cover kam, gab es mehrere Aufnahmen, aber es ist offensichtlich, warum sie verworfen wurden. Rücken an Rücken lehnend, wirkten Bruce und Clarence weniger verbunden und eher in dynamischer Spannung zueinander. Und Bruce sieht grimmig aus – hier fehlt die Freude. Wenn Bruce lächelt und den Arm auf Clarence' Schulter legt, wirkt es deutlich besser. Und nur auf einem Foto hielt er den Gitarrenhals umfasst, was den entscheidenden Unterschied in der Komposition ausmacht. Dieses Bild verwendete Columbia für Werbeanzeigen.

Es ist das Coverfoto, das uns noch immer in seinen Bann zieht. Springsteen sagte dazu: »Das Cover sagt alles.« Clemons erinnert sich: »Ich habe die Pose erfunden. Ich stellte mich da hin, und Bruce lehnte sich gegen mich. Und es war perfekt.« Springsteen lehnt sich an seinen Bandkollegen. Er trägt eine Lederjacke mit baumelndem Gürtel, und seine langen, wehenden Haare suggerieren Bewegung. Bruce ist leger, sogar nachlässig gekleidet: Sein T-Shirt ist eingerissen, seine Halskette leicht verdreht. Das Schattenspiel von Schwarz und Weiß verleiht dem Foto Tiefe und Plastizität. Man muss sich nur Bruce' Hand ansehen, die die Gitarre hält. Der Daumen wirft einen Schatten. Seine Finger sind an den Kuppen weiß und schwarz an den Knöcheln. Seine Silhouette sticht deutlich ab vor dem weißen Hintergrund, und sein Ohrring wirkt wie ein Tropfen Licht in einem Meer von Dunkelheit. Bruce lehnt sich zur rechten Seite, und die Gitarre lenkt den Blick in die Gegenrichtung. Sein Profil hat etwas von einem Putto. Seine Augen glitzern, er hat ein Lächeln auf dem Gesicht. Es sieht aus, als würde er sich an etwas Lustiges erinnern und es uns gleich erzählen.

Bruce ist nicht allein, das ist der dramatisch bedeutsame Aspekt des Bildes. Wenn man nur die Vorderseite des Covers sieht, weiß man schon, dass er sich an jemanden anlehnt. Sein rechter Arm ruht leicht auf der Schulter eines größeren Mannes, seine Fingerspitzen streifen eben dessen

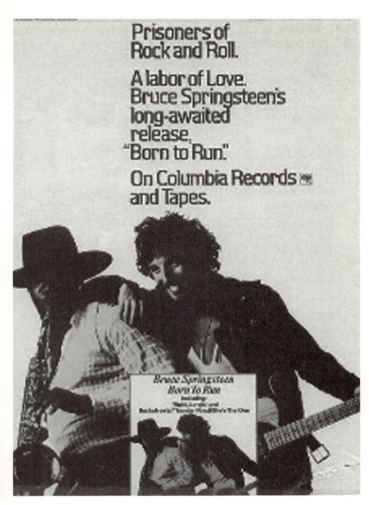

Time-Magazine, *27. Oktober 1975*

Ärmel. Die Rundung seiner Gitarre berührt eine glänzende schwarze Lederhose. Die Verbindung ist intim: Brüder, Gefährten, Freunde.

Wenn man das Album umdreht, sieht man Clarence,

wie er in sein Saxofon bläst. Er trägt einen breitkrempigen schwarzen Filzhut, Lederhosen, ein weißes Hemd mit schwarzem Streifenmuster. Das Weiße seiner Augen ist sichtbar, er schaut zu Bruce rüber. Die eine Hälfte seines Gesichts ist beleuchtet, die andere liegt im Schatten. Auch Clemons ist in Bewegung, er spielt, beugt sich leicht vor, bewegt sich im Rhythmus.

Wenn wir das Cover ganz aufschlagen, springen uns die Fotografie und das Design mit voller Wucht ins Auge. Diese Männer sind glücklich, und der Rock'n'Roll verbindet sie. Die Schrifttype ist so unaufdringlich und dezent, dass es wirkt, als hätten die beiden die Titel einfach in den Staub geschrieben. Die gedruckten Buchstaben sind wie Schatten, wie ein architektonischer Hintergrund, der diese Männer nicht eingrenzen kann.

Das Cover passt ideal zu einem Album mit dem Titel *Born to Run*. Schon bevor wir den ersten Song hören, wissen wir, dass es hier um Bewegung geht, um Aufbruch und Flucht, um Fahren und Suchen, um Finden und Ankommen. Die beiden Männer sind auf einer Reise, und das Album mit seinem weißen Hintergrund und der grauen Schrift wirkt auf uns wie eine Aufforderung, sie zu begleiten.

Dass Springsteen sich gemeinsam mit Clemons abbilden ließ, verstärkt noch die Wirkung des Albums, weil es sich damit in die hergebrachte kulturelle Tradition stellt, zu zweit auf die Reise zur Selbstfindung zu gehen. Die Rassenzugehörigkeit spielt hier eine wichtige Rolle. In Literatur und Film gibt es zahlreiche gemischtrassige Paare, die sich auf unterschiedlichen Reisen befinden: Ismael und Queequeg in *Moby Dick*, Huck und Jim in *Die Abenteuer des Huckleberry Finn*, Tony Curtis und Sidney Poitier in *Flucht in Ketten*. Aber selten sind sie sich ebenbürtig. Und alle sind Außenseiter – Waisen oder Kriminelle –, die vor etwas davonlaufen.

Bruce und Clarence sind vielleicht auch auf der Flucht, denn was sonst bedeutet Rock 'n' Roll, wenn nicht borniertern Konventionen davonzulaufen, um in ausgelassener Rebellion zu leben? Aber wenn sie davon träumen, dann als gleichberechtigte Partner. Diese Betonung der Gleichberechtigung der Rassen ist erstaunlich für eine Zeit, in der nur sehr wenige Rockbands integrativ wirkten. Dabei handelt es sich um ein interessantes Phänomen, das noch nicht ausreichend erforscht worden ist. Natürlich weiß man, dass Rock 'n' Roll tief in der Tradition des schwarzen Rhythm and Blues verwurzelt ist. Und in den 1950er Jahren war das Publikum bei Rockkonzerten häufig gemischt. Aber für den Rock galt immer, dass die Bands entweder weiß oder schwarz waren, mit wenigen Überschneidungen. In den 1960er und 1970er Jahren gab es nur vereinzelte Ausnahmen. Booker T. & The MGs, The Jimi Hendrix Experience, Sly and the Family Stone und Love brachten Cover heraus, auf denen schwarze und weiße Musiker zusammen abgebildet waren. Und das war so ungefähr alles, bis *Born to Run* kam.

Springsteen will kein Statement ablegen. David Sancious und Ernest Carter sind ebenfalls schwarz, durch sie wurde die Erstbesetzung der E Street Band zur integrativsten Rockband überhaupt. Und über die Jahre wurde Clarence zum Sidekick und Gegenpart für Springsteens Mätzchen auf der Bühne, am deutlichsten wohl bei »Tenth Avenue Freeze-Out«. Es gab viel Gerede darüber, wie Bruce Clarence auf den Mund geküsst hat, wie er mit ihm getanzt und rumgeschoben, und ihn den »König der Welt« und »Herrscher über das Universum« genannt hat. Wie auch immer man die Theatralik ihrer Bühnenbeziehung auslegen mag, sie befinden sich jedenfalls auf einer gemeinsamen emanzipatorischen Reise, die schon deshalb erfolgversprechend ist, weil sie sie nicht allein unternehmen müssen.

Und noch jemand ist anwesend auf dem Cover von *Born to Run*. An Springsteens Gitarrengurt steckt ein Button vom Elvis-Presley-Fanclub. Man erkennt nur den glänzenden weißen Rand und eine Silhouette. Oben steht »Elvis is the King«, darunter »Fan Club of N. Y. C.« und seitlich des Elvis-Porträts: »King's Court« und »Elvis Presley«. Der Anstecker wurde nur an Mitglieder des New Yorker Fanclubs ausgegeben, doch in den Unterlagen taucht Bruce nicht auf. Es bleibt also unklar, woher er ihn hatte. Aber er trug ihn während der *Born to Run*-Fotosession und zollte somit dem Mann Tribut, dem er es zuschrieb, sein Leben und die Gesellschaft an sich verändert zu haben.

»Elvis ist meine Religion«, sagt Bruce. »Wenn es ihn nicht gegeben hätte, dann würde ich jetzt Nachschlagewerke verkaufen.« Nachdem er Elvis bei der *Ed Sullivan Show* gesehen hatte, wünschte er sich seine erste Gitarre, aber mit sieben Jahren waren seine Hände zum Spielen noch zu klein, und er legte sie ein paar Jahre beiseite. Trotzdem konnte er sich nicht vorstellen, dass »irgendjemand nicht wie Elvis Presley sein wollte«. Immer wieder hat Springsteen davon gesprochen, wie der Rock'n'Roll ihm das Leben gerettet hat, und auf der Liste seiner Vorbilder steht Elvis ganz oben. 1998 erzählte Bruce Will Percy: »Man könnte die These aufstellen, dass Elvis Presley in der zweiten Hälfte des 20. Jahrhunderts den Typus des Künstlers mit sozialem Bewusstsein verkörperte, auch wenn er nicht mit irgendwelchen vorformulierten politischen Ideen hausieren ging. Er sagte: ›Ich bin aufgewacht, und ich will euch auch wachrütteln‹, und so kam es dann auch. Er hatte immensen Einfluss auf die Art und Weise, wie die Leute lebten, wie sie sich selbst wahrnahmen, ihre Körperlichkeit, ihre ganze Persönlichkeit.«

Elvis rettete Bruce sogar gleich zweimal. Er gab ihm nicht nur einen Traum, sondern er lehrte Springsteen auch, mit diesem Traum in der Realität umzugehen. 1976, während einer hastig organisierten Tour durch den Süden der Vereinigten Staaten, war Bruce in Memphis. Mit Van Zandt und einem Journalisten zusammen nahm er ein Taxi, und Bruce bedeutete dem Fahrer, er solle sie nach Graceland fahren. Als sie dort um drei Uhr morgens ankamen, brannte noch Licht, und Bruce dachte: »Ich muss nachsehen, ob er zu Hause ist.« Springsteen kletterte über das Tor und wollte gerade die Auffahrt hochgehen, als ihn ein Wächter aufhielt. Bruce fragte, ob Elvis zu Hause sei, und der Wächter antwortete, er sei in Lake Tahoe. Bruce versuchte, dem Wächter klarzumachen, dass er selbst ein großer Rockstar sei, um doch noch ins Haus zu kommen, aber der geleitete ihn freundlich, aber bestimmt vor das Tor.

Jahre später, als Springsteens Ruhm an den von Elvis heranzureichen begann, wurde ihm der Sinn dieser Episode klar. Er gestand seinem Publikum bei einem Konzert, er habe sich »immer gefragt, was ich wohl gesagt hätte, wenn ich an die Tür geklopft und Elvis sie geöffnet hätte. Weil es eigentlich nicht Elvis war, den ich sehen wollte, sondern mehr der Traum, den er uns eingeflüstert hatte und den wir irgendwie alle träumten.«

1987 erzählte Springsteen dem *Rolling Stone*: »Ich glaube nicht, dass der Persönlichkeitskult der Grundidee des Rock'n'Roll entspricht. Das ist eine Nebenerscheinung, eine Sackgasse. Es ist nicht das Wahre. Und ich bin genauso mitschuldig daran wie jeder andere auch. Als ich über die Mauer sprang, um Elvis zu treffen, wusste ich nicht, wem ich begegnen würde. Und der Wächter, der mich aufhielt, hat mir wohl den größten Gefallen meines Lebens getan. Ich hatte alles falsch verstanden. Ich war naiv und hatte einen Mordsspaß, aber es war nicht richtig. Letztlich kann man innerhalb dieses Traums nicht existieren.«

Springsteens vernünftige Überlegungen über die Bedeutung des Ruhmes und seinen Preis haben es ihm ermöglicht, weiter seinen Job zu machen und ein einsames oder gar tragisches Ende zu vermeiden. Aber all das lag noch in der Zukunft. Der Vierundzwanzigjährige mit seinem Elvis-Fanclub-Button glaubte an die erlösende Kraft des Rock'n'Roll und staunte darüber, wie Presleys Musik »so viele Menschen aus ihrer Einsamkeit erlöste, ihnen einen Grund gab zu leben und einen Begriff davon, wie viele Möglichkeiten es im Leben gibt«. Vielleicht würde mit *Born to Run* etwas Ähnliches gelingen.

Bruce und Clarence wirken auf dem Cover nicht verloren. Sie haben ein Ziel, sie träumen von etwas. Vielleicht wissen sie die genaue Richtung noch nicht, aber sie sind auf der Suche und laden uns ein, sie zu begleiten. Die Reise durch die acht Songs des Albums deckt eine räumliche Geografie von Landstraßen, Gassen, Alleen, Highways und Wegen ab, auf die die Songs sich beziehen. Es gibt außerdem die Stadt, den Strand, den Park, den Fluss und den Dschungel. Konkrete Orte werden erwähnt – Highway 9, Harlem, Stockton's Wing, um nur einige zu nennen –, aber das Konkrete scheint weniger bedeutsam zu sein als auf dem vorigen Album, wo die E Street, Asbury Park, 57th Street und New York City schon in den Songtiteln auftauchten.

Nachdem *Born to Run* erschienen war, hat sich Springsteen dazu geäußert. Als Peter Knobler bemerkte, das neue Album sei von Asbury Park doch weit entfernt, antwortete Bruce: »Ich wollte einen Song über zu Hause machen, aber ich kam nicht dazu. Es gibt ein paar versteckte Hinweise. Aber in den meisten Songs geht es darum, im Nirgendwo zu sein. Nur da draußen, im Nichts. Ich glaube, darum geht es in jedem Song auf dem Album. Darum und um den Versuch, es zu begreifen und einen Sinn darin zu finden. Es ist ein sehr persönliches Album.«

Born to Run ist nicht so spezifisch und deshalb auch zugänglicher und umfassender. Und dass wir von der Reise nicht nur hören, sondern an ihr teilnehmen können, liegt daran, dass die Geografie vor allem exemplarisch ist. »Wenn die Verandatür bei ›Thunder Road‹ zuschlägt«, so Springsteen, »heißt das nicht unbedingt, dass man sich immer noch an der Küste von New Jersey befindet. Man könnte überall in Amerika sein.«

Springsteen sagte, er habe den Titel »Thunder Road« von einem Plakat des gleichnamigen Films mit Robert Mitchum geklaut. Und erst nachdem er sich den Ort vorgestellt hatte, fand er ihn auch. Eines Sommers fuhr er auf dem Weg nach Nevada durch die Wüste. Er kam zu einem Haus, an dem ein Bild von Geronimo hing, auf dem »Grundbesitzer« stand, daneben ein Schild mit der Aufschrift: »Dies ist das Land des Friedens, der Liebe, der Gerechtigkeit, und wir kennen keine Gnade.« Es wies in Richtung einer kleinen schmutzigen Gasse, die Thunder Road hieß.

»Thunder Road« ist zwischen Innen- und Außenwelt angesiedelt, und die Tür, die in der ersten Zeile zufällt, markiert diese Grenze. »Renn nicht wieder rein«, sagt der Erzähler, als Mary auf der Veranda erscheint, »diese Straße wird uns überall hinbringen.« Er reicht ihr die Hand, um sie von der Veranda zum Beifahrersitz zu geleiten, und beschwört sie hineinzuklettern. Das Wort »klettern« ist passend, es hat die Konnotation einer Aufwärtsbewegung, die die räumlichen Beschränkungen überwindet.

Gemeinsam wollen Mary und der Erzähler eine Stadt voller Verlierer verlassen. In der Geografie von *Born to Run* sind Siedlungen und Städte ungesunde Orte. »This town rips the bones from your back / it's a death trap, a suicide rap« [Diese Stadt reißt dir die Knochen aus dem Leib / ist eine Todesfalle, ein vorsätzlicher Selbstmord], warnt uns der Titelsong. Die Stadt ist ein Dschungel, in dem man festsitzt, wie in »Tenth

Avenue Freeze-Out«, oder wo man »die ganze verdammte Stadt weinen« hört, wie in »Backstreets«, oder wo man einfach in einem Tunnel niedergeschossen wird, wie die Ratte in »Jungleland«.

Die Protagonisten von *Born to Run* sind Gefangene der Sphäre, die sie bewohnen: Sie stehen mit »dem Rücken zur Wand« (»Tenth Avenue Freeze-Out«) oder sind »im Park gestrandet« (»Backstreets«), oder sie »kämpfen in dunklen Ecken« (»Jungleland«). Straßen, Alleen, Highways bieten einen Ausweg, aber sie sind auch keine ungefährlichen oder idealen Orte. Die Thunder Road »lauert da draußen wie ein Killer in der Sonne«; die Tenth Avenue liegt auf der falschen Seite der Stadt, dort landet man, wenn man ganz allein und isoliert ist; der Highway ist »voller gebrochener Helden«, und »die ganze Straße taumelt in einem Todeswalzer«.

In der Geografie von *Born to Run* findet man Erlösung und Liebe nicht in der räumlichen Sphäre. Fluchtmöglichkeiten werden anderswo geboten – nämlich in der zeitlichen Dimension. Diese Sphäre gehört der Jugend (Lebenszeit), der Nacht (Tageszeit) und dem Sommer (Jahreszeit).

Eine Strophe von »Thunder Road« fasst das Zeitgefühl zusammen, das das gesamte Album durchzieht: »So you're scared and you're thinking / that maybe we ain't that young anymore / Show a little faith, there's magic in the night« [Du hast also Angst, und du denkst / dass wir vielleicht gar nicht mehr so jung sind / Hab ein bisschen Vertrauen / die Nacht ist voller Magie]. Es ist bemerkenswert, dass Springsteen diese Zeilen schrieb, als er erst vierundzwanzig war, und dass sie auf so viel Resonanz bei einer Generation von Jugendlichen stießen, für die *Born to Run* das Album war, das ihr Leben beschrieb. Der Song »Born to Run« wiederholt die Botschaft: »Wir müssen hier raus, solange wir noch jung sind.«

Die Jugendkultur hat in der amerikanischen Geschichte

immer eine zentrale Rolle gespielt. Schließlich handelt es sich ja um die Neue Welt, um die Befreiung von der Korruption der Alten Welt. Seit der amerikanischen Unabhängigkeitsbewegung stand die Jugend immer an der Spitze von politischen, sozialen oder kulturellen Umwälzungen. Die revolutionäre Gegenkultur der 1950er und 1960er Jahre, in der Rock'n'Roll eine entscheidende Rolle spielte, machte da keine Ausnahme. Ob Beatniks oder Hippies, Teenager und Twens prägten von nun an die Alltagskultur nicht nur mit ihrer Musik, sondern auch mit Filmen, Literatur, Kunst oder Fernsehformaten, die sich an sie richteten und von ihnen selbst handelten. »Born to Run« wurde zur Hymne einer Generation, und kein anderer Song hat umfassender, in Worten und Musik, die euphorischen Hoffnungen und romantischen Träume der Jugend eingefangen.

Die Befürchtung, nicht mehr jung zu sein – sogar unter jenen, die noch Teenager oder in ihren frühen Zwanzigern waren –, war die Angst einer bestimmten Generation zu einem bestimmten Zeitpunkt und kann uns helfen, die Durchschlagskraft und den Erfolg von *Born to Run* zu begreifen. Im Sommer 1975 fühlten sich die Teenager besonders orientierungslos. Sie hatten die Beat-Ära der späten 1950er Jahre verpasst, ebenso wie die Bürgerrechtsbewegung und die Antikriegsbewegung der 1960er Jahre, aber der Impuls, die Autoritäten in Frage zu stellen, war Teil ihrer Konstitution geworden. Andererseits sah es so aus, als sei eine Welt, die bislang in der Konfrontation von »uns gegen sie« bestanden hatte, gerade dabei, sich in eine isolierte, ichbezogene Welt zu verwandeln. Mitte der siebziger Jahre war das nationale sowie das persönliche Selbstempfinden der Amerikaner deutlich angeschlagen. Nixon musste zurücktreten, der Vietnamkrieg ging unrühmlich zu Ende, und sogar im Rock'n'Roll schien alles zu stagnieren: Es war zehn Jahre her, dass Dylan mit »Like a

Rolling Stone« und seinem Auftritt beim Newport Folk Festival Schockwellen ausgelöst hatte.

Als das Album erschien, sprach Springsteen auch über diese kulturellen Veränderungen: »In den Siebzigern fingen die Leute an, nur noch an sich selbst zu denken ... Sie interessierten sich nur noch für ihren eigenen Kram. Zynismus machte sich breit, und die Leute haben ihren Sinn für Zusammenhalt und Gemeinschaft verloren – der in den Sechzigern vielleicht oberflächlich war, den es aber gegeben hat. Die Leute sind zu abgetörnt und zu ausgepowert, um sich noch damit zu befassen, sie vertrauen niemandem und glauben an gar nichts mehr. Das ist das Klima, das in diesem Land im Moment herrscht.«

Dreißig Jahre später hat Springsteen eine ebenso überzeugende Analyse der Wirkung von *Born to Run* formuliert. Als er in einem Radiointerview im April 2005 ganz konkret zu der Zeile »thinking we ain't that young anymore« befragt wurde, gab er folgende Antwort, die es verdient, in ganzer Länge zitiert zu werden:

> Man darf nicht vergessen, dass *Born to Run* nach Watergate, nach Vietnam entstanden ist. Die Leute fühlten sich ganz einfach nicht mehr jung, und das machte die Platte deutlich, weil ich mit klassischen Rock-Metaphern und Rock-Sounds arbeitete, aber zugleich auch in einem ganz bestimmten Moment schrieb, in dem den Menschen der Boden unter den Füßen weggezogen wurde. Sie wussten nicht mehr, wo sie standen oder wohin das Land driftete oder was aus uns allen werden würde, und deshalb kommt das ganze Suchen nach einer Heimat und einem Ort zum Leben auch auf der Platte vor. Meine Figuren lassen etwas zurück – sie brechen auf, sie wollen irgendwohin, und sie wissen nicht, wohin. Sie versuchen, jemanden zu finden, der sie be-

gleitet, jemanden, den sie lieben oder der ihnen etwas bedeutet. Aber sie sind in der Mitte, in einem Niemandsland zwischen hier und dort. So habe ich mich zu der Zeit auch gefühlt. Der Platte gelingt es, jugendlichen Optimismus mit einem gewissen Überdruss und einer spirituellen Suche zu kombinieren, die Menschen bewegen sich durch eine ziemlich düstere Welt. Das war also die Devise, und darum hat die Platte überdauert.

Auf der Suche nach einem Ort zu sein bezeichnet die grundlegende Geografie des Albums. Dieser Ort ist nicht räumlich, sondern zeitlich definiert, und wenn die zeitliche Geografie von der Jugend bevölkert wird, dann ist ihr Fixpunkt die Nacht. Unter ihrem Mantel und in ihrem Schutz wagt man den Ausbruch, findet man die Freiheit oder begegnet seinem Schicksal.

Natürlich ist »Night« die Hymne zu dieser zeitlichen Geografie, die *Born to Run* durchzieht. Der Tag gehört einem freudlosen Job, wo der Boss dich schikaniert. Nur in der Nacht kann man sich lebendig fühlen.

Es fängt mit »Thunder Road« an und der Ankündigung, dass die Nacht voller Magie ist. Der Erzähler und Mary »[are] riding out tonight / to chase the promised land« [brechen heute Nacht auf / um das gelobte Land zu suchen]. In »Tenth Avenue Freeze-Out« ist die Nacht düster. In »Backstreets« tanzt ein zum Scheitern verurteiltes Paar langsam im Dunkeln, denn: »In the deep heart of the night / we let loose of everything« [Tief im Herzen der Nacht können wir alles loslassen]. Und im Dunkeln liegend, trocknet der Erzähler Terrys treulose Tränen.

Der Titelsong ist auch ein Nachtlied. Die dramatische Eröffnung kontrastiert den Schweiß des Tagewerks mit der Herrlichkeit der Nacht. Vielleicht finden der Erzähler und

Wendy eines Tages ihren Platz an der Sonne, aber es kann genauso gut sein, dass sie heute Nacht noch auf der Straße sterben, in einem endlosen Kuss. In »She's the One« scheint eine mitternächtliche Sonne, und die Begierde ist am unerträglichsten »at night when you're kneeling in the dark« [in der Nacht, wenn du im Dunkeln niederkniest]. Und schließlich spielen sich die Dramen von »Meeting Across the River« und »Jungleland« auch nachts ab. Die Nacht ist heilig, und die Liebenden verzweifeln, wenn sie vergeht.

Die Nacht garantiert zwar keine Liebe, aber es ist die Umgebung, in der man sie finden mag. Das Tiefgründige an *Born to Run* ist, dass es kein simpler Lobgesang auf die Liebe ist. Springsteen weiß, dass Freiheit und Schicksal, Zuversicht und Pessimismus, Licht und Dunkelheit, Freude und Trauer aneinander gebunden sind. »We can live with the sadness« [Wir können mit der Traurigkeit leben], stellt er in »Born to Run« fest. »Her love could save you from the bitterness« [Ihre Liebe könnte deine Bitterkeit lindern], bekundet er in »She's the One«. In »Night« ist er »traurig und frei«, denn es gibt keine glatten Brüche mit der Vergangenheit; nicht einmal die Nacht kann einem den Sieg garantieren, wie in »Jungleland«, wo die Jungs am Ende »verwundet und noch nicht mal tot« sind. Aber sie ist der Ausgangspunkt für jede Flucht oder Entdeckungsreise.

Zur zeitlichen Geografie von *Born to Run* gehört außer der Nacht auch der Sommer. Springsteen und der Sommer gehören zusammen wie das Plektrum und die Gitarre. Springsteens Musik ist die der Straße, der Küste und stickiger Nächte. Die vielen Bezüge auf den Sommer rühren bestimmt auch daher, dass Springsteen den ganzen Sommer 1975 im Studio verbracht hat, wo er wie wild daran arbeitete, das Album zu beenden. Dave Marsh erzählt von den Geburtswehen des Albums und den endlosen Sessions im Studio, er erinnert sich, dass weder Bruce noch seine Produzenten Jon Landau und Mike Appel »auch nur einen Hauch von Bräune hatten; ihre Haut war leichenblass, sie sahen aus wie Rock'n'Roll-Gespenster«.

Springsteen transponierte alles, was er in jenem Sommer nicht draußen erleben konnte, in seine Songs. Und nimmt man den Erfolgsdruck, der auf ihm und seinem dritten Album lastete, sowie die Turbulenzen während der Aufnahmesessions, dann bekommt die Zeile aus »Thunder Road«, wo es darum geht, seinen Sommer damit zu vergeuden, vergeblich auf einen Erlöser zu warten, eine zusätzliche Bedeutung. Für viele hätte Springsteen dieser Erlöser sein können, aber er und der Erzähler aus »Thunder Road« lehnen diese Rolle ab, sie wollen lieber das Fenster runterkurbeln und die Haare im Wind flattern lassen.

In »Tenth Avenue Freeze-Out« versucht der Erzähler, »die ganze Hitze in sich aufzunehmen«; »Backstreets« spielt während eines »sanften, infizierten Sommers«, und die Protagonisten besaufen sich in der Hitze. »Born to Run« fängt mit Schweiß an und »Kindern, die sich am Strand drängeln«. In »She's the One« (Originaltitel: »Virgin Summer Nights«) wird die Titelfigur »all die langen Sommernächte« des Erzählers ausfüllen. Und in »Jungleland« trinkt ein barfüßiges Mädchen warmes Bier im sanften Sommerregen. So wie die Nacht sowohl befreiend als auch zerstörend wirken kann, ist auch der Sommer Traumland und Ödnis zugleich.

Und letztlich existiert auf *Born to Run* nicht nur eine räumliche und zeitliche, sondern auch eine moralische Geografie, die auf der einen Seite von Liebe und Glaube begrenzt wird, auf der anderen von Hass und Verlust. Von »Thunder Road« bis »Backstreets«, von »Born to Run« bis »Jungleland« bewegt sich das Album zwischen der Hoffnung auf Erlösung und verzweifelter Niederlage.

»Glaube«, »Gebete«, »Erlöser«, »Errettung«, »Gelobtes Land« – das Vokabular von »Thunder Road« entstammt einem Lexikon der Heilsgeschichte. Auf *Born to Run* manifestieren sich zum ersten Mal Springsteens spirituelle Interessen, die seiner katholischen Erziehung geschuldet sind. »Ich glaube, auf *Born to Run* gibt es diese Sache mit der Suche, weil die Platte für mich auf eine ganz spezielle Art etwas Religiöses hat. Nicht unbedingt wie im orthodoxen Glauben, sondern ganz grundsätzlich. Die Suche, der Glaube und die Vorstellung, dass es Hoffnung gibt.«

Moralisches Verhalten entsteht nicht dadurch, dass man sich sklavisch an die Normen hält, sondern indem man den Mut aufbringt, mit Konventionen zu brechen. »Liebste, du weißt, warum ich hier bin«, verkündet der Erzähler. Wonach sucht er? Liebe, Sex, Freundschaft? Er sagt ihr, sie sei keine Schönheit, aber es wäre okay, es könne trotzdem etwas Magisches entstehen. Er lädt sie dazu ein, Erlösung zu finden »unter dieser verdreckten Motorhaube«, was sich auf sein Auto bezieht, aber auch eine erotische Komponente hat. »Alle Versprechen werden gebrochen«, lautet sein Angebot. Welche Versprechen? Artig zu sein? Sich nicht mit den Jungs einzulassen, die Mary immer wieder abgewiesen hat? Oder nicht davonzulaufen? Wir hoffen, dass Mary schließlich mitfahren wird, dass sie den Sieg statt der Niederlage wählt und vielleicht sogar auf der staubigen Küstenstraße die Liebe findet.

In der moralischen Erzählung »Backstreets« zerstört Untreue die Freundschaft, die Liebe und den Traum, sich selbst zu befreien. Die Liebe ist von Anfang an da, aber sie ist kein romantisches Ideal. Vielmehr ist sie »schwierig und aussichtslos«. Terrys Untreue verursacht den Bruch und den Hass. Aber das Schlimmste ist die Erkenntnis der beiden, dass das Alltägliche und Gewöhnliche ihr Schicksal ist. Und nach alldem erkennen zu müssen, dass sie »genauso wie alle anderen« sind, ist wohl die schmerzlichste Lektion dieser Affäre. Es gibt keinen Ausweg; Helden gibt es nur im Kino. In »Thunder Road« erklärte der Erzähler: »Ich bin kein Held«. Und in »Born to Run« ist der Highway übersät von »gebrochenen Helden«. Der Ausweg, wenn es überhaupt einen gibt, liegt in einem authentischen Selbst begründet und nicht darin, das zu sein, was man von uns erwartet.

Wenn der verheißungsvolle Traum, den Ausweg und die Liebe auf der Straße zu finden, ausgeträumt ist, dann bleiben Wunden zurück, die nie verheilen. »The Promise«, ein Song, den Bruce ein Jahr nach *Born to Run* schrieb und der erst 1999 auf *18 Tracks* veröffentlicht wurde, endet mit den Zeilen: »Thunder Road, for the lost lovers and all the fixed games ... / Thunder Road, we were gonna take it all and throw it all away« [Thunder Road, für all die alten Lieben und all die falschen Spiele ... / Thunder Road, wir wollten alles und haben es uns verscherzt].

Die Dialektik von Freiheit und Schicksal, Liebe und Hass wird auf der zweiten Seite von *Born to Run* wieder aufgegriffen. Im Titelsong wollen der Erzähler und Wendy ausbrechen, selbst wenn das bedeutet, auf der Straße umzukommen. Analog dazu wollen die Protagonisten von »Jungleland« ihre Chance ergreifen, aber sie erreichen ihr Ziel nicht. »Jungleland« ist eine Schattenwelt voller Gewalt, wo aus Rockbands Gangs werden und ein verzweifelter Kampf das Einzige ist, was man zu erwarten hat. Religiöse Metaphern durchziehen diesen Song, die Handlung spielt sich »in einer heiligen Nacht« ab, von der Kirche geht es direkt ins Gefängnis, und dazu erklingt eine Orgel. Auf dem Parkplatz gibt es »Visionäre«, aber sie werden von der Nacht verschluckt.

Obwohl das Album so voller Leben und Begehren ist, spielt der Tod genauso eine Rolle wie die Gespenster, die die staubige Küstenstraße von »Thunder Road« heimsuchen, wo nur »der Himmel auf einen wartet«. Im »Licht der Lebenden« in »Tenth Avenue Freeze-Out« klingt gleichzeitig die Dunkelheit mit an, die die Toten umgibt. In »Night« überlebt man gerade so. In »Backstreets« werden Menschen verletzt, manche sterben tatsächlich. Die Titelfigur von »She's the One« besitzt »tödliche Anmut und ein Lächeln, das einen umbringt«. »Meeting Across the River« ist eine letzte Chance, und »Jungleland« ein Todeswalzer. Junge Liebe, die tragisch endet, ist ein jahrhundertealtes romantisches Motiv, und Springsteen spielt mit den Klischees, während er sie erzählerisch und musikalisch neu belebt, so wie *West Side Story* eine moderne Version von Romeo und Julia war. Der Topos dominierte im Pop-Rock von Springsteens Jugend: »Teen Angel« (1960), »Tell Laura I Love Her« (1960) und »Leader of the Pack« (1965). Und der Tod von Buddy Holly, der 1959 bei einem Flugzeugabsturz starb, schuf eine dauerhafte Verbindung zwischen Rock'n'Roll und Tragödie. Im Jahr zuvor sangen Danny and the Juniors: »Rock'n'Roll is here to stay / it will never die« [Rock'n'Roll ist für immer / er wird niemals sterben]. Nur Musik, die auch von Tod und Tragödie handelt, kann überdauern.

Im moralischen Universum von *Born to Run* muss man den Tod nicht fürchten, wenn er den Weg zu ewiger Liebe weist. Wir alle haben Ängste oder fühlen uns einsam. Und wir suchen alle in der aufreibenden Schufterei, die unser Leben ausmacht und unsere Träume zerstört, nach der Gewissheit, dass es einen Platz für leidenschaftliche und wahre Liebe gibt. Wir werden dort hinkommen und in der Sonne spazieren gehen, sagt der Erzähler tapfer voraus. In der Geografie von *Born to Run* mag dieser Platz ein konkreter Ort sein oder ein konkreter Zeitpunkt – oder aber jener Winkel in unseren Herzen, der uns den Mut gibt, einfach weiterzumachen.

5 Die Rezeption von *Born to Run*

»Nachdem es fertig war? Ich fand es furchtbar! Ich konnte es mir nicht anhören. Ich fand, es war der größte Mist überhaupt.«

– *Bruce Springsteen, 1976*

Als *Born to Run* im August 1975 veröffentlicht wurde, war Springsteen landesweit die Sensation. John Rockwell wies allerdings in der *New York Times* vom 15. August 1975 darauf hin, dass Springsteen für seinen Ruhm jahrelang gearbeitet hatte. Rockwell hatte die Shows im Bottom Line besucht und geschrieben, dass diese Auftritte »für diejenigen, die das Glück hatten, dabei zu sein, für immer zu den großen Rock-Erlebnissen zählen« würden. Und er pries Springsteen als »einen großen Lyriker und Songwriter, einen wunderbaren Sänger, Gitarristen und Pianisten, er hat eine der besten Rockbands, die man je gehört hat, und er selbst ist einer der charismatischsten Performer, die der Rock je hervorgebracht hat.«

Aber das Dilemma war, laut Rockwell, dass die ersten beiden Alben sich nicht verkauften und die Plattenfirma das Interesse zu verlieren schien. Clive Davis, der das Unternehmen leitete, als Bruce seinen Vertrag unterschrieb, musste das Haus verlassen, und mit diesem Personalwechsel erlahmte auch der Enthusiasmus bei Columbia. Dazu kam, dass Mike Appel, Springsteens Manager, den Ruf hatte, »arrogant« und »aggressiv« zu sein, er stellte dazu noch unmögliche Forderungen. Vor allem aber machte Bruce' enormes Talent es ihm manchmal nicht einfach zu entscheiden, in welche musikalische Richtung es gehen sollte. Jon Landau sagte dazu: »Im Grunde steckt Angst dahinter. Wenn man eine Sache macht, heißt das, eine andere nicht zu tun. Aber Bruce will alles. Er will immer alles.«

Paul Nelson argumentierte ähnlich in einem Artikel in der *Village Voice*, einer einflussreichen alternativen Wochenzeitschrift aus New York. Die Überschrift lautete: »Hat Bruce Springsteen diesen Hype verdient?«, und Nelson war in einer guten Position, diese Frage zu beantworten. Er war einer der wenigen Kritiker, die Dylans Entwicklung vom Folk zum Rock begrüßt hatten, und er schrieb für mehrere Zeitschriften, auch für den *Rolling Stone*. Über die Shows im Bottom Line schrieb Nelson: »Wenn man auf der Bühne so ziemlich alles erreichen kann, was man will, ist es schwierig, wieder runterzukommen, bevor man alles ausgereizt hat, und man hat oft das Gefühl, dass Bruce so viel Spaß an der Sache hat, dass er sogar das Publikum dafür bezahlen würde, nur um weitermachen zu können.«

Das Problem war, den Live-Sound auf Vinyl zu bannen. Als das Album endlich fertig war, berichtete Nelson: »Bruce war im Studio unfokussiert und kurzsichtig, ein Perfektionist, der Umwege nahm, weil er die Abkürzung nicht kannte. Es wäre eine Untertreibung zu sagen, dass das zu Depressionen führte.« Aber das Warten hatte sich gelohnt. »Für mich«, sagte Nelson, »ist es seine beste Platte; sie drosselt den Überdruck, aber nicht die Kraft des einzigen Künstlers, den ich kenne, der den Sound von Phil Spector mit dem Gesang von Roy Orbison kombinieren würde (die Namen stammen von Bruce).«

John Rockwell hatte *Born to Run* schon gehört, als er seinen ersten Artikel schrieb, und zwei Wochen später erschien seine erste große Rezension: »Springsteens überragende Rock-Dichtung«. Rockwell war sich sicher, dass dieses Album »ausreichen würde, um [Springsteen] ganz nach oben zu bringen«. Er schwärmte: »Mr. Springsteens Begabung ist so überzeugend und so vielseitig, dass es schwierig wäre, sie in Kürze zu beschreiben. Manchmal sind seine Texte noch zu sehr in Mythenbildung befangen, aber im Großen und Ganzen sind sie ein Glücksfall von städtischer Folk-Dichtung ... Diese Dichtung wird universell durch ihre konkrete Bildersprache. Und Mr. Springsteens Themenwahl ist eine umfassende Darstellung der Erlebniswelt des Rock, voller Autos und Liebe, Straßenmachismo und vergeblicher Ambitionen. Wenn man diese Songs hört, ist es, als wäre das eigene Leben in Musik umgesetzt worden, selbst wenn man nicht aus New Jersey kommt.«

Rockwell schrieb über die Musik, sie bleibe »grundsätzlich schlicht und direkt, auch wenn sie in ihrer Textur bis hin zu orchestraler Fülle reichen kann«. Er schließt mit der Bemerkung, dass *Born to Run* »eines der großen Rockalben der letzten Jahre ist ... Sie sind es sich schuldig, diese Platte zu kaufen.«

Am 1. September erschien in *Newsweek* ein Artikel mit dem Titel »Bruce ist los«, in dem es um den Hype ging, den er ausgelöst hatte. Der wurde noch untermauert durch Sätze wie: »[Springsteen] löst die Art von Ekstase aus, die einen an die goldenen Zeiten von Mick Jagger, den Beatles und Elvis Presley denken lässt.« *Born to Run*, so die Autoren, »zeigt, dass Bruce Springsteen vielleicht der passendste Kandidat für die Rolle des Hohepriesters des Rock ist, vor allem weil heutzutage ja der Eklektizismus dominiert ... Zudem ist er ein äußerst versierter Sänger und Gitarrist. Unterstützt von seiner unglaublich kompakten Band ... rockt Springsteen leidenschaftlich mit seinem kehligen, virilen und vollen Bariton. Es ist eine Stimme, in der auch andere Stimmen durchscheinen, eine Sensibilität, in der viele Empfindungen anklingen.«

Es war eine gute Kritik, die landesweit gelesen wurde, aber Bruce hatte schon vorher gute Kritiken bekommen. Und während der Herbst näher rückte, blieb abzuwarten, ob *Born to Run* sich verkaufen würde. Robert Hilburns Artikel in der *Los Angeles Times,* der Ende September erschien, trug sicherlich dazu bei, die Begeisterung zu schüren, vor allem, da Bruce und die E Street Band sich gerade darauf vorbereiteten, eine Reihe von Konzerten im Roxy in Los Angeles zu geben.

Hilburn begann damit, dass er von Elvis sprach und von der Aufspaltung des Rock in unterschiedliche Subkategorien wie Country, Jazz oder Pop. Er stellte Springsteen mit den Worten vor: »Jetzt gibt es jemanden, der den Ehrgeiz hat, den Instinkt und die Vision, einige dieser Bruchstücke wieder zusammenzusetzen. Es ist Bruce Springsteen. Was die Leidenschaft und die Kraft des Rock angeht, ist er seit fast einem Jahrzehnt der erste Lichtblick. Sein *Born to Run*-Album erfasst den emotionalen Kern des Rock'n'Roll so gut, dass sogar Elvis Gänsehaut bekäme. Wenn Elvis jemals ›Thunder Road‹ hört, dann wird er vielleicht Sam Phillips anrufen, nach Memphis ins Studio fahren und sich wieder ernsthaft mit Musik beschäftigen.«

So gut das Album Hilburn auch gefiel, hatte er doch einige Kritikpunkte. Er fand, dass Springsteens Inspirationsquellen – ob es nun Orbison oder Spector war – zu offensichtlich seien, dass die Texte manchmal nicht mit der Musik mithalten konnten (er monierte den Reim von »bell« auf »hell« in »Night«) und dass die Arrangements teilweise holprig wären (die Trompete in »Meeting Across the River« bezeichnete er als »Broadway-Klischee«). Trotzdem befand er, dass das Album mit den besten mithalten könne. Zehn Jahre später gab Hilburn folgende Einschätzung ab: »*Born to Run* atmet denselben Entdeckergeist wie die *Sun Sessions* von Elvis Presley oder *Highway 61 Revisited* von Bob Dylan, die beiden bis dato wichtigsten Rockalben. Wenn man sich alle drei anhört, dann fühlt man, wie eine große künstlerische Vision Formen annimmt. Man empfindet die Erregung des Künstlers, der etwas in sich selbst entdeckt, von dem er nicht wusste, dass es existiert, bis es im Studio aus ihm herausbricht.«

Im Oktober brachte *Rolling Stone* einen weiteren Artikel von John Rockwell und eine Plattenkritik von Greil Marcus. Rockwell ließ sich weiterhin sehr eloquent über die Shows im Bottom Line und die Bedeutung des Ruhms aus. Was er Springsteen besonders hoch anrechnete, war die Ernsthaftigkeit, mit der er unterschiedliche Stilrichtungen recycelte und reinterpretierte, »die Anklänge an all die Rock-, R & B- und sogar Broadway-Künstler aus den vergangenen zwanzig Jahren – von Elvis über Dylan zu den Drifters, von Van Morrison bis hin zu Leonard Bernstein und seiner *West Side Story*.« Springsteen, so Rockwell, »war es gelungen, ein ganz individuelles Statement abzugeben, das seine Tiefgründigkeit ebendiesen Traditionen verdankt.«

Das war das Geniale an *Born to Run*. Springsteen mag sich wie ein Überlebender aus einer heroischen Ära vorgekommen sein, der den Untergang der Welt des frühen Rock und R & B beklagt. Er fand sich in einem historischen Moment wieder, in dem der Rock die Orientierung verloren hatte, und indem er von dieser versunkenen Welt sang, verlieh er ihr mit einer Fusion von alten und neuen Musikstilen neue Energie und Aktualität. »*Born to Run*«, schließt Rockwell, »scheint sich landesweit vehement Gehör verschaffen zu wollen«.

Die Kritik von Greil Marcus zeigt, warum er der beste Rockkritiker seiner Generation war.

Er war als Rezensent und Kolumnist für *Rolling Stone* tätig und hatte gerade *Mystery Train* (1975) veröffentlicht, einen Essayband, der bewies, dass Rockkritik das Niveau anspruchsvoller Literaturkritik erreichen konnte.

Zunächst, schrieb Marcus, hätten ihn Gerüchte von den Liveauftritten in Kalifornien erreicht, und er bedauerte, dass er die Band nie live sehen konnte, weil die ersten beiden Alben ihm wenig Anlass gaben, den Hype ernst zu nehmen: »Beide wirkten zugleich flach und mehr als nur leicht hysterisch, voller Schall und Rauch, und wenn auch nicht gänzlich bedeutungslos, dann aber zumindest ziemlich nichtssagend.«

Marcus hielt sich mit seinem Urteil über das dritte Album nicht lange zurück: »Es ist ein wunderbares Album, das alle Erwartungen einlöst – wie ein 57er Chevy, der über eingeschmolzenen Crystals-Platten dahingleitet – und jeden Einwand verstummen lässt. Und es verspricht eine große Zukunft für Springsteen.«

Marcus schrieb: »Die Geschichten, die Springsteen erzählt, sind nicht neu, aber niemand hat sie jemals besser erzählt oder ihnen mehr Bedeutung verliehen. Ihre vertraute Romantik ist schon der halbe Sieg … Wir kennen diese Geschichten, tausendundeine amerikanische Nacht, eine einzige lange Nacht voller Ängste und voller Liebe.« Noch großartiger als die Lyrics sei die Musik, die das Album so besonders mache: »Das Neue daran ist die Würde, die Springsteen und seine Band den Geschichten verleiht. Springsteens Gesang, seine Worte und die Musik der Band haben die Träume und das Scheitern von zwei Generationen in ein Epos verwandelt – ein Epos, das seinen Anfang nahm, als das Auto in *Denn sie wissen nicht, was sie tun* über die Klippe fuhr.«

Marcus befand, die Gitarrenriffs von *Born to Run* hätten »den Rock'n'Roll-Kick so komprimiert in sich wie zuletzt das

Intro von ›Layla‹«, und das Intro zu »Backstreets« sei »dermaßen würdevoll, so herzzerreißend, dass es als Vorspiel für eine Rock-Version der *Ilias* dienen könnte.« Marcus betont besonders die Beziehung zwischen den Lyrics, die beim ersten Hören kaum verständlich sind (Springsteen wurde dazu überredet, sie im Booklet abzudrucken), und der Musik, die so aufregend sei und Geschichten ohne Worte erzähle: »Wenn man hört, wie Springsteen die Zeile ›hiding on the backstreets‹ singt, dann entsteht ein bildhafter Eindruck, die Details sind nicht so wichtig. Wer brauchte schon den ganzen Text von ›Like a Rolling Stone‹, um den Song zu verstehen?«

Marcus formulierte das Thema und die Bedeutung des Albums folgendermaßen: »Man nimmt das, was man vorfindet, aber man gibt den Anspruch nicht auf, dass man etwas Besseres finden könnte, weil man ganz tief im Inneren weiß, dass man es verdient hat.«

Lester Bangs, der 1973 beim *Rolling Stone* gefeuert worden war und jetzt als Redakteur bei *Creem* arbeitete, einem monatlich erscheinenden Rockmagazin aus Detroit, schrieb ebenfalls eine vor Begeisterung glühende Kritik. Bangs begann ähnlich wie Marcus mit dem Hinweis, dass er im Mittleren Westen lebe, wo er zwar Springsteen nicht selbst gesehen habe, wo ihm aber die Skepsis gegenüber dem ganzen Hype und dem »übertriebenen Lob« für den Musiker begegnet war. »Man kann die Gegenreaktion schon riechen, sie hängt scharf wie verbranntes Gummi in der Luft«, schrieb Bangs, aber er selbst vertrat die Meinung, dass *Born to Run* »die beste Platte des Jahres« sei.

Wie schon andere vor ihm machte Bangs die Beobachtung, dass Springsteen stark von den rebellischen Filmen der 1950er beeinflusst sei, die er »mit Songs aus den Sechzigern versetzt« habe. Er sei deshalb eine Ausnahmeerscheinung, weil er »uns daran erinnert, was es heißt, Rock 'n' Roll wie am ersten Tag zu lieben, um dann hinzugehen und ihn sich mit sicherer Hand und Präzision zu eigen zu machen.« Bangs begrüßte besonders, dass Springsteens poetischer Stil klarer geworden sei, er »stopft nicht mehr so viele Silben wie nur möglich in jede Zeile«. Im Anschluss an seinen Kommentar über die 1970er Jahre – »eine elendige Zeit voller kleinlicher Begierden« – lobte Bangs Springsteens Musik als »würdevoll und leidenschaftlich ohne Abstriche«.

In einer seiner allerersten Kritiken prophezeite Jon Pareles, der später bei *Crawdaddy,* beim *Rolling Stone* und dann Chefkritiker bei der *New York Times* war, dass »*Born to Run* das Album sein wird, das Springsteen zum Star macht«. Er schrieb einen aufschlussreichen Artikel über die Veränderungen, die seit den ersten beiden Alben eingetreten seien: Er nannte Springsteen den »Lieblingssünder der Intellektuellen« und bemerkte, er sei »einsamer auf *Born to Run.* Der Überschwang hat sich in Paranoia verwandelt. Weniger biografisch und um mehr im Bild zu bleiben, bedeutet das, Springsteen muss sich einmal mehr einer Spielart des amerikanischen Traums stellen – der Fluchtfantasie.«

Pareles hatte nicht nur ein Ohr für die lyrischen, sondern auch für die musikalischen Veränderungen, und was diese betraf, war er nicht überzeugt, dass mehr auch besser sei: »Jemand muss Springsteen dazu überredet haben, seinen klaren, funkigen Sinn für Dynamik und Timing aufzugeben. Die meisten Songs sind einfach nur laut, das Gaspedal durchgedrückt, die Lautstärkeregler auf 10.« Das stimmte natürlich, aber Pareles fand außerdem, dass »Backstreets« an zu vielen Wiederholungen leide und »She's the One« zu schnell runtergedroschen wirke. Springsteen sei vielleicht »in jeder Hinsicht exzessiv …, aber er kommt damit durch«.

In der *Village Voice* stellte Robert Christgau, der seit 1967 Rockkritiken für *Esquire* schrieb und später lange Musikredakteur bei der *Voice* war, die Frage: »Wie viel an amerikanischen Mythen kann man in einen einzelnen Song zwängen? Oder auch in ein Dutzend, in denen man ein Mädchen dazu bringen will, zu einem ins Auto zu steigen? Ziemlich viel, aber nicht so viel, wie jene glauben, die den todgeweihten Outsider romantisch finden. Springsteen muss lernen, dass opernhafter Pomp die Ronettes beleidigt und der pseudotragische Fatalismus der schönen Verlierer uns alle nervt. Und jetzt füge ich besser schnell hinzu, dass der Mann sich wirklich Mühe gibt, diese kleinlichen Vorwürfe zu entkräften oder einfach zu überrennen. Wenn es ›She's the One‹ an Phil Spectors naiver Größe mangelt, dann ist zumindest der Titelsong die Erfüllung von allem, worum es bei ›Be My Baby‹ ging, und noch viel mehr. Gut möglich, dass Springsteen sich als einer dieser seltenen Wilden mit Reflexionsvermögen entpuppt, die mit so was durchkommen.«

Pareles und Christgau verwiesen auf jene Elemente in Springsteens Songs, die älteren Zuhörer zur Verzweiflung bringen konnten: Sie leiteten sich zwar vom Sound und den Themen des frühen Sixties-Pop her, verhielten sich aber dennoch komplementär dazu. Und niemand verstand es so wie Bruce, den Sound der Vergangenheit mit heutigen Mitteln aufzupeppen. Springsteen kam damit nicht nur durch, er verlieh gleichzeitig der Vergangenheit Bedeutung, indem er sie erneuerte und durch reine Dynamik triumphierte.

David McGee, der für *Record World* schrieb, ein Organ der Plattenindustrie, befand, dass Springsteen zu clever und routiniert sei, um sich vom Starrummel beeindrucken zu lassen und selbst »ein Opfer des amerikanischen Traums zu werden«. Mit *Born to Run* platziere Springsteen sich im Pantheon der Großen: zusammen mit Presley, Berry, den Beatles, den Stones und Dylan. Sein Talent liege darin, Vergangenes wiederzubeleben und gleichzeitig die Zukunft hören zu können. Die Musik, so McGee, sei »eindringlich, voller abrupter Wendungen und überraschender Tempowechsel; die Texte erzählen packende Geschichten von Menschen am Abgrund, die den Rock'n'Roll-Traum leben, der im Jahr 1975 düsterer aussieht als früher.« »Hätten Brecht und Weill Rockmusik gemacht«, ließ sich ein weiterer Rezensent vernehmen, »dann wäre Bruce Springsteen ihre Reinkarnation.« Ein anderer fand, dass es sich bei *Born to Run* »durchaus um das wichtigste Album seit *Sgt. Pepper's Lonely Hearts Club Band* von den Beatles« handeln könnte.

In *Circus Raves* verglich der vierunddreißigjährige Stephen Holden, der später Musik- und Filmkritiker bei der *New York Times* wurde, *Born to Run* mit anderen großen Alben. In seinem Artikel »Springsteen und sein Meisterwerk« nannte er es eins der besten Alben des Jahrzehnts, neben *Exile on Main Street*, *Who's Next* und *Layla*. *Born to Run* hätte kaum zu einem derartigen Erfolg werden können, »wenn die Songs nicht so herausragend und Springsteens Gesang nicht so hemmungslos« wäre. Sowohl »Backstreets« als auch »Jungleland«, so Holden, »sind vom Gesang her bemerkenswert – wildes Heulen und gequältes Stöhnen, so intensiv, dass es einem Schauer über den Rücken jagt.« Hier sei der Sound noch »rauer und elaborierter« als bei Dylan und Van Morrison. Das Ergebnis sei »eine kakofonische, fast monofone Dichte, die am besten bei voller Lautstärke zu hören ist.« Holden pries die Pianoarpeggios von »Thunder Road«, das »Shakespeare'sche« Vorspiel zu »Tenth Avenue Freeze-Out«, die »Tour de Force« von »Jungleland«, und über »Born to Run« sagte er: »Ich kenne keinen aufregenderen Song über die Straße.« In einer der treffendsten kulturkritischen Interpretationen, die es bislang gab, erklärte Holden, dass »Springsteen den Mythos des Rock'n'Roll als städtische, proletarische Rebellion darstellt. Indem er zugleich den

Poeten aus der Nachbarschaft, den juvenilen Mann, den rebellischen Helden verkörpert, der im Mittelpunkt der Ikonografie der amerikanischen Populärkultur steht und sich von Brando über Dean und Presley zu Dylan tradiert, erinnert uns Springsteen daran, das Rock 'n' Roll von der Straße kommt, als eine kulturelle Notwendigkeit, ein instinktiver Drang, das Selbst zu transzendieren und zu definieren. Ich bin sicher, dass der Rock 'n' Roll Bruce Springsteen buchstäblich gerettet hat ... Ebenso sicher ist, dass Bruce Springsteen zur rechten Zeit aufgetaucht ist, um die Rockmusik mit seiner schier unerschöpflichen Energie und seinem enormen Talent aus ihrer Stagnation zu erlösen.«

Während Holden sich auf den Aspekt des Maskulinen im Rock 'n' Roll konzentrierte, betonte Frank Rose, wie sehr Springsteen dem Girlgroup-Rock verpflichtet war: den Crystals, den Chiffons, den Ronettes, den Shangri-Las und den Shirelles. Diese »Doo-Wop-Queens« waren »tatsächlich die einzigen, die die Tagträume der Teenager, ihre Frustrationen, Triumphe und Herzensangelegenheiten als schlichte Tatsachen des Lebens behandelten, anstatt sie unbewusst zu parodieren«. Für Springsteen sind diese Themen und der oft von Phil Spector produzierte Doo-Wop-Sound der Inbegriff einer Ära, die er wiederbeleben wollte, als Alternative zum Hardrock und der Drogenkultur, die darauf folgten. Springsteen sagt, dass er selbst nie Drogen genommen hat.

»Rock war schon immer eine Form von Realitätsflucht«, schreibt Rose, aber »die Vernebelung durch Drogen und Revolten« habe sich 1975 als Sackgasse erwiesen, und Konformität sei wieder gefragt gewesen. Springsteens Figuren sind »in die Enge getrieben und suchen verzweifelt nach einem Ausweg, sei es ein physischer oder ein psychischer«. Und genau das taten auch die Girlgroups: »Mit Songs wie ›Leader of the Pack‹ waren sie nicht etwa auf der Suche nach einer höheren Bewusstseinsebene, sondern warteten auf Erlösung ... Es entbehrt nicht der Ironie, dass zehn Jahre nach dem letzten Hit der Crystals der Katalysator ihrer und unserer Erlösung immer noch so heftig umworben wird – als ultimativer Punk donnert er in Fleisch und Blut die Straße runter, in ausgeblichenen Jeans und schwarzem Leder, immer noch auf der Flucht, immer noch auf der Suche nach dem Nimmerland, wo Teenagerträume wahr werden.«

Im Windschatten dieser ersten Rezensionen und Springsteens Tournee kletterte das Album im Herbst die Charts hinauf. Es war eigenartig genug, dass der einzige Verriss in einem Lokalblatt erschien, das über die lokale Musikszene von New Jersey, New York und den Osten von Pennsylvania berichtete, also über Springsteens Heimatterritorium. Joe Edwards bezeichnete das Album im *Aquarian* als »eine eindimensionale Enttäuschung«. »Born to Run« sei zwar der beste Song seit zehn Jahren, »der immer dann gespielt werden sollte, wenn eine kurze und bündige Definition von Rock'n'Roll gefordert ist«, und er schwärmte auch über »Thunder Road« und »Backstreets«, trotzdem kam er zu dem Schluss, die Songs auf dem Album seien »formelhafte Derivate mit plumpen Texten, schwerfällig produziert«. »Jungleland« erwähnte er gar nicht. In der Kritik klingt enttäuschte Liebe mit an. *Aquarian* hatte Bruce von Anfang an begleitet, und sie wollten ihren Straßen- und Küstenpoeten nicht verlieren. Aber er war nicht mehr der Geheimtipp der Lokaljournalisten, und Edwards schien es Springsteen übel zu nehmen, dass er zu neuen Ufern aufbrach.

Nur wenige Wochen später sollten die schlimmsten Befürchtungen von *Aquarian* Wirklichkeit werden. In einem beachtlichen PR-Coup erschien Springsteen am 27. Oktober gleichzeitig auf dem Cover von *Time* und von *Newsweek*. Die *Time* titelte: »Die neue Rock-Sensation«, darunter ein neonfarbenes Porträt von Bruce im Unterhemd und mit einer Schottenmütze, breit grinsend, die Gitarre aufwärtsgerichtet. Jay Cocks, der schon im Jahr zuvor in *Time* über Bruce geschrieben hatte, beginnt seinen Artikel in einem leicht mokanten Tenor und fragt sich, wie viel an Springsteen wohl Kunstfigur und wie viel authentisch sei: »Er pflegt das Image

Das Cover von Time

eines heruntergekommenen Romantikers, dabei raucht er nicht mal, trinkt kaum und lehnt jede Art von Drogen ab.«

Aber im zweiten Absatz wendet sich Cocks der Musik zu, die er als »ursprünglich und direkt, mit Anklängen von unbändigem Humor und beiläufiger Melancholie, nah dran an den Dramen der Straße und der Punk-Anarchie, die die unverwechselbare Stimme einer ganzen Generation geprägt haben« beschreibt. Cocks pries *Born to Run* dafür, eine »Regeneration, eine Erneuerung des Rock« anzukündigen. Er hatte die Shows im Roxy in Los Angeles gesehen und sich vorher gefragt, wie die lässige Westküstenszene wohl auf diesen energiegeladenen Ostküsten-Rocker reagieren würde. Sie fanden es toll und waren von dem Rockpoeten begeistert. Cocks, der Springsteen zeitweilig auf der Tour begleitet hatte, wusste schon, was andere nur ahnen konnten: Nach zehn Jahren, in denen er in jeder Turnhalle und in jedem Club gespielt hatte, die ihm unterkamen, hatte Springsteen mit sechsundzwanzig »das wahre Geheimnis aller Rock-Profis entschlüsselt: Scheinbar lässt er auf der Bühne völlig angstfrei alles raus, dennoch bleibt die Performance eine perfekte Inszenierung«. Das sollte nicht etwa heißen, es sei alles nur Show. »Für mich ist die Musik ewig«, sagte Springsteen zu Cocks, »aber ich lebe für die Bühne, den rauschhaften Moment. Er ist vergänglich, aber dafür lebt man.«

Nach der *Time*-Coverstory kamen die Leserbriefe in Massen. Jemand schrieb: »Springsteens Lyrics sprechen mir aus der Seele. Seine messerscharfen Songs geben genau das wieder, was mein Dasein ausmacht, das meiner Freunde, und absolut alles, was wir fühlen.« Ein anderer wieder prophezeite: »In einem Jahr schon werden wir uns fragen, wo eigentlich Bruce Springsteen abgeblieben ist.« Ein Dritter beschuldigte ihn, dass er sich mit dem neuen Album verkauft hätte, während ein Vierter Bruce zum »Messias der Musik« kürte, »dessen Zeit gekommen ist. Ich hoffe nur, er wird nicht um des Ruhmes willen gekreuzigt.«

Newsweek titelte: »Wie ein Rockstar entsteht« über einem Foto von Springsteen, auf dem er beinahe christusartig aussah: mit gepflegtem Haar und Bart, in einem weißen Hemd, strahlend lächelnd, die Gitarre in der Hand. Aber der dazugehörige Artikel von Maureen Orth war weitaus bissiger und kritischer als der in *Time*. Sie berichtete, das Album habe »in nur sechs Wochen einen raketenhaften Aufstieg hingelegt, die Goldene Schallplatte abgeräumt und die Millionen-Dollar-Marke geknackt«. Bruce sei ein »echtes Pop-Phänomen«, aber ihrer Meinung nach war der Hype so übertrieben, dass »nur noch das Gerede über seine öffentliche Wirkung im Vordergrund« stünde. Das schrieb sie, ohne zu wissen, dass Springsteen gleichzeitig auch auf dem Cover von *Time* erscheinen würde. Orth wies darauf hin, dass Springsteen schon einmal durch die PR-Maschinerie Schaden erlitten habe, als er noch vor seinem ersten Album zum neuen Dylan gekürt worden war. Der New Yorker DJ Dave Herman sagte, nach seiner Einschätzung »war Springsteen als Künstler schon erledigt, als sein erstes Album floppte«.

Orth schrieb kaum etwas über das Album selbst, stattdessen bezweifelte sie, dass Springsteen als Rockstar überdauern könnte. Die negativen Reaktionen auf Springsteen richteten sich mehr gegen den Hype als gegen die Musik selbst, aber dadurch wurde die PR-Maschinerie nur noch mehr angekurbelt. Ein Rezensent ging sogar noch weiter. Henry Edwards fragte in der *New York Times*: »Ist Springsteen wirklich der Rock-Messias, für den ihn alle halten sollen?« Edwards bezeichnete die Songs auf *Born to Run* als »wirres Durcheinander, die Melodien sind entweder aus zweiter Hand oder ziemlich mittelmäßig, und seine Performance ist ermüdend«. »Thunder Road« bestand für ihn aus »lauter Wiederholungen«, »Born to Run« hätte ein »allzu bekanntes Thema«, und »Jungleland« sei ein »glänzendes Beispiel für Pseudopoesie«. Für Edwards war all das zurückzuführen auf eine Nostalgie für eine Phase des Rock, die längst Vergangenheit war, sowie auf die Bedürfnisse der Plattenfirmen, die sich mit sinkenden Absatzzahlen konfrontiert sahen. Kritiker, denen nicht daran gelegen war, einen neuen Superstar zu erfinden, so lautete Edwards' Fazit, »solle man es nachsehen, wenn sie nach zehn Minuten den Gesang von Springsteen und das ganze Trara ermüdend und den Performer nichtssagend finden«.

Einige Leser der *Times* äußerten ihre Unzufriedenheit mit Edwards' »irritierendem Artikel«. Einer erklärte, dass der Vergleich mit anderen großen Musikern »nicht etwa bedeutet, dass seine Musik epigonal ist, sondern beweist, dass er fähig ist, bestehende Stilformen zu synthetisieren und umzugestalten, bis sie den eigenen Anforderungen entsprechen«. Ein anderer nannte Edwards einen Ignoranten, weil er Springsteens Performance als ermüdend bezeichnet hatte: »Seine Rhythmen und Arrangements lassen Musikfans aufatmen, die den ganzen drögen Rockschwulst satthaben.« Und im Hinblick auf die »Pseudopoesie« von Springsteens Lyrik schlug ein Leser vor, Edwards solle mal die Texte von anderen großen Künstlern wie Bob Dylan oder William Shakespeare einer solchen Prüfung unterziehen.

Fünf Jahre später hat Springsteen zugegeben, dass ihn die Überschrift von Edwards' Artikel sehr getroffen hat: »Wenn es keinen Bruce Springsteen gäbe, hätten die Kritiker ihn erfinden müssen«. »Es hat mich ganz schön mitgenommen«, sagte er, »als ein Kunstprodukt, eine Eintagsfliege wahrgenommen zu werden. Ich machte seit zehn Jahren Musik. Ich wusste, woher ich kam, und kannte jeden Zentimeter dieses Wegs ganz genau. Ich wusste, woran ich glaubte und was ich wollte.«

Die Diskussionen über den Hype zogen sich den ganzen Herbst über hin, und es stand zu befürchten, dass sie dem größeren Erfolg von *Born to Run* schaden würden. Sogar *Business Week*, eine Zeitung, die sich normalerweise nicht mit dem Thema Rockmusik befasste, mischte sich ein mit einem Artikel über »Die Vermarktung eines Superstars«. Nach einer Zusammenfassung der Werbestrategien, die Columbia Records ins Feld führte, um ein Publikum für *Born to Run* zu schaffen, kam der Artikel zu dem Schluss, dass ein Künstler schnell Schiffbruch erleiden wird, wenn er sich nur auf Publicity berufen kann. Der *Melody Maker* aus London kam zu einem ähnlichen Ergebnis. Unter dem Titel »Der Ausverkauf von Springsteen« war zu lesen: »›Hype‹ bedeutet im Musikgeschäft immer häufiger, dass die Öffentlichkeit und die Medien dazu gebracht werden, sich in blumigen Worten über etwas auszulassen, das diese Aufmerksamkeit kaum verdient. Aber diesmal handelt es sich nicht um einen solchen Hype, weil [Springsteen] wirklich gut ist.«

John Rockwell von der *New York Times* wandte sich ebenfalls gegen seinen Kollegen Henry Edwards. Er ärgerte sich über dessen Anspielungen, die Begeisterung für Springsteen sei nicht aufrichtig. »Es bleibt eine Tatsache«, erinnerte er die Leser, »dass fast alle, die begeistert über Springsteen geschrieben haben, es aus einem einfachen Grund taten: Sie lieben seine Musik ... Letztendlich hängt die Zukunft von Mr. Springsteen ganz davon ab, ob es ihm gelingt, weiterhin Songs von so hoher Qualität zu schreiben. Wenn er das schafft, dann wird der ›Hype‹ aufhören und er selbst zu einer Legende werden.«

Heute kommt uns das, was Springsteen in »Jungleland« über »hustling for the record machine« [sich für die Plattenindustrie prostituieren] sang, wenig überraschend vor. Die Naivität, die Mitte der 1970er Jahre im Hinblick auf Marketingstrategien und Werbung herrschte, erklärt, warum die PR für *Born to Run* damals skandalös wirkte. Elvis hatte »Colonel« Tom Parker, Dylan hatte Albert Grossmann, und im Moment hatte Springsteen noch Mike Appel, der sich schwer ins Zeug legte, den Hype anzufachen. (Ein Journalist beschrieb den extrovertierten und aggressiven Appel als eine Mischung aus Ed Sullivan und Joseph Goebbels.) Columbia, die ihre Investitionen wieder hereinholen wollte, war ihm nur allzu gern zu Willen. »Wenn er diesen ganzen Medienrummel übersteht«, schrieb der *Guardian*, »dann hat er es verdient, eine so einflussreiche Figur für unser Jahrzehnt zu werden, wie es Dylan für die Sechziger und Presley für die Fünfziger waren.«

Was Springsteen betraf, so fand er die ganze Angelegenheit geschmacklos und deprimierend. Der lang ersehnte Erfolg war eingetreten, aber das ganze Tamtam machte ihn zornig und hinterließ ein Gefühl der Leere. Er wäre gerne wie sein Bandkollege Steve Van Zandt gewesen, der sich gleich mehrere Ausgaben der Magazine kaufte und sie auf seinem Hotelbett ausbreitete. Bruce hatte nur eingewilligt, sich von *Time* und *Newsweek* interviewen zu lassen, »weil es eine Sache gab, die ich wirklich wollte. Ich wollte, dass ›Born to Run‹ eine Hitsingle wird. Nicht wegen der Kohle, sondern weil ich an den Song als Ganzes glaubte und ich ihn einfach gerne im Radio gehört hätte. Auf AM. Im ganzen Land. Für mich gehört der Song dort hin.« Abgesehen davon fragte er sich: »Was mache ich eigentlich auf dem Cover von *Time* oder *Newsweek*? Ich bin doch nicht der Präsident, ich bin nur ein ganz normaler Mensch. Ich habe meine Band und meine Musik, die ich beide liebe, das ist meine Welt. Mein Leben. Und so war es schon immer.«

Aber der Erfolg von *Born to Run*, sosehr ihn sich der ehrgeizige Springsteen auch herbeigesehnt hatte, kostete ihn seine Unschuld: »Es gab eine Zeit nach *Born to Run*, in der ich mich sehr niedergeschlagen fühlte. Das hielt etwa zwei, drei oder auch vier Monate an. Vorher gab es mich und die Band, wir gingen raus und spielten. Wir übernachteten irgendwo und fuhren dann zum nächsten Auftritt. Und plötzlich wurde ich zu jemandem, der für andere Leute Geld machen sollte, und das bringt ganz neue Kräfte und Irritationen in dein Leben.«

Kurz vor seiner Abreise nach London im November sagte Springsteen zu einem Reporter, dass die Kampagne, die ihn als »die Zukunft des Rock'n'Roll« proklamiert hatte, »ein ganz großer Fehler war. Ich hätte Lust, den Typ zu erwürgen, der sich das ausgedacht hat«. Als er im Hammersmith Odeon Theatre in London ankam, sah er, dass Columbia überall Plakate ausgehängt hatte, auf denen zu lesen war: »London ist endlich bereit für Bruce Springsteen«. Springsteen riss sie von der Wand. Wie konnte die Plattenfirma es wagen, ihn auf diese Art zu bewerben, und das auch noch in der Heimat der Beatles, der Stones, der Who und der Animals? »Alle sagten dauernd, ich solle es genießen, aber für mich war es einfach nur deprimierend«, gestand er. 1998 erinnerte er sich an den Vorfall: »Ich empfand es als … ja, beleidigend für das Publikum. Und deshalb flippte ich aus, und … ich hatte recht. … Wenn ich nicht gut sein würde, dann wollte ich nicht, dass irgendjemand den Leuten erzählte, was sie denken sollten.«

Die Londoner Musikszene hatte Springsteens ersten Besuch schon ungeduldig erwartet. Auch wenn die Werbekampagne manche Fans abgeschreckt hatte, hatten sie doch seit dem ersten Album begeisterte Kritiken lesen können. 1973 titelte der *New Musical Express*: »War Bob Dylan der erste Springsteen?« Der *Melody Maker* schrieb 1974: »Wenn ihr Glück habt, dann wird er als Letztes eine Coverversion von ›Twist and Shout‹ spielen, mit der ganzen Intensität und

Spannung zwischen den einzelnen Strophen, genau so, als würde John Lennon neben ihm stehen, über seine Rickenbacker gebeugt, und aus voller Lunge schreien, um das Gebrüll der Menge zu übertönen.« Und 1975 bekundete ein Autor im *Melody Maker*, dass er »Springsteen zuhören würde wie einst Bob Dylan, John Lennon und Chuck Berry – als ob mein Leben davon abhinge«.

Es ist durchaus denkbar, dass einige britische Fans »Born to Run« zuerst in der Coverversion von Allan Clarke, dem ehemaligen Leadsänger der Hollies, zu hören bekamen. Clarke, der in den 1960er Jahren zahlreiche Hits hatte, startete 1971 eine Solokarriere. Und obwohl er mit der Vorliebe für Springsteen guten Geschmack bewies, hätte er doch keinen größeren Fehler machen können, als »Born to Run« zu covern. Unter den vielen Songs, die Springsteens »Born to Run« im Herbst 1975 aus dem Feld schlug, war auch diese Coverversion. (Eine erfolgreichere Version war die von Frankie Goes to Hollywood, einer Band aus Liverpool, die 1984 erschien.)

Nicht jeder war von Springsteen auf der Bühne hingerissen. Der Rockkritiker und Soziologe Simon Frith berichtete aus London, wo er eine der Shows im Hammersmith Odeon gesehen hatte. Die Stimmung sei eigenartig gewesen, weil »jeder etwas erwartete, aber keiner so genau wusste, was«. Die Band kam auf die Bühne, und Frith war gleich geschockt von Springsteens Anblick: »Mann, er ist dermaßen klein!! ... Auf dem Cover von *Born to Run* lehnt er sich runter zu diesem riesigen schwarzen Mann, also war es wie ein Schock, dass er ihm in Wirklichkeit gerade mal bis an die Brust reichte.« Frith mokierte sich anschließend über Springsteens voluminöse Wollmütze, seine dreckige Hose und die Haare in seinem Gesicht: »Mein Gott, er sieht aus wie Dustin Hoffman als Ratso Rizzo in *Midnight Cowboy*! Und das soll die Zukunft des Rock'n'Roll sein???«

Frith gibt aber zu: »Später dachte ich: vielleicht, und dann dachte ich: ja ... Ich wusste jetzt, warum man ihn gesehen haben muss. Die Bühnenshow von Springsteen ist eine sprunghafte, nervöse, verzweifelt-dramatische Angelegenheit ... Ich brauchte eine Weile, bis ich mir einen Reim auf ihn gemacht und begriffen hatte, wie sehr er gefallen will, wie sehr er seine Band liebt und was für ein Visionär er ist.« Frith gelingt eine treffende psychologische Analyse: »Springsteen war das Kind aus der Nachbarschaft, dessen Eltern sich um nichts kümmerten, das auf der Straße lebte, in schäbigen Klamotten, und sich allein durchschlagen musste. Er ist nicht der lässige Held, den Rockstars so gerne geben, aber er ist auch nicht ein ängstlicher Beobachter, wie die meisten von ihnen ... Sein Geheimnis ist der absolute Glaube an das, was er tut.« Was Frith nicht gefiel, war die Band, er fand sie »ziemlich beschränkt in ihren technischen Möglichkeiten und unsubtil«. Ihnen fehle es auch an Stil, was die britischen Kritiker besonders begrüßen würden, denn (vergleiche Bowie/Roxy Music/Queen): »Die Engländer sind emotional dermaßen gehemmt, dass sie überhaupt nur hinter dickem Make-up und in Seidenunterwäsche rocken können.« Springsteen, bemerkte Frith abschließend, sei dagegen durch und durch amerikanisch.

Ein Kommentator der Show vom 18. November war anderer Meinung als Frith: »Springsteen fesselte das Publikum mit Nummern von allen drei Alben und bewies, dass die rohe Kraft der Platten live noch viel stärker wirkt.« Er war nur enttäuscht von den Zugaben, alte Rocknummern wie »Good Golly, Miss Molly« wären »einfach nicht das, was er am besten kann«, aber zu diesem Zeitpunkt »hätte er auch die Nationalhymne spielen können, und das Publikum wäre aus dem Häuschen gewesen«. Der Rezensent des *Guardian* nannte Springsteen »einen Straßenpoeten und

Musiker, der zum Method Actor geworden ist« und spekulierte, dass es für Bruce wahrscheinlich nur ein mittelmäßiger Abend gewesen sei, aber »trotzdem eine beeindruckende Performance«. Der *Record Mirror* befand: »Springsteen erweist sich als der Leader einer klar definierten Rockband, die Höhen von so frischer, intensiver Kraft erreicht wie nur wenige andere. Er hat den Hype gar nicht nötig.«

Der *Melody Marker* schrieb: »Springsteen erfüllt alle Erwartungen« und bot eine subtilere Analyse der Stärken und Schwächen der Show an. Ein Problem seien die übersteigerten Erwartungen gewesen, die durch Berichte von den heißen Shows im Bottom Line in New York und im Roxy in Los Angeles aufgekommen waren. Zum Teil läge es auch an den kulturellen Differenzen, dass das britische Publikum anders reagiere als die Amerikaner – die Engländer sparten sich den Applaus bis zum Ende auf. Weil aber Springsteen und seine Band »auf ihr Publikum direkt angewiesen sind«, erklärte Michael Watts, »brauchen sie die Art von Intimität und Spontaneität, die die amerikanischen Fans ihnen eher geben können«. Aber als die Band am 24. November ihr zweites Konzert gab, war es vorbei mit der Zurückhaltung. Springsteen spielte 45 Minuten länger und kam fünfmal für insgesamt zehn Zugaben zurück. Der *Guardian* schrieb, dass die zweite Show »dem Aufruhr in den Medien vollkommen gerecht geworden« sei. »Ich würde dafür Eintritt bezahlen, ihn die ganze Nacht nur reden zu hören und dazu zu tanzen«, gestand Watts.

Watts entdeckte auch einen wesentlichen Zug in Springsteens Persönlichkeit, der anderen bisher entgangen war: »Mit seinen komischen Bewegungen und seinen ausgebeulten, unmodischen Hosen hat er etwas echt Chaplineskes.« Einem anderen Autor fiel auf: »Er benutzt seine Gitarre wie Charlie Chaplin seinen Stock.« Ein Dritter fand: »Sein Sinn für Humor ist wie der von Chaplin.« Watts bemerkte, dass er mit seiner Wollmütze wie ein Hafenarbeiter aussah. So wie Benjamin Franklin einst eine Bibermütze aufsetzte, als er nach Europa kam, hatte Springsteen ein Requisit gewählt, das für seine Herkunft von der amerikanischen Straße stand.

Die meisten der englischen Kritiken über Springsteen und sein Album waren voller Lob. Dave Seal schrieb in der Zeitschrift *Arnold Boecklin*, das Album verdeutliche, dass Springsteen »einer der wenigen Performer der Siebziger Jahre ist, die einen regelmäßig mitten in die Eingeweide treffen, und wenn dieser Straßenpunk sein Springmesser zückt, dann beweist die gute alte Gänsehaut, dass Rockmusik wirklich emotional sein kann«. Seal fand, dass kein Album seit *Highway 61 Revisited* so atemberaubende Texte und so überwältigende Musik enthalten habe. Aber »Bruce ist ein Rocker und ein Souler, und das war Bobby nie«. Seal spricht außerdem kurz ein Thema an, das die meisten amerikanischen Kritiker nie erwähnt hatten: Rasse. »Der Dreh- und Angelpunkt der Band ist Clarence Clemons … Clarence ist obendrein noch schwarz und verleiht Bruce' Rock-Hintergrund einen anderen Touch.« Seal drückt zuletzt seine Befürchtung aus, dass das Stardasein Springsteen einiges von seiner Eindringlichkeit und Vitalität rauben könnte, kommt aber zu dem Schluss: »Bruce ist wahrscheinlich Manns genug, um auf sich selbst und sein Talent aufzupassen.«

Das britische Magazin *Sounds* brachte eine ausgewogene Besprechung des Albums. Jerry Gilbert gab zu, dass er »langsam anfing, es zu mögen«, aber er befürchtete, dass neue Fans vielleicht das unbändig Geniale, das sich hier verhaltener zeige als auf den ersten beiden Alben, nicht verstehen würden. Clemons' Saxofon liefere die wirklich magischen Momente des Albums, besonders bei »Jungleland«, einem Song, der nach Gilbert auf Springsteens altem Stil von vor anderthalb Jahren zurückgriff. An anderer Stelle bemängelte er das Fehlen von »unterschiedlichen Stimmungen«. Seine Kritik kämpfte wie die meisten britischen Artikel gegen die starke Unterströmung von überhöhten Ansprüchen und den allgemeinen Hype an. Dennoch kam Gilbert zu dem Schluss: »Die Brillanz von Bruce ist noch immer spürbar.«

Die Ausgabe des *Melody Maker* vom 15. November 1975 titelte in Erwartung von Bruce' erstem Besuch reißerisch: »Bombenerfolg für Springsteen: Geboren, um zu rocken«. In einem längeren Interview beschrieb Springsteen seine Haltung gegenüber dem Hype: »Man kann die Kids auf der Straße nicht bescheißen, egal was andere behaupten. Es ist ihnen egal, was im Radio kommt, egal, was irgendwer sagt. Die Kids auf der Straße erkennen, wenn etwas Mist ist.« Der Interviewer fragte, wie viel von *Born to Run* autobiografisch sei. »Weiß ich nicht«, antwortete Springsteen, »das ist schwer zu sagen. Ich schreibe eigentlich überhaupt nicht so. Ich schreibe darüber, wie sich bestimmte Sachen anfühlen, und über die ganzen unterschiedlichen Facetten der Realität.«

Eine der wenigen durchgängig negativen Kritiken kam vom *New Musical Express*, wo Roy Carr das heruntermachte, was er als Springsteens »gekonnte Darstellung des stereotypen gitarreschwingenden Straßenstreuners (der sich nur so weit ins Illegale hinauswagt, dass er nicht verhaftet werden kann)« bezeichnete, den »er so gut hinkriegt, dass Hollywood die Rolle nicht besser hätte besetzen können«. *Born to Run* ginge zwar »in die richtige Richtung, aber zündet nicht wirklich … Viele der Nummern laufen darauf hinaus, einen Eindruck von künstlichem Realismus zu erwecken, während Springsteen sich schwitzend durch sein städtisches Rock-Erneuerungsprogramm müht«. An einer der witzigeren Stellen des Artikels meint Carr, dass »Springsteens verzweifelter Versuch, von Dylans Motorrad abzuspringen, ihm anscheinend einen Frontalzusammenstoß mit Roy Orbison eingebracht hat«. Dem hätte Springsteen vielleicht sogar zugestimmt.

Charles Murray, ebenfalls vom *New Musical Express*, unterschied allerdings zwischen Springsteen auf Platte und Springsteen live. Er kritisierte die »behäbigen, bei Spector abgekupferten Arrangements« auf *Born to Run* und Springsteens Unfähigkeit, irgendetwas wegzulassen: »Gute Idee, schlechte Idee, keine verdammte Idee, rein damit, Mann, es passt schon.« Für Murray sind die Alben »öde und belanglos; man kann sie vergessen, sie sind schlecht, sie sind wie Schatten in einem Zerrspiegel, und er selbst ist gar nicht anwesend. Man kann sie sich anhören und nichts über ihn begreifen; aber es ist kaum möglich, ihn live zu sehen und gleichgültig zu bleiben. Nur ›Tenth Avenue Freeze-Out‹ vom neuen Album wird Springsteens Bühnenwirkung gerecht.« Diese Bühnenwirkung, die »nach allen Regeln der Kunst aufgemotzt ist …, ist mitreißend, übermütig, ausgelassen und aufregend«.

Murray ging auch auf die Rassenfrage ein. Über Clemons sagte er: »Er sieht aus wie der fleischgewordene R & B …, er ist der coole Typ, dessen musikalischer Beitrag jeder Nummer eine schnellere Gangart verpasst.« Murray fand, dass Springsteen »die perfekte weiße Interpretation von schwarzer Musik für Weiße abgibt …, die reinste Assimilation und Destillation des Stils und der Atmosphäre einer zeitlosen, klassischen R & B-Show am Samstagabend in einem Vorort«. Deshalb, räsonierte er, konnten die Platten sich nicht durchsetzen: »Auf den Alben gibt Bruce den seelenvollen Poeten anstelle des R & B-Mannes mit dem Rhythmus im Blut.« Aber live sei »seine R & B-Punk-Ballett-Combo so ziemlich das Beste, was ich je auf einer Rock-Bühne gesehen habe«.

Und ein dritter Autor schrieb im *New Musical Express*:

»Alle sagen mir, dass man sich daran gewöhnt, aber bislang klingt es für mich wie der klassische Fall, in dem die Plattenfirma aufs falsche Pferd gesetzt hat. Der Vorgänger, *The Wild, the Innocent, and the E Street Shuffle*, wirkte wie eine spontane Selbstentzündung, aber *Born to Run* ist ungefähr so aufregend wie eine Heizung auf Nachtsparbetrieb.«

Abgesehen vom *New Musical Express* wurde *Born to Run* auf beiden Seiten des Atlantiks hoch gelobt. In Frankreich schrieb man: »Dieses Album ist in jeder Hinsicht fantastisch« und nannte es »eines der größten Rockalben aller Zeiten«. In Deutschland hieß es: »Ein lebendiges und überzeugendes Werk …, der letzte folgerichtige Schritt aus der Vergangenheit in eine Zukunft, die ohne einschränkende Kategorien auskommt und wo seine Musik nicht länger mit anderen verglichen werden wird.« Und ein Kritiker in Japan schrieb: »In Amerika wird er sicherlich bald zu den ganz Großen zählen.« Sogar James Wolcott, der später eine große Karriere als Kulturkritiker bei *Vanity Fair* und *New Yorker* machte, hatte *Born to Run* in *Circus Raves* als Springsteens bestes Album bezeichnet, das alle früheren Erwartungen einlösen würde: »Es steht für seine Verwandlung vom Liebling der Kritiker (und Kulthelden) zum Senkrechtstarter in den Charts.«

Nachdem er das losgeworden war, machte Wolcott das Album herunter. Die Texte nannte er »farblose Dichtung«, die keinen Eindruck hinterlasse. Den Gesang fand er »dürftig«. Springsteens Stimme sei »im Ausdruck unzureichend, zu wenig dominant und monoton«. Er bot noch einen weiteren kritischen Blickwinkel an, nämlich den feministischen. Springsteen sei sexistisch, was besonders in der Zeile aus »Thunder Road« zum Ausdruck käme: »Du bist keine Schönheit, aber hey, du bist schon in Ordnung«. Dasselbe träfe auch auf eine Zeile aus »Born to Run« zu: »Nimm einfach diese samtigen Felgen zwischen deine Knie«. Wolcott meinte, dieser »Machismo im dreckigen T-Shirt« könne einer »reaktionären phallischen Herrschaftsideologie Auftrieb geben«. Er resümierte, dass Springsteen, trotz seines enormen Talents und Charismas, »nicht die Kraft hat, das Leben einer Generation zu verändern ... Bis jetzt habe ich jedenfalls nicht das Licht gesehen.«

Zehn Jahre später, als *Born in the U.S.A.* erschienen war und Springsteen längst fast unvorstellbare Höhen des Ruhms erklommen hatte, verurteilte Wolcott in *Vanity Fair* »die Heiligsprechung des Bruce Springsteen«. Sein Artikel richtete sich nicht so sehr an Springsteen selbst, sondern an die Kritiker, die allesamt »hinter dem Boss herschlurfen und Gold, Weihrauch und Myrrhe anschleppen« würden. Wolcott ärgerte sich über »den endlosen Rattenschwanz von Gefasel, der mittlerweile jede seiner noch so geringfügigen Regungen begleitet. Frömmigkeit umwallt Springsteens lockiges Haupt wie Nebel eine Bergspitze.« Wolcott räumte aber ein, dass es Springsteen als Musiker ehren würde, dass er Durchhaltevermögen gezeigt und die Zyniker widerlegt hatte, die ihn als ein Medienkonstrukt darstellen wollten.

Die erste und wichtigste Analyse der kausalen Beziehung zwischen den Besprechungen von *Born to Run* und der Einflussnahme der Rockkritiker kam von Robert Christgau im Januar 1976. In seinem Artikel »Ja, es gibt ein Rock-Establishment« untersuchte er die Rolle, die diese eingeschworene Bruderschaft dabei gespielt hatte, Springsteen zu einem Star zu machen, und analysierte die Anziehungskraft von Springsteens Persönlichkeit, die auf Befindlichkeiten von vor der psychedelischen Hippie-Ära der späten Sechziger zurückging und einige Kritiker in Nostalgie für ihre Teenagerzeit verfallen ließ.

Anders gesagt: Christgau wunderte sich darüber, dass Rezensionen den Verkauf von Platten beeinflussen konnten.

Er hatte immer geglaubt, dass Rockkritik eine Art Leitfaden für all jene sei, die die Musik bereits kannten oder auf der Suche nach Erkenntnissen über neue Musik waren. Aber es war ihm nie in den Sinn gekommen, dass Rockkritiker auch Rockfans sein konnten, die die Trommel für ihre Favoriten rührten und damit Verkaufszahlen beeinflussten. Christgau stellte fest, dass »sowohl die weitgehende Einstimmigkeit als auch das breite geografische Spektrum der Befürworter Springsteens zwar ungewöhnlich, aber nicht einmalig waren (vergleiche Randy Newman). Neu daran war, wie schnell die Verkaufszahlen auf die Lobeshymnen reagierten.«

Dabei war laut Christgau übersehen worden, dass Springsteens Erfolg auch »der erste Sieg einer brandneuen Gruppierung von fünf Journalisten war, die ich in Ermangelung eines treffenderen Begriffs als Rockkritiker-Establishment bezeichnen werde«. Diese Journalisten waren aus Städten wie Detroit oder Boston nach New York gekommen und hatten es zum Gravitationszentrum der Rockkritik gemacht, sie kannten sich und pflegten regen Umgang miteinander. Und zumindest zwei unter ihnen agierten längst nicht mehr nur als Kritiker, sondern waren zu Anhängern und Fans geworden. Christgau nannte die Namen: John Rockwell von der *New York Times* und Paul Nelson, der damals für *Village Voice* und *Rolling Stone* schrieb, Dave Marsh, der 1969 in Detroit *Creem* gegründet hatte und 1973 nach New York kam, wo er Redakteur beim *Rolling Stone* wurde, Jon Landau, ebenfalls Redakteur beim *Rolling Stone* und außerdem für *Real Paper* tätig, der im Nebenjob zum Producer avanciert war. Auch Christgau selbst, der sich eigenmächtig zum »Dekan der amerikanischen Rockkritiker« gekürt hatte, gehörte dazu.

Christgau nahm besonders Marsh aufs Korn, »Springsteens glühendsten und nützlichsten Kritiker-Fan«. Marsh schrieb bereits an einem Buch über Springsteen, er war mit Springsteens Befürwortern bei Columbia befreundet, und er hatte Jon Landau mit zu einem Auftritt von Springsteen genommen. Marsh sei der »definitive Rock'n'Roller«, er sei »ein Protegé und ein guter Freund«, aber Christgau selbst war »im Gegensatz zu ihm und anderen Mitgliedern des Establishments nicht davon überzeugt, dass [Springsteen] die Zukunft des Rock'n'Roll darstellt. Für Marsh und mich ist das ein ernsthafter (wenn auch nicht endgültig entschiedener) Streitpunkt.«

Christgau formulierte im Weiteren eine tiefgreifendere Analyse von Springsteens Retro-Charme, als es anderen bislang gelungen war. Er befand, dass mehr daran war als nur der Respekt vor gewissen musikalischen Wurzeln; vielmehr sei es eine Rückkehr zu dem Sound der frühen Sechziger, »einer fruchtbaren, wenn auch ansatzweise albernen Epoche, die sowohl den Soul ... als auch eine Vielfalt von weniger kurzlebigem Pop und Rock'n'Roll hervorbrachte und im inspirierten Hedonismus der Beach Boys gipfelte, in den großartigen Produktionen des Motown-Labels und Phil Spectors. Das ist Springsteens Ära – er redet von Berry und Presley, aber seine Zugaben sind von Gary U.S. Bonds.«

Springsteens Kritikern und Fans, vermutete Christgau, »erfreuen sich zum einen an seiner Musik, weil sie nicht das Glück hatten, 1963 am Radio zu kleben«. Und die anderen, unter ihnen Marsh und Greil Marcus, »delektieren sich daran, die Freuden ihrer Jugend erneut zu durchleben«. Springsteen sei im richtigen Moment aufgetaucht. Den Mitsiebzigern fehlte es an »Hoffnung und Unschuld«, der Rockstar dieser Epoche war der »visionslose« Elton John. Es mindere den Erfolg von *Born to Run* keineswegs, wenn man es als »das großartige Album, das Phil Spector nie gemacht hat« bezeichnet.

Aber Springsteen, so Christgau, müsse jene »ästhetische Strategie« überwinden, die sich an der hohen Drehzahl der Rockszene der frühen Sechziger orientiere und ihr eine »Patina von Tragik verleihen, einfach um uns daran zu erinnern, dass die Zeiten sich geändert haben«. Die Zukunft des Rock'n'Roll könne nicht in solchen Sentimentalitäten bestehen, die noch nicht mal neu seien. Obwohl *Born to Run* einen »Schritt in die falsche Richtung« darstelle (denn es »tauscht Spannweite gegen Fokussierung ein, Spontaneität gegen Kraft, alltägliche Geschichten gegen expressionistisches Statement«) und trotz des Klüngels von Kritikern, die nicht müde würden, für den Boss zu werben und ihn zu unterstützen, bestünde immer noch die Möglichkeit, dass es Springsteen gelingen würde, sich nicht nur als »ein weiterer sentimentaler Blindgänger zu erweisen«. Er könne den Durchbruch schaffen und mit Weitblick und Talent dafür sorgen, dass die Rockkritiker am Ende recht behielten.

Nur ein Jahr nachdem Springsteen über Nacht zum Star geworden war, endete der Höhenflug von *Born to Run*. Das Album fand zwar noch immer neue Anhänger, aber Springsteen war in einen Prozess mit seinem Manager Mike Appel verwickelt, bei dem es um die Rechte an seiner Musik ging. Springsteens Klage, die er am 27. Juli 1976 eingereicht hatte, führte an, dass Appel »es vollständig vernachlässigt hat, sich um die Verwaltung der finanziellen Angelegenheiten von Bruce Springsteen zu kümmern«. Appels Gegenklage berief sich auf Vertragsbruch. Dieser Streit hielt Springsteen davon ab, wieder ins Studio zu gehen, was bedeutete, dass sein nächstes Album erst drei Jahre nach *Born to Run* erscheinen sollte, eine Ewigkeit für das Musikgeschäft, wo Hit auf Hit folgen muss und die Künstler dem Publikum ständig präsent sein sollten. Nachdem die Sache im Mai 1977 beigelegt war, erklärte Springsteen, warum es für ihn untragbar war, kein Copyright an den Songs, die er komponiert hat, zu besitzen: »Ich hatte ›Born to Run‹ geschrieben, und der Gewinn, den der Song einspielte, der mag ja jemand anderem zustehen, vielleicht ist ja irgendwer verantwortlich für diesen Erfolg, kann sein. Aber der Song selbst, das ist meiner. Er gehört mir.« 1978 sagte er: »Es kam so weit, dass ich in einem Buch nicht meine eigenen Songs hätte zitieren dürfen. Ich hätte nichts aus ›Born to Run‹ verwenden dürfen! Diese ganze Phase meines Lebens schien mir nicht mehr zu gehören. Und das war doch der Grund, warum ich überhaupt angefangen habe, Musik zu machen und Texte zu schreiben – ich wollte mein Leben in den Griff kriegen. Das wollte ich mir auf gar keinen Fall nehmen lassen.«

Tony Parsons vom *New Musical Express* hatte ein Jahr später die Idee, sich das Album erneut anzuhören und es allein nach der Musik zu beurteilen, nicht aufgrund dessen, was darüber gesagt oder geschrieben worden war. Vielleicht bedauerten die Redakteure vom *New Musical Express* auch ihr harsches Urteil über Springsteen von 1975. In »Vom Hype geblendet« beichtete Parsons: »Als ich das Album zum ersten Mal hörte, mochte ich es sofort. Und ich wusste, dass Springsteen jetzt die Anerkennung bekommen würde, die er verdiente.« Er pries Springsteens Gesang bei »Thunder Road«; er mochte die Art, in der »Tenth Avenue Freeze-Out« den souligen Klang von Stax Records aufgriff; »Night« war für ihn »ein frenetischer Ausbruch von Wut, Frust, Liebe und Hoffnung«. Für Parsons war »Backstreets« der beste Song des Albums: »Er dringt in dein Innerstes und erinnert dich an Sachen, die du lieber vergessen würdest. Er hat die Macht dazu – die Macht eines Liebesliedes, das die tatsächlichen Erfahrungen eines Künstlers widerspiegelt, der dazu fähig ist, seine tiefsten Gefühle in Worten und Musik auszudrücken.« Und über »Born to Run« sagte er, wenn es irgendeine Gerechtigkeit auf dieser Welt gäbe, dann hätte dieser Song ein Nummer-eins-Hit werden müssen. Er mochte den Kontrast zwischen dem Anreißen der Fender-Gitarre bei »She's the One« und dem kühlen Saxofon und dem sanften Klavierspiel bei »Meeting Across the River«. Und das Finale mit »Jungleland« sei »ein angemessenes Ende für eines der besten Rockalben des vergangenen Jahres ... Ich darf wohl sagen, ein *großes* Album.«

Und so verursachte *Born to Run* Aufwind, Hype und Gegenreaktion; Lob, Kritik und Neubewertung in schneller Folge. Es war so erfolgreich, weil es durch die kombinierten Kräfte von Vergangenem und Zukünftigem die kulturelle Ödnis von 1975 überwand und eine freiere Zukunft verhieß. Egal, ob man 1975 fünfzehn oder fünfunddreißig war, ob man mit dem Sound der Fifties oder der Sixties aufgewachsen war, das Album brachte es auf den Punkt. Und das tut es noch immer. Nicht mal 2005, zu seinem 30. Jahrestag, ist es zu einem nostalgischen Akt geworden. Deshalb können neu heranwachsende Generationen, die es zum ersten Mal hören, sich dafür begeistern. Die Romantik der Fluchtfantasie ist nicht verblasst. Die düsteren Schattenseiten des Lebens sind nicht verschwunden. Die Hoffnung auf Erlösung treibt uns noch immer an. Die Zeit mag vergehen, aber die Suche nach der eigenen Identität hört nie auf.

6 *Born to Run* 30 Jahre später

»Diesen Song habe ich vor ungefähr fünfzehn Jahren geschrieben ... Ich war erst vierundzwanzig, wohnte in Long Branch ... Ich glaube, ich war damals einfach bereit ..., es war Nachmittag und es dauerte ewig, den Song zu schreiben ... Ich fand immer, dass dieser Song so was wie mein Geburtstagslied ist. Ich hatte Monate gebraucht, um mir zu überlegen, was ich sagen wollte ... und wie ich es sagen wollte; und alles, was ich mich selber frage in diesem Song, der fünfzehn Jahre alt ist, all die Fragen ... sind dieselben, die ich noch immer zu beantworten versuche.«
– *Bruce Springsteen, 1988*

Born to Run belegte in den Billboard-Charts von 1975 den dritten Platz. In diesem Jahr verkaufte es sich über eine Million Mal. Robert Christgau stellte im Januar 1976 fest: »Weder Bette Midler noch David Bowie haben jemals ein Platinalbum gehabt, und abgesehen von zwei Greatest-Hits-Samplern hat Bob Dylan das nur mit *Nashville Skyline* geschafft.« Die Single schaffte es auf Platz 23. AM Radio fand sie zu lang, aber FM spielte sie regelmäßig. Bis 2003 waren über sechs Millionen Exemplare verkauft worden.

Immer wieder taucht *Born to Run* in den Listen der besten Alben aller Zeiten auf. Im Jahr 2000 zählte National Public Radio das Album zu den 100 wichtigsten musikalischen Werken des 20. Jahrhunderts. 2003 kam es beim *Rolling Stone* auf Platz 18; der Zagat Survey Music Guide für 2003 nannte es an erster Stelle; die Library of Congress nahm es 2003 in die National Recording Registry auf; 2006 war es unter den 100 besten Alben bei *Time*. *Rolling Stone* setzte 2004 »Born to Run« auf Platz 21 und »Thunder Road« auf Platz 86 der Liste der besten Songs. Man findet es auf zahllosen Umfragelisten der örtlichen Radiosender. (WFUV in New York hatte eine Umfrage zu den wichtigsten Alben gemacht, bei der *Born to Run* den zweiten Platz erreichte; bei den wichtigsten Songs kam »Thunder Road« auf den ersten Platz und »Born to Run« auf den dritten.)

Die Phrase »Born to Run« ging schnell in die Alltagskultur ein. 1979 schrieb Chris Cerf den Song »Born to Add« für die *Sesamstraße*, die Sendung, mit der Jim Henson seinen Durchbruch beim Fernsehen hatte. Die Puppen, die den Song sangen, nannten sich Bruce Stringbean and the S Street Band. Er fängt so an: »When we are all in the streets and we see one car / we always add one and make it two ... kids like you and me / baby, we were born to add« [Wenn wir draußen auf der Straße ein Auto sehen / dann zählen wir immer eins dazu und machen zwei daraus ... Kids wie du und ich / Baby, wir sind zum Addieren geboren]. 1983 erfuhr Eric Meolas Coverfoto dieselbe Behandlung; das *Born to Add*-Album der Sesamstraße zeigte Bert mit Gitarre, der sich an das Krümelmonster mit Saxofon lehnte. Mittlerweile waren viele der Springsteen-Fans Mitte dreißig und hatten selbst Kinder.

Ein Jahr nach Cerfs Verulkung ereignete sich in New Jersey etwas, das zunächst auch wie ein Witz erschien, aber keiner war. In der Stadtversammlung erwog man, »Born to Run« per Gesetz zur inoffiziellen Hymne des Bundesstaates zu machen. Angeblich war daran ein Discjockey aus New York schuld, der den Song mit den Worten angekündigt hatte: »Und jetzt erheben sich bitte alle für die Hymne des Bundesstaates New Jersey.« Der Abgeordnete Richard

Das Born to Add-*Plattencover der* Sesamstraße

Visotcky, ein Demokrat aus Garfield, brachte die entsprechende Gesetzesvorlage ein.

An dieser Begebenheit schieden sich die Geister. Richard Lee von der *Monclair Times* schrieb in der *New York Times*, dass er diesen Vorschlag unterstütze. Auch wenn Springsteen »ohne Frage kein Francis Scott Key*« sei, so sei er doch in New Jersey geboren, und »New Jersey ist ein elementarer

---

* Francis Scott Key (1779–1843) war ein US-amerikanischer Rechtsanwalt und Hobbydichter, dessen Gedicht *The Defense of Fort McHenry* in der Vertonung von John Stafford Smith zur amerikanischen Nationalhymne wurde. (Anm. d. Ü.)

Bestandteil seiner Musik … Seit Songs wie ›Born to Run‹ ist es plötzlich schick, aus New Jersey zu stammen.« Ein Leser aus New Jersey stimmte zu: »Ich fände es nur passend, wenn ›Born to Run‹ unsere Hymne würde, denn es ist der Sound von New Jersey.«

Der Sound von »Born to Run« war eine Sache, der Text eine andere. Mancher wunderte sich, dass ein Song, der von Selbstmord und Tod spricht und die Flucht aus einer Stadt propagiert, die »einem die Knochen aus dem Leib reißt«, als Hymne eines Bundesstaates dienen sollte. Ein Abgeordneter erklärte: »Dieses Lied handelt davon, jede Verantwortung abzulehnen und sich einfach davonzumachen. Unserer Verantwortung obliegt es aber, eine solche Philosophie keinesfalls zu billigen.« Der Komiker Robert Wuhl nahm das Ganze mit mehr Humor. Er trat mit einer Nummer auf, in der er die Lyrics durchging und anschließend die Zuschauer dazu aufforderte, sich auszumalen, wie eine Flagge für den Bundesstaat aussehen könnte, die von dem Song inspiriert wäre.

Die Gesetzesvorlage kam nicht zur Anwendung, und »Born to Run« war es nicht vergönnt, zur offiziellen oder inoffiziellen Hymne zu avancieren. (Eine weitere Vorlage von 2006, die ein spezielles »Born to Run«-Nummernschild betraf, dessen Erlöse an die Armenküchen von New Jersey gehen sollten, konnte sich ebenfalls nicht durchsetzen.)

Genau zu der Zeit, als »Born to Run« ein positives Echo in der Alltagskultur und Ablehnung seitens der Gesetzgeber hervorrief, durchlitt Springsteen eine spirituelle Krise. Er hatte einen fünf Jahre anhaltenden kreativen Energieschub hinter sich, eine Phase, in der er drei bemerkenswerte Alben hintereinander fertigstellte: *Born to Run, Darkness on the Edge of Town* und das Doppelalbum *The River*. Nur Dylan hatte mit *Bringing It All Back Home, Highway 61 Revisited* und *Blonde on Blonde* (auch ein Doppelalbum) eine ähnlich fruchtbare Phase. Und nach *Blonde on Blonde* zog er sich eine Weile aus der Öffentlichkeit zurück.

Im Herbst 1982 veröffentlichte Springsteen *Nebraska*, ein nüchternes, eindringliches Akustik-Soloalbum. Er gab die Band zu einem Zeitpunkt auf, als sein Stern noch am Aufsteigen war (»Hungry Heart« von *The River* kletterte in den Charts auf Platz fünf), ein riskantes Unterfangen, aber Springsteen folgte seiner Muse. Das Album ermöglichte es ihm, den hochgesteckten Erwartungen zu entgehen und zu seinen Ursprüngen als akustischer Solokünstler zurückzukehren. Diese Rolle griff er im Laufe seiner Karriere immer wieder auf.

Mit Gitarre und Mundharmonika, die an Woody Guthrie und Hank Williams denken lassen, singt Springsteen Songs über Außenseiter und Kriminelle, aber auch über rechtschaffene Männer, die irgendwo in einem trostlosen Amerika gestrandet sind. David Michael Kennedys Coverfoto zeigt einen düsteren, leeren Horizont, der durch die Windschutzscheibe eines Autos mit Blick auf einen Highway aufgenommen wurde. Dieses ikonenhafte Bild ist eine stille Hommage an den Fotografen Robert Frank und sein berühmtes Buch *The Americans* (1958), das Bilder seiner dreijährigen Reise über den gesamten Kontinent enthält. Springsteen kannte das Buch – Eric Meola hatte es ihm während der Fotosession zu *Born to Run* geschenkt.

Eine zentrale Zeile des Albums, die in zwei der Songs vorkommt, lautet »Deliver me from nowhere« [Erlöse mich aus dem Nirgendwo]. Schwermut und Finsternis hängen über einer Landschaft, in der »Luck may have died and our love may be cold« [das Blatt sich vielleicht schon gewendet hat und unsere Liebe erkaltet ist]; wo das Haus eines Vaters »is shining 'cross this dark highway / where our sins lie unatoned« [diesen dunklen Highway erleuchtet / der mit unseren ungesühnten Sünden gepflastert ist]. Aber es besteht noch Hoffnung auf Erneuerung und Erlösung: »Maybe everything that dies / some day comes back« [Vielleicht kommt alles, was vergeht / irgendwann zurück]. Die Menschen sind unterwegs, sie fliehen vor dem Gesetz oder vor ihren Gläubigern. Schreckliche Dinge geschehen: Herzen werden gebrochen, Kinder gehen verloren. Die Straße wirkt so unheimlich, wenn man nachts allein unterwegs ist. Und doch endet das Album mit der Zeile: »At the end of every hard earned day / people find some reason to believe« [Und nach jedem hart erkämpften Tag / finden die Menschen wieder etwas, woran sie glauben können]. Diese Aussage bezieht sich wohl eher auf die Kraft der Selbsttäuschung und blinden Glaubens als auf echte Hoffnung.

»*Nebraska* ist wie ein Schock«, schrieb Steve Pond im *Rolling Stone*, »ein radikales, scharfkantiges Porträt eines verwundeten Amerika, dessen Maschinerie sich von den Träumen der Menschen nährt.« Als er das Album aufnahm, fühlte Springsteen sich orientierungslos und deprimiert. Zusammen mit einem Freund fuhr er in einem Auto, das er für ein paar tausend Dollar gekauft hatte, durch das Land. »Ich war zweiunddreißig und kein junger Mann mehr«, erinnert er sich 1992. »Dazu kam, dass ich ungebunden war und kein Zuhause hatte.« Springsteen wurde von Verzweiflung übermannt, als sie im Süden der USA an einem Fluss Pause machten und eine Band spielen hörten. »Ich ging durch die Menge und fühlte mich isoliert und sehr weit weg. Ich hatte dieses ungute Gefühl, dass irgendwas ganz schön schiefgelaufen war ... Es war ein Gefühl der Leere, des Losgelöstseins, als hätte ich mich selbst verloren.« Als er wieder in New Jersey war, suchte er einen Psychiater auf (»200 verdammte Dollar die Stunde«), der ihm half, einige Wahrheiten über sich selbst aufzudecken, vor denen er dann aber wieder flüchtete.

Springsteen hatte viel über seinen Vater nachgedacht, über die Zwänge, denen Douglas ausgesetzt gewesen war, und woran es lag, dass der Sohn sich davon befreien konnte. Während der ganzen *The River*-Tour spielte er »Independence Day«, einen Song über seine Teenagerjahre: »There was just no way / this house could hold the two of us« [Es war einfach unmöglich / zusammen in diesem Haus zu leben]. Eine traurige Ballade, in der die Unabhängigkeit wenig Freiheit und viel Leiden bringt. Jedes Mal, wenn er den Song während der Tour 1981 ankündigte, wurde Springsteen sich darüber bewusst, dass es eine tiefgreifende Verbindung zwischen dem Persönlichen und dem Historischen, dem Individuellen und dem Politischen gab. Wenn der amerikanische Traum sich für Douglas Springsteen nicht erfüllt hatte, dann lag das weder an diesem Traum noch an seinem Vater. Es lag daran, dass die Menschen in Unkenntnis gelassen wurden. Die Schulen brachten einem nicht das bei, was man wissen musste, sie lieferten Fakten, aber keine Wahrheiten. Springsteens Reise nach Europa öffnete ihm die Augen über Amerika, und in seinen Kommentaren auf der Bühne nahm er Themen vorweg, die in seinem Werk zunehmend an Bedeutung gewinnen sollten. Ein Vierteljahrhundert später sagte er während einer Europatournee: »Man wird sich sehr bewusst, ein Amerikaner zu sein, wenn man in Europa ist.«

Am 19. April 1981 eröffnete er in Paris die Show mit einem Song, den er noch nie gespielt hatte, eine Version von Elvis Presleys »Follow that Dream«. Das eher langsame Stück, das viele seiner späteren Balladen vorwegnahm, rekapituliert in anrührender Weise die Suche nach Liebe (»Follow that dream wherever it may lead / to find the love you need«) [Folge deinem Traum, wo er dich auch hinführen mag / um die Liebe zu finden, die du brauchst] und bietet außerdem eine überzeugende Sozialkritik:

Now every man has the right to live
The right to a chance, to give what he has to give
The right to fight for the things he believes
For the things that come to him in his dreams

[Jeder Mensch hat ein Recht zu leben
Das Recht auf eine Chance, sein Bestes zu geben
Das Recht für das zu kämpfen, woran er glaubt
Und für die Dinge, von denen er träumt]

In Paris erzählte Bruce dem Publikum, dass er gerade ein Buch lese, das ihn stark beeindrucken würde: »Ich habe gerade angefangen, *The History of the United States* (von Henry Steele Commager und Allan Nevins) zu lesen, und der Punkt ist, dass ich langsam begreife, wie sich alles entwickelt hat, wie man zum Opfer wird, ohne es zu merken, und wie die Menschen alt werden und sterben und dabei kaum einen Tag lang Zufriedenheit oder Seelenfrieden verspürt haben.« Eine Woche später in Brüssel führte er diesen Gedanken weiter: »Ich habe dieses Buch gelesen, und es hat mich einiges über meine Herkunft gelehrt, wie ich dahin gekommen bin, wo ich war, und wie die Chancen, aus einem solchen Leben auszubrechen, für mich und alle anderen mit jedem Tag geringer werden.«

Und in Rotterdam sagte er: »Ich habe dieses Buch gelesen, und ich habe herausgefunden, wo ich herkomme und wie ich dahin gekommen bin und wie schnell man zum Opfer von Umständen wird, von denen man nicht einmal weiß, dass sie überhaupt existieren, und wenn ich dann nach Hause komme, sehe ich meine Freunde und all die anderen, die mutig und voller Kraft und Tatendrang waren und jetzt einfach auf der Strecke geblieben sind.«

Es ist der amerikanische Traum, an dem sie gescheitert

sind, das Versprechen eines guten Lebens, das sie zu harter Arbeit anspornte und sie dann enttäuscht hat. Sie sind an etwas gescheitert, das man in Ermangelung eines exakteren Begriffs die »historischen Kräfte« nennen muss – die Profitgier des Kapitalismus, die Klassengesellschaft, den Expansionsdrang einer Weltmacht. Das Buch half Springsteen zu begreifen, dass man unablässig kämpfen muss: für Freiheit, Gleichberechtigung und Gerechtigkeit, um eine menschenwürdige Arbeit und ein behagliches Zuhause.

Auf seinem nächsten Album beschäftigte Springsteen sich damit, was Menschen zustößt, wenn sie zu Opfern von historischen Kräften werden, die jenseits ihrer Kontrolle liegen, und es versetzte ihn in den Mittelpunkt eines musikalischen und kulturellen Tumults.

Im Jahr 1984, fast zehn Jahre nach *Born to Run*, ereignete sich die Explosion, die Springsteen zu einem Megastar machen sollte: die Veröffentlichung von *Born in The U.S.A.* Wie *Born to Run* hatte dieses Album eine Ausstrahlung und einen Sound, der ganz und gar zeitgemäß war. Springsteen erfand sich buchstäblich selber neu – er erschien muskelbepackt in Arbeitshemd und Jeans, ein Bandanna um den Kopf geknotet. Und er experimentierte zum ersten Mal mit Synthesizern. Das Coverfoto von Annie Leibovitz zeigt eine Rückenansicht von Bruce' Torso vor der amerikanischen Flagge; aus seiner Gesäßtasche ragt eine rote Baseballkappe. Während der Titel und das Cover vor Patriotismus nur so trieften, bestanden die Songs selbst aus einer Fortführung und Vertiefung von altbekannten Themen, zu denen aber auch einige neue hinzugekommen waren.

Politiker könnten in Versuchung kommen, den hymnischen Titelsong, der das Album einleitet, als glorreiches Wiedererstehen nationalen Patriotismus in der jüngeren Generation auszulegen (Springsteen selbst war gerade mal fünfunddreißig), aber schon die erste Zeile, »Born in a dead man's town« [In einer Totenstadt geboren], verdeutlichte jedem, der Springsteens frühere Werke begriffen hatte, dass es sich um eine Fortschreibung des Dualismus von Ausweglosigkeit und Flucht handelte. Der Erzähler schreit: »I'm ten years burning down the road / nowhere to run ain't got nowhere to go« [Zehn Jahre habe ich auf der Straße rumgebracht / ohne ein Ziel, ich kann nirgendwohin]. Tatsächlich waren seit *Born to Run* zehn Jahre vergangen. Und jetzt ist der Erzähler ohne Job, hat seine Liebe verloren, steht mit einem Bein im Gefängnis und fordert vergeblich sein amerikanisches Geburtsrecht ein. Zunächst hatte Springsteen den Song als akustisches Stück konzipiert, das die Verzweiflung spürbar macht. Aber der Kontrast zwischen den Worten und dem Sound der Rock-Version schafft eine kraftvolle zusätzliche Dimension. Während des Refrains fliegen regelmäßig die Fäuste in die Luft, der Song wird nicht nur bejaht, er wird zu einer Protestdemonstration. Hier findet sich erneut die Spannung zwischen Strophe und Refrain, ein Kunstgriff, den Springsteen zuerst bei Songs wie »Badlands« eingesetzt hatte. Die einzelnen Strophen, so Springsteen, sind der Blues, die Refrains sind der Gospel.

In »Cover Me« ist die natürliche Umgebung (Regen, Schnee, Wind) vergiftet. Die Zeiten sind schwierig, aber die Vorstellung, überleben zu können mit einer Liebe, die uns blendet, besteht noch immer. Die Songs handeln von Arbeitern, die einen Job oder eine Zerstreuung suchen, aber dazu wenig Gelegenheit finden; ihre Vergnügungen bringen sie in Schwierigkeiten. »Downbound Train« ist einer der schwermütigsten Songs in Springsteens Kanon, er klingt so, als würde man durch ein Tal tuckern. Der Erzähler ist ein Gelegenheitsarbeiter, hat seine Liebste verloren und weiß nicht, weshalb, nur dass sie eines Tages sagte: »Joe, I gotta go« [Joe, ich muss los]. Joe ist am Boden zerstört, sitzt im Dunkeln auf seinem leeren Bett und weint.

Seite zwei eröffnet mit der Proklamation von »No Surrender«, ein momentanes Wiedererwachen der Lebensgeister nach einer Phase der Ermüdung: »You say you're tired and you just want to close your eyes and follow your dreams down« [Du sagst, du bist müde und willst einfach nur die Augen schließen und deinen Träumen nachhängen]. Nach zehn langen Jahren herrscht das Gefühl vor, gealtert zu sein. War in »Thunder Road« die Angst zu spüren, dass man vielleicht nicht mehr ganz so jung sei, so heißt es jetzt: »I'm ready to grow young again« [Ich bin bereit, wieder jung zu werden]. Draußen herrscht Krieg, und der Erzähler, der sich jetzt einfacher und direkter äußert als zuvor, will nur seine romantischen Träume verwirklichen. Und kaum ist die Hoffnung auf Liebe formuliert worden, ist sie auch schon wieder verflogen: »Bobby Jean« ist ein trauriger, wehmütiger Song über zwei Menschen, die sich einst nahestanden (»We went walking in the rain talking about the pain from the world we hid«) [Wir gingen im Regen spazieren und sprachen von unserem Schmerz und versteckten uns vor der Welt], aber sie ist weggegangen, und der Sänger kann nur darauf hoffen, dass sie diesen Abgesang an die verlorene Liebe eines Tages im Radio hören wird. Der Song hatte auch einen aktuellen Hintergrund, denn nach zehn Jahren beschloss Steve Van Zandt, die Band zu verlassen.

Sogar in »Dancing in the Dark«, dem Beweis dafür, dass Springsteen auch einen poppigen Hit schreiben kann, wenn er will, tauchen die Fluchtfantasien wieder auf, der Erzähler will dem Alter, der Maloche und einer Stadt entkommen, in der man nicht leben kann: »Stay on the streets of this town / and they'll be carving you up alright« [Wenn du weiter in der Gegend bleibst / werden sie dich sauber tranchieren]. Um die

Langeweile und Rastlosigkeit zu ertragen, kann man nur im Dunkeln tanzen. Das Album lässt einen bis zuletzt im Ungewissen – die Zeiten sind schlechter geworden in der Heimatstadt des Erzählers. Er ist verheiratet, hat ein Kind. Er denkt daran abzuhauen. Aber der alte Traum von der Freiheit existiert nicht mehr. Es geht darum, gefangen zu sein, irgendwo im Niemandsland zwischen gestern und heute. Der Vater sagt seinem Sohn dasselbe, das sein Vater ihm gesagt hat: Dies ist deine Heimatstadt. Auf die Frage, was einem da zu tun übrig bleibt, sollte Springsteen zurückkommen. Aber egal, wie weit man davonläuft, sagte Springsteen seinem Publikum, wenn er »My Hometown« ankündigte, »man hat immer und für den Rest seines Lebens seine Herkunft im Gepäck.«

Born in the U.S.A. verkaufte sich über 15 Millionen Mal und belegte im Sommer 1984 Platz eins in den Charts. Es ist die Platte, die sich in jenem Jahrzehnt am zweitbesten verkaufte, gleich nach Michael Jacksons *Thriller*. Sieben Singleauskopplungen kamen in die Top Ten. Die Tour fand in ausverkauften Stadions statt, Springsteen spielte zum ersten Mal außerhalb von Konzerthallen. Als im Herbst die Präsidentschaftskampagne begann, sagte Ronald Reagan bei einem Zwischenstopp in New Jersey: »Die Zukunft Amerikas liegt in den Träumen in euren Herzen; sie liegt in der Hoffnung, die in den Songs ausgedrückt wird, die so viele junge Amerikaner bewundern: Sie stammen von Bruce Springsteen aus New Jersey. Und euch allen dabei zu helfen, diese Träume zu verwirklichen, das ist mein Job.« Walter Mondale, der Kandidat der Demokraten, war sauer, dass Reagan versuchte, den Rockstar für sich zu vereinnahmen: »Das hat Bruce bestimmt nicht gewollt, er ist doch nicht von gestern.«

Natürlich hätten Reagan und andere konservative Republikaner gar nicht schiefer liegen können. »Born in the

U.S.A.« war keine Hymne auf die glorreiche Nation. Vielmehr ist es ein Song über all die typischen amerikanischen Versprechungen, die nicht eingelöst worden sind. Bruce, der der Politik eigentlich abgeschworen hatte, sah sich gezwungen zu reagieren. In einem Konzert in Pittsburgh am 21. September sagte er: »Tja, der Präsident hat neulich in einer Rede meinen Namen erwähnt ... und ich kam so ins Grübeln, welches meiner Alben er wohl am liebsten mag ... Ich glaube kaum, dass es das *Nebraska*-Album ist, und diesen Song hat er sich bestimmt nicht angehört.« Und dann spielte er »Johnny 99«, einen Song über einen arbeitslosen Mann, der Schulden hat, die »kein ehrlicher Mann bezahlen kann«, verhaftet und verurteilt wird und um den Tod auf dem elektrischen Stuhl bittet.

Die *Born in the U.S.A.*-Tour dauerte von Juni 1984 bis Oktober 1985. Bevor Bruce »Born to Run« spielte, sagte er meistens etwas Ähnliches wie: »Ich lebte in einer Kleinstadt, in der nichts los war ... man hatte keinen Schimmer, wie man da rauskommen sollte, und plötzlich sprang mich der Rock'n'Roll aus dem Radio an und sagte zu mir: ›Verkünde die Freiheit‹ ... und darum geht es hier ja auch ... aber vergesst nicht, wir müssen darum kämpfen.«

Springsteen verkörperte den Kämpfer aus der Arbeiterklasse nicht nur in seinen Texten und in seinem Äußeren, sondern auch in seinen Auftritten – seine Konzerte dauerten oft über drei Stunden, mit einer Pause. Er war da, um seinen Job zu machen, und er machte ihn gut. Und er weigerte sich, sich zu verkaufen. Lee Iacocca konnte ihm Millionen dafür anbieten, »Born in the U.S.A.« für einen Auto-Werbespot nutzen zu dürfen, aber Springsteen ließ das nicht zu, weder bei diesem noch bei irgendeinem anderen Song. Mehr als einem Kritiker fiel auf, dass »Mr. Springsteen auch jenseits der Bühne zu all seinen Aussagen steht. Er hat es offensichtlich gar nicht nötig, ein Star zu sein, er ist genauso wie die mittelständischen Amerikaner, von denen er singt.«

Diese Einschätzung erschien im August 1985, drei Monate nachdem Springsteen die Schauspielerin Julianne Phillips geheiratet hatte. Wie stark Springsteens Flirt mit Hollywood seinem Image auch geschadet haben mag, die Scheidung nach kaum zwei Jahren und seine neue Liebe Patty Scialfa, eine Musikerin aus New Jersey, die die *Born in the U.S.A.*-Tour als Backgroundsängerin mitgemacht hatte, scheinen diese Scharte ausgewetzt zu haben. Auch Fans, die über sein 14-Millionen-Dollar-Anwesen in Beverly Hills den Kopf geschüttelt hatten, wussten seine ernsthafte Beziehung mit Patty zu schätzen.

Kritiken der *Born in the U.S.A.*-Tour und des Albums sprachen von einer Weiterentwicklung von Springsteens amerikanischer Vision. Stephen Holding von der *New York Times* fand, dass »das Album trotz all der mitreißenden Energie, die sich in den Songs über Spritztouren, High-School-Reminiszenzen und Freundschaften ausdrückt, auch traurig und ernst ist; es handelt davon, dass der amerikanische Traum – von wirtschaftlichem Aufschwung und Sicherheit, von Gemeinschaft – nur noch für einen verschwindend kleinen Teil der Bevölkerung Gültigkeit hat.« Robert Palmer, ein Kollege von Holden, erklärte: »Nach einem Jahrzehnt als Rockstar ist Mr. Springsteen längst mehr als eine Rock-Ikone oder ein Unterhaltungskünstler. Seine Texte werden unermüdlich interpretiert … Er ist zu einem modernen Woody Guthrie geworden, der über Amerika singt – nicht über die großen Enklaven der Reichen, sondern über das kleinstädtische Amerika der Arbeiter, wo junge Leute in aussichtslosen Jobs feststecken, Fabriken geschlossen werden; und enttäuschte Hoffnungen und Träume gehören genauso in dieses Bild wie die traditionellen Rock-Metaphern von schnellen Autos und Sommerromanzen.«

Jon Pareles, ebenfalls von der *New York Times*, analysierte Springsteens Popularität und schrieb, er vertrete »einen altmodischen, volksnahen Ansatz – er spricht und singt für all jene, die keine Stimme und keine Rechte haben. Aber im Gegensatz zu den Politikern bietet er kein Programm für eine neue, goldene Zukunft an. In jeder seiner Charakterstudien beschreibt er die allgemeine amerikanische Desillusionierung. Und gleichzeitig verleihen seine vitale Präsenz und die E Street Band – *Born in the U.S.A.* enthält mit den unbändigsten Lärm, der jemals in einem Studio aufgenommen wurde – seiner Musik einen unausgesprochenen Optimismus, eine Hoffnung, die allen Widrigkeiten trotzt.«

Damit waren nicht alle einverstanden. Richard Harrington schrieb in der *Washington Post*, dass aus Springsteen »ein brütender Langweiler von einem Visionär geworden ist, der keinen Anspruch darauf erheben kann, ein Fürsprecher der Arbeiterklasse oder der Jugend und ihrer Widerstandsfähigkeit zu sein«. Der Pessimismus der Songs ärgerte Harrington genauso wie alles andere, es schien ihm, »als ob Rock'n'Roll nur ein weiterer Aspekt des amerikanischen Traums ist, der sich erledigt hat«. Das war natürlich genau der Punkt. Springsteen hatte immer mehr Fans, die ihn auf der Reise in die Düsternis begleiteten, die mittlerweile nicht nur in den Vororten, sondern im Herzen des ganzen Landes herrschte.

Andere Kritiker bemerkten, dass »dort, wo ganze Städte zerfallen, Fabriken vor sich hin rosten und die Menschen den Mut verlieren, trotzdem noch Hoffnung keimt … In bester Rocktradition gewinnt am Ende fast immer der Ungehorsam … Der Schlüssel dazu könnte eine Zeile aus ›Thunder Road‹ sein. Im Konzert haucht Springsteen sie nur, und das

Publikum singt einträchtig mit: Show a little faith / there's magic in the night.«

Nach zwei Jahren voller magischer Nächte war es mit der Tour und mit der E Street Band vorbei. Der von *Born in the U.S.A.* ausgelöste Mega-Ruhm verlangte seinen Tribut: »Ich durchlebte eine sehr verworrene Phase, es war eigentlich eine Depression. Ich überdachte alles, was ich erlebt hatte. Der Erfolg von *Born in the U.S.A.* Gefiel mir das? Wollte ich so etwas wieder machen? War ich missverstanden worden? Ich grübelte auch viel über den Ikonenstatus, den meine Musik erreicht hatte. Klar, meine Musik hatte immer etwas Mythisches an sich gehabt, aber ich fühlte mich von der ganzen Sache einfach überrollt. Ich fühlte mich kaum mehr menschlich.«

1986 erschien ein Live-Sampler, der sofort auf Platz eins der Charts kam (er enthielt Liveversionen von »Thunder Road«, »Tenth Avenue Freeze-Out«, »Backstreets« und »Born to Run«), und 1987 trennte sich die Band. Einige der Mitglieder spielten auf *Tunnel of Love* mit, Springsteens nächstem Album, das noch im gleichen Jahr erschien. Das Album besteht aus melodischen, traurigen Songs, die von Einsamkeit und Verlust erzählen, im letzten Stück, »Valentine's Day« werden wir mit der Bitterkeit konfrontiert, die entsteht, wenn Träume sich nicht einlösen lassen. 1988 folgte eine kurze Tour, aber die Bandmitglieder auf der Bühne anders zu positionieren, konnte keine grundlegenden Veränderungen bewirken. 1989 löste Springsteen die Band offiziell auf. Er tat es, weil er das Image des Macho-Stars, das er selbst mit aufgebaut hatte, demontieren wollte. »Ich hatte genug von ›Bruce‹«, sagte er. Er wollte nicht in der Vergangenheit feststecken, »um immer wieder das Ritual zu bedienen, bis sich nur noch Nostalgie einstellt.«

Auf der *Tunnel of Love*-Tour spielte Bruce zum ersten Mal die Akustikversion von »Born to Run«, mit Gitarre und

Mundharmonika. Dabei sprach er oft über die Bedeutung von Gemeinschaft und Bindungen und wie wichtig es sei, eine Heimat zu finden. Am 25. Juni 1988 sagte er rückblickend in London:

> Dies ist ein Song, den ich gespielt habe, als ich das erste Mal in London war. Ich war ein junger Kerl von fünfundzwanzig. Ich hatte ihn im Sommer davor geschrieben. Ich wohnte damals in einem kleinen Haus, nur ein paar Blocks vom Strand entfernt, und den Song habe ich dann 1975 im Hammersmith Odeon gesungen, und seitdem singe ich ihn praktisch jeden Abend. Und ich glaube, für mich hat sich seine Bedeutung in all den Jahren ziemlich verändert. Als ich ihn schrieb, ging es mir um den Jungen und das Mädchen, die in ihr Auto steigen, einfach losfahren und nie wieder zurückkommen. Das ist irgendwie eine schöne romantische Vorstellung. Aber als ich älter wurde, fiel mir auf, dass ich dauernd all diese Leute in irgendwelche Autos setze und mir langsam mal ausdenken müsste, wo sie eigentlich hinsollen. Ich wollte selber den Platz finden, an den ich gehöre, und als ich den Song über die Jahre immer wieder spielte, da merkte ich, dass der Typ und das Mädchen eigentlich nach einer Bindung suchen, einer Art von Gemeinschaft, nach etwas jenseits ihrer individuellen Freiheit, nach einem Sinn und vielleicht nach einem Zuhause. Und ich begriff, dass so ein Zuhause nicht eben um die Ecke oder irgendwo hinter den sieben Bergen zu finden ist, sondern sich tief in meinem Inneren verbirgt, und wenn ich nur den Mut dazu hätte, dann würde ich so etwas finden können. Mit dem Song bin ich jedenfalls ziemlich weit herumgekommen. Ich hoffe, er war euch ein ebenso guter Begleiter während eurer Suche

nach was auch immer, wie er es für mich gewesen ist. Also spiele ich ihn heute für euch und wünsche euch allen Liebe, ein Zuhause und Zufriedenheit.

Und so setzte Springsteen seine persönliche, musikalische und poetische Reise fort. Er wurde Vater, er spielte mit anderen Musikern und auch allein. Außerdem unterzog er sich einer Therapie und befand, es sei das Beste gewesen, was er je getan hatte. »Es hat wirklich geholfen«, erklärt er. »Ich setzte mich mit mir selbst auseinander und erkannte, wer ich eigentlich bin. Und ich hinterfragte alle meine Beweggründe. Warum ich das schreibe, was ich schreibe. Warum ich das sage, was ich sage. Meine ich es auch so? Oder erzähle ich nur einen Haufen Mist? Will ich mich nur überall anbiedern? Habe ich das nötig? ... Ich durchlief eine intensive Phase der Selbsterforschung. Mir war klar gewesen, dass ich jeden Tag acht Stunden lang in meinem Zimmer sitzen und Gitarre üben musste, um es zu lernen, und jetzt wusste ich, dass ich ebenso viel Zeit darauf verwenden musste, um herauszufinden, wo ich überhaupt stehe.«

1992 brachte er *Lucky Town* heraus, ein Album mit Songs, die er innerhalb von drei Wochen geschrieben und in seinem eigenen Studio eingespielt hatte. Er spielte fast alle Instrumente selbst. Gleichzeitig erschien auch *Human Touch*. Springsteen war immer so etwas wie ein Liebling der Kritiker gewesen, aber für *Human Touch* bekam er einige sehr negative Kritiken. Ganz vorn lag *Entertainment Weekly* mit dem Titel: »Was ist nur mit Bruce los?« *Lucky Town* wurde gleich mitverurteilt, obwohl es auch einige lobende Kritiken gab: *USA Today* beschrieb es als »nachdenklich und emotional berührend«. *Rolling Stone* fand einige Songs »mitreißend« und »elegant«. Ein kanadischer Journalist beschrieb das Album als »reines Vergnügen, eine unaufgeregte Solopartie mit Biss, Humor und voller Leben, die einen Springsteen zeigt, der über seinen Erfolg ebenso lachen kann wie über sein Selbstmitleid.«

Für die Geschichte von *Born to Run* ist *Lucky Town* deshalb besonders bedeutsam, weil Springsteen es 1992 als nächste Etappe auf der Reise der Figuren beschrieb, die er 1975 in Bewegung gesetzt hatte. In einem Artikel mit dem Titel »Als der Boss auf die Erde fiel, landete er im Paradies« erzählte er Stephen Holden: »1974 war ich vierundzwanzig, saß auf meinem Bett in Long Branch, New Jersey, und sagte mir: ›Hey, ich will wissen, ob es wahre Liebe wirklich gibt.‹ Wenn man hinhört, ist das auch die Frage in ›Born to Run‹. Wer meine Figuren über die Jahre verfolgt hat, hat mitbekommen, wie sie kämpfen und scheitern, sich gegenseitig verlieren und erneut treffen, sich selbst verlieren und wiederfinden, während sie alle auf der Suche nach einer Antwort auf diese Frage sind. Für mich sieht es so aus, dass die Figuren von ›Born to Run‹ jetzt in ›Lucky Town‹ gelandet sind.«

Das Album ist ein Lobgesang auf die Familie, den Nestbau, die dauerhafte Liebe, es handelt davon, dass man sich ehrlich mit der eigenen Identität auseinandersetzen muss und einen Rückzugsort braucht, damit der ganze Schmutz der Welt einem nicht aufs Gemüt schlägt. Hier gibt es keinen nostalgischen Blick zurück oder ein Sehnen nach der Zukunft, die guten Zeiten sind jetzt da, mit dem richtigen Mädchen an der Seite. Und Springsteen bezeichnete seine eigene Rolle aufrichtig als »a rich man in a poor man's shirt« [ein Reicher im Hemd eines Armen]. Im Titelsong berichtet der Erzähler: »Had a coat of fine leather and snakeskin boots / but that coat always had a thread hanging loose« [Hatte einen guten Ledermantel und Schlangenlederstiefel / aber an dem Mantel hing immer ein Saum herunter]. Es wird Zeit, all das gegen die Freuden des Hausbaus einzutauschen. »If I Should

Fall Behind« ist eine weltliche Hymne an die ewige Liebe (»Now everyone dreams of a love lasting and true / but you and I know what this world can do« [Jeder träumt von Liebe und ewiger Treue / aber wir beide wissen, wie es in der Welt zugeht]), und »Living Proof« legt ein Bekenntnis davon ab, wie wichtig die Geburt eines Kindes ist »in a world so hard and dirty, so fouled and confused« [in einer Welt, die so grausam und schmutzig, so verrottet und verrückt ist]. Der Erzähler erinnert sich:

> Just tryin' so hard to shed my skin
> I crawled deep into some kind of darkness
> Lookin' to burn out every trace of who I'd been
> You do some sad sad things baby
> When it's you you're trying to lose

> [Ich hab so oft versucht, mich zu ändern
> Bin ganz tief ins Dunkle gekrochen
> Wollte jede Spur von meinem alten Ich auslöschen
> Du tust so schlimme Dinge, Baby
> Wenn du dich selbst verlieren willst]

Aber die Geburt des Kindes lässt ihn wieder Glauben finden, es ist wie eine Erlösung von der Mühsal des Lebens. Das Baby ist für den Erzähler der »lebende Beweis«. Springsteen sagte: »Der Typ in ›Living Proof‹ ist derselbe wie in ›Born to Run‹, er hat inzwischen nur einige Meilen mehr zurückgelegt.«

Auch wenn die Düsternis auf *Lucky Town* nur leise anklingt, ist sie in einigen Songs doch vorhanden, wie in »The Big Muddy«, wo wir »bis zur Hüfte im Schlamm feststecken«, und in »Souls of the Departed«, wo der Erzähler den Tod junger Soldaten betrauert und plant, seinen eigenen Sohn zu retten: »I want to build me a wall so high nothing can burn it down / right here on my own piece of dirty ground« [Ich baue mir eine Mauer, so hoch, dass keiner sie niederbrennen kann / genau hier, auf meinem eigenen dreckigen Stück Land].

Lucky Town ist ein zutiefst spirituelles und persönliches Album, mit vielschichtigen Gitarren und konstantem Beat. Es zeigt Einflüsse von Countrymusikern wie Hank Williams und Merle Haggard, in deren Musik Springsteen eine Antwort fand: »Nach *Born to Run* dachte ich: Okay, und was jetzt?« Zuerst kam Country und dann Woody Guthrie, der eine »breitere Palette« als die Countrystars hatte; aber allen ging es um »die Konsequenzen, die dein Handeln hat«. Mehrere Songs, darunter auch »My Beautiful Reward«, der letzte des Albums, klingen beinahe wie Kirchenchoräle und sind in Bluegrass und Folk verwurzelt. Pareles stellte fest, dass »das eigenhändige Zupfen der Gitarre und das Kicken von echten Drums für den Familienvater wie eine Art Festung ist, ein Bollwerk gegen die postmoderne Welt, die entwurzelt und moralisch zweideutig ist«. 1995 beschrieb Springsteen, was alle seine Songs gemeinsam hätten: »Ich wollte über die Dinge schreiben, die den Leuten an irgendeinem Punkt ihres Lebens immer passieren. In meiner Musik sollte es nicht um Trends oder Stile gehen. Sondern um die Familie und den Kampf und Identitätsfragen, spirituelle Sachen eben. Zum Beispiel: Wer bin ich? Wohin gehe ich? Wie lebt man ein wahrhaftiges Leben, geht das überhaupt? Wie gelingt es einem, Bindungen zu knüpfen, die einen daran hindern, seine schlechten Seiten auszuleben, und stattdessen die guten befördern? Und dann geht es auch noch darum, Spaß und eine gute Zeit zu haben.«

Im gleichen Jahr wie *Lucky Town* erschien auch *Somewhere Between Heaven and Hell* von Social Distortion, einer Punkband aus Los Angeles. Hatten Springsteen und seine Rocker mit »Born to Run« noch nach einer Zuflucht gesucht, waren die kreischenden Punks von Social Distortion bereits »Born to Lose«, wie einer der Titel des Albums lautete, der zu ihrem Markenzeichen werden sollte. Der Refrain lautet: »Born to lose, was what they said / you know I was better off dead / born to lose, you're just bad news / you don't get a second chance« [Du bist der geborene Verlierer, haben sie gesagt / da wäre ich besser gleich tot / als geborener Verlierer bist du zu nichts mehr gut / du kriegst keine zweite Chance]. Obwohl der Song nicht zur Hymne der nächsten orientierungslosen Generation wurde, verleihen die Musik und der Text doch der harschen Realität der Arbeiterklasse Ausdruck. Springsteen fand, dass *Somewhere Between Heaven and Hell* ein »großartiges Rock'n'Roll-Album« sei und »Born to Lose« ein »Wahnsinnssong«.

Im Jahr 1995, zwanzig Jahre nach *Born to Run,* entdeckte Springsteen mit *The Ghost of Tom Joad*, benannt nach dem Helden aus John Steinbecks Roman *Früchte des Zorns* (1939), eine wesentliche amerikanische Thematik, nämlich die Suche nach Gerechtigkeit für die ganz gewöhnlichen kleinen Leute. Springsteen erinnert sich, dass er die Verfilmung von John Ford mit sechsundzwanzig gesehen hatte: »Ich weiß noch, dass ich dachte, so sollte meine Musik sein. Ich wollte, dass sie etwas mit den Leuten und ihrem Leben zu tun hat und davon handelt, wie sie zur Liebe, zum Glauben und zur Hoffnung zurückfinden und sich wieder aufeinander verlassen können, auch wenn sie gesehen haben, wie es in der Welt zugeht.« Der Titelsong beinhaltet die Zeilen: »The highway is alive tonight / but nobody's kiddin' nobody about where it goes« [Der Highway ist voller Leben heute Nacht / aber jeder weiß doch, wo er hinführt]. Zwanzig Jahre nachdem er die Stadt verließ, um zu gewinnen, befasst sich Springsteen wieder damit, wie die Reise scheitert und die Menschen am Ende orientierungslos und enteignet dastehen.

Ein aufschlussreiches Interview, das er während der *Tom Joad*-Tour gab, stellte Bezüge zwischen seiner Musik und seiner Kindheit her: »Ich glaube, dass die politische Haltung emotional und psychologisch von deinen frühen Erfahrungen geprägt ist. Bei uns zu Hause ging es nicht um Politik. Es ging nicht um Kultur. Meine Eltern mussten sehr kämpfen. Als ich neunzehn war, gingen sie mit meiner kleinen Schwester aus Jersey weg, um an der Westküste ein neues Leben anzufangen. Sie kannten da keinen. Sie hatten 3000 Dollar für die Reise. Meine Mutter machte ihr Leben lang denselben Job, sie ging jeden Tag hin, war nie krank, blieb nie zu Hause, weinte nie. Mein Vater hatte ein sehr schwieriges Leben, er musste auf der Arbeit ständig kämpfen. Ich hatte immer das Gefühl, ich müsste ihn rächen. Wenn ich mich daran erinnere, wie mein Vater Arbeit suchte, dann weiß ich, was das mit einem machen kann, wie es deine eigene Männlichkeit, deine Rolle als Ernährer untergräbt. Der Verlust dieser Rolle ist verheerend. Und ich schreibe darüber, weil ich auch von dort komme – aus einer Gegend, wo die Verbitterten, die Einsamen und die Außenseiter leben. Aber sie sind keine Gesetzlosen.«

Einer dieser Außenseiter, über den er vor *Tom Joad* geschrieben hatte, war ein Anwalt aus Philadelphia, der an Aids erkrankt war. »Streets of Philadelphia«, der Titelsong für den Film *Philadelphia,* wurde 1994 als bester Song mit dem Academy Award ausgezeichnet. 1995 kam Bruce wieder mit der E Street Band zusammen, und sie spielten einige Songs für sein *Greatest Hits*-Album ein, das sofort auf Platz eins in den Charts kletterte. Für dieses Album nahm er auch »Blood Brothers« auf, einen Song über lebenslange Freundschaft, die man für immer im Herzen trägt, selbst wenn man nicht zusammen ist. Begleitet von seiner Akustikgitarre singt

Springsteen: »Now the hardness of this world slowly grinds your dreams away / makin' a fool's joke out of the promises we make« [Und diese unbarmherzige Welt zermalmt langsam deine Träume / und lässt alles, was wir uns versprochen haben, wie einen blöden Witz aussehen]. Es herrscht Melancholie angesichts der Zeit, die vergeht, und der Erinnerungen, die verblassen, aber Springsteen widersteht der resignativen Erkenntnis, dass unsere Träume nicht immer so ausgehen, wie wir es uns wünschen, und dass hinter jedem Versprechen eine Lüge stecken kann: »I'll keep moving through the dark with you in my heart« [Ich kann die Dunkelheit ertragen, weil ich dich in meinem Herzen habe], singt er, und ein längeres Mundharmonikasolo begleitet ihn die Straße hinunter.

Beim Schreiben über Tod und Blutsverwandtschaft dachte Springsteen wohl auch an seinen Vater, der 1998 an Krebs starb. Springsteen widmete ihm das Buch *Songs*, das auch jenes Foto enthält, das seine Tante ihm gab, es zeigt einen stolzen, trotzigen jungen Mann in Uniform. Als er 2005 gefragt wurde, ob er seinem Vater, mit dem er während seiner Jugend erbitterte Auseinandersetzungen hatte, auf irgendeine Weise nachgeeifert habe, antwortete Springsteen mit einer Gegenfrage: »Okay, wie sieht denn meine Verkleidung aus? Meine Verkleidung ist ein Arbeitshemd. Ich bin ein Typ, der sein Leben lang Musik gemacht hat. Ich hatte nie einen richtigen Job, außer als Gärtner und Anstreicher, und ich habe Dächer geteert, als ich so fünfzehn, sechzehn war. Mein ganzes Leben lang war ich ein Musiker, aber wenn ich zur Arbeit ging, zog ich dieses Arbeitshemd an. Warum? Ich hätte auch ein Paisleyhemd nehmen können oder eine Jacke mit Pailletten oder sonst was, aber ich habe mich für dieses Hemd entschieden. Und darüber schreibe ich auch, über die Sorte von Leuten, die ihr Leben lang großem Stress ausgesetzt sind.«

Vielleicht lag es daran, dass er nach dem Tod des Vaters

an seine Jugend zurückdachte oder daran, dass er fünfzig wurde; Springsteen begann jedenfalls 1999 damit, Pläne für eine Reunion-Tour mit der E Street Band zu machen. Als sie wieder gemeinsam im Studio waren, war ihm klar geworden, wie wichtig es für ihn war, mit den Leuten in Verbindung zu bleiben, die er seit seiner Jugend kannte, bevor er eine internationale Berühmtheit wurde. Er überlegte, dass es doch möglich sein müsste, sowohl als Solokünstler als auch mit der Band zusammen zu arbeiten. Die Kameradschaft innerhalb der Band, sagte er, schütze ihn davor, »in einen selbstzerstörerischen Abgrund zu fallen«.

Während der Vorbereitungen für die Tour beendete Springsteen einen Song, den er in einem seiner Notizbücher fand. »Land of Hope and Dreams« ist an ein altes Folk-Spiritual namens »The Train« und an Curtis Mayfields Klassiker »People Get Ready« angelehnt und brachte Springsteen und die Band wieder auf Kurs. Diesmal waren sie nicht im Auto, sondern alle zusammen mit dem Zug unterwegs. Thematisch ist der Song in gewisser Weise eine Rückkehr zu *Born to Run* (»You don't know where you're going / but you know you won't be back«) [Du weißt nicht, wo du hinwillst / aber du weißt, dass du nie zurückkommen wirst], aber die Dunkelheit ist dem Licht gewichen auf diesem himmlischen Trip.

Am 15. März 1999 wurde Springsteen in die Rock and Roll Hall of Fame aufgenommen. Bei der Aufnahmezeremonie hielt Bono von U2 eine Rede, die es verdient, in Auszügen zitiert zu werden. Nachdem er davon gesprochen hatte, wie viele Rockstars ausbrannten, sich absurd aufführten oder einfach nur viel zu selbstverliebt waren, sagte Bono:

> Bruce Springsteen, das haben wir immer gewusst, wird nicht dumm sterben. Er glaubte nie an den Mythos, auf den so viele reingefallen sind. Stattdessen erschuf

er einen alternativen Mythos, der ein durchschnittliches Leben zu etwas Außergewöhnlichem und Heroischem machte ... Er schreibt über Amerika, und er kritisiert Amerika ... 1974 war ich vierzehn. Sogar ich wusste, dass die Sechziger vorbei waren. Es war die Ära von Softrock und Fusion. Die Beatles gab es nicht mehr. Elvis war in Vegas. Was war los? Gar nichts war los. Und dann kam Bruce Springsteen und rettete die Musik vor den Pseudos, die Lyrik vor den Folkies, die Lederjacken vor den Teds ... Ich saß in Dublin, Irland, und wusste genau, wovon er spricht. Hier war dieser Typ, der wie Brando rüberkam, wie Dylan, wie Elvis. Als ob John Steinbeck singen oder Van Morrison eine Harley-Davidson fahren könnte ... Es war etwas ganz Neues. Hier war der erste Anflug von Scorsese, der erste Hinweis auf Patti Smith, Elvis Costello und The Clash ... Amerika taumelte, als Springsteen auftauchte. Der Präsident trat mit Schimpf und Schande zurück, die USA hatten ihren ersten Krieg verloren. Es würde kein Öl mehr geben. Die Zeit des Herumgondelns in riesigen Autos würde bald vorbei sein. Aber Bruce Springsteens Vision war größer als ein Honda, größer als ein Subaru. Bruce ließ einen glauben, dass es da draußen noch immer Träume gab, aber dass sie nach all den Verlusten und Niederlagen nicht nur größer, sondern auch mutiger sein mussten. Er sang: »Now you're scared and you're thinking that maybe we ain't that young anymore«, weil man Mut haben musste, um jetzt noch romantisch zu sein. Zu wissen, dass man verlieren kann, hieß nicht, dass man den Trip nicht mehr machen würde. Tatsächlich war es wichtiger denn je, den Trip zu machen.

Es brauchte Mut, um romantisch zu sein oder volksnah oder häuslich; und in der nächsten Phase von Springsteens Karriere brauchte es Mut, um politisch zu sein. 1985 hatte Jon Pareles darauf hingewiesen, dass Springsteen »im Gegensatz zu den Politikern kein Programm für eine neue, goldene Zukunft anpreisen will ..., er beschreibt nur die allgemeine amerikanische Desillusionierung«. Aber Springsteens soziale Anliegen und die Plattform, die er dazu benutzte, inspirierten Jack Newfield von der *Village Voice* zu der Frage: »Kann Springsteen Begeisterung für Politik schüren?« Newfield beobachtete: »Springsteen singt gegen jene Tendenzen der Reagan-Ära an, die sich landesweit breitgemacht haben, Materialismus, Narzissmus, Hetze gegen die Gewerkschaften, den kapitalistischen Konkurrenzkampf.« Ein Artikel im *Christian Science Monitor* wies darauf hin, dass Rockstars durch Spendenaktionen wie Live Aid oder Farm Aid, die an das Gewissen appellieren, zu einer politischen Kraft geworden seien, und »auf niemanden trifft das mehr zu als auf Springsteen, der sich als der erste Star qualifizieren könnte, der von einem amerikanischen Präsidenten als Leumundszeuge rekrutiert wird«.

Es war eine Sache, über soziale Themen zu schreiben und zu singen, und eine andere, eine politische Führungsrolle zu übernehmen, und Springsteen war daran nicht gelegen. Sogar als die Reagan-Rede von 1984 Springsteen nötigte, einen politischen Kommentar abzugeben, gab er zu, dass er sich nicht als Wähler habe registrieren lassen und »nicht allzu viel über Politik« wisse: »Ich glaube, meine politischen Überzeugungen spiegeln sich in meinen Songs wider.« Schon früh in seiner Karriere war ihm klar, dass er nicht alles in Worten ausdrücken musste: »Ich will, dass die Leute selbst draufkommen. Sie sollen es anhand der Songs herausfinden. Das mache ich ja auch. Ich versuche, etwas herauszufinden.«

1992 sagte Springsteen nur: »Ich stell mich doch nicht hin und unterstütze irgendwelche Politiker.« Er selbst hatte immer daran geglaubt, dass Rock 'n' Roll an sich schon politisch sei und Veränderungen befördere und dass Elvis es nicht nötig hatte, offen politisch zu sein, um etwas zu bewegen – er musste nur die Hüften schwingen. Anfang 1996 sagte er: »Rockmusik hat für mich immer eine politische Botschaft gehabt. Eine libertinäre, befreiende Botschaft. Ich konnte es in Elvis' Stimme hören. Es lag in der Stimme. Man durfte damals nicht Elvis hören oder Jerry Lee Lewis, Robert Johnson oder Hank Williams. Aber sie erzählten die eigentliche Geschichte von Amerika.«

Springsteen war bei einigen politisch oder sozial motivierten Veranstaltungen aufgetreten (1979 bei No Nukes, 1985 bei We Are the World, 1988 bei Amnesty International), aber erst 1996 veränderte sich seine öffentliche Haltung zur Politik. In jenem Herbst ermutigte er sein Publikum in Kalifornien, gegen den Zusatzartikel 209 zu stimmen, mit dem die Finanzierung von Antidiskriminierungsprogrammen gekürzt werden sollte, dann spielte er »The Promised Land«. Wenige Wochen später erschallte aus dem Bus, mit dem Bob Dole, der Präsidentschaftskandidat der Republikaner, durch New Jersey tourte, lautstark »Born in the U.S.A.«. Daraufhin erhielt die *Asbury Park Press* folgenden Brief von Springsteen: »Ich las heute Morgen in Ihrer Zeitung, dass meine Musik gestern bei einer Kundgebung der Republikaner in Red Bank gespielt worden ist. Ich möchte klarstellen, dass dies ohne meine Erlaubnis geschah und ich kein Anhänger der Republikaner bin.«

Dann kam der 11. September 2001. Springsteen hatte schon vorher ein politisches Bewusstsein gehabt, aber die Katastrophe machte ihm klar, dass er nicht nur ein Rockstar war, sondern eine Person des öffentlichen Lebens, und er den

Fans eine Orientierungshilfe geben musste. Einige Tage nach der Tragödie begegnete er auf einem Parkplatz am Strand einem Fan, der ihm zurief: »Wir brauchen dich!« »Das gehört zu meinem Job«, sagte Springsteen zu einem Reporter. »Es ist eine Ehre, einen solchen Platz im Leben meiner Fans einzunehmen.«

Springsteen war tief bewegt davon, wie oft sein Name und seine Musik in den »Porträts der Trauer« in der *New York Times* und bei Trauerfeiern erwähnt wurden. Immer wieder tauchte »Thunder Road« in den Nachrufen auf, immer wieder erschienen Sätze wie diese: »Für Steven Lillianthal waren Springsteens Konzerte wie Luftballons. Man wollte sie festhalten, und eines war nie genug.« Über die Porträts sagte Springsteen: »Ich fand sie enorm wichtig – unglaublich beeindruckend.«

Die Tragödie bewegte ihn dazu, mit seiner Familie in die Kirche zu gehen: »Das machen wir manchmal, es ist eine kleine, intime Kirche. Ich mag die Menschen und den Pastor und wie er mit den Kindern umgeht [seinen drei Kindern]. Es hilft ihnen dabei, sich zu orientieren. Hier können sie über den 11. September nachdenken und diese Erfahrung mit einer Gemeinde teilen, in der alle sich damit auseinandersetzen, was dieses Ereignis in spiritueller Hinsicht für uns bedeutet.«

Musikalisch reagierte Springsteen mit dem Album *The Rising*, für das er erstmals seit 1984 wieder neues Material mit der E Street Band eingespielt hatte. Mit Songs über Liebe und Verlust, Erlösung und Auferstehung und die Heldentaten ganz gewöhnlicher Menschen war Springsteen unter den ersten Künstlern, die nachhaltig auf den 11. September reagierten. Er arbeitete zum ersten Mal mit dem Produzenten Brendan O'Brien zusammen, und der volle neue Sound wies zwar einige der typischen Merkmale des alten auf (beispielsweise die Dur/Moll-Wechsel, die *Born to Run* so einen Drive verliehen hatten), brachte aber auch Neues: »O'Brien stellte die Gitarren anstelle der Keyboards in den Vordergrund und ließ Mr. Springsteen singen, anstatt zu schreien, außerdem schmuggelte er eine Country-Fidel oder einen Gospelchor in einige der Arrangements.« Kurt Loder schrieb im *Rolling Stone*: »Wie schon *Born in the U.S.A.* klingt auch *The Rising* ganz anders als alle anderen Alben aus dieser Zeit. In einer Ära des düsteren, überladenen Rock fährt es harten, klaren Gitarrensound und wuchtige Beats auf. Jeder einzelne Song des Albums handelt auf die eine oder andere Weise von romantischer Sehnsucht und dem Streben nach menschlicher Bindung. Zuletzt ergeben sie alle ein großes Ganzes.«

A. O. Scott nannte Springsteen den »Dichterfürst des 11. September« und schrieb einen scharfsinnigen Artikel über Springsteens kreative Laufbahn: »Seit *Born to Run*, jenem Album, auf dem er seine prophetische Gabe zuerst entdeckte, haben Springsteens Texte den ewigen Rock'n'Roll-Themen wie Verlangen, Frustration, der Sehnsucht nach Freiheit schon oft einen religiösen Touch verliehen. Er verband Berrys Vokabular, das aus Autos, Gitarren und hübschen Mädchen bestand, mit der Rede von Apokalypse und Erlösung, von Reinigung und Vergebung. Und es sind nicht bloß Themen: Die Dialektik von Verzweiflung und Triumph ist in die musikalische Struktur und akustische Textur der Songs eingewebt, die genau jene Emotionen, die in Worten beschrieben werden, wiedergeben und auch beim Zuhörer hervorrufen.«

Stärke, Glaube, Hoffnung und Liebe sind die Substantive von »Into the Fire«, dem zweiten Song von *The Rising*. Und sowohl »Waiting on a Sunny Day«, »Let's Be Friends« als auch »Mary's Place« erinnern alle auf ihre Art an den Traum von Liebe und das Versprechen des Rock'n'Roll. »Hoffnung ist alles, was die Menschen haben ... Hoffnung, die in der realen Alltagswelt verankert ist, in Freundschaft, Arbeit, Familie, dem Samstagabend«, sagte Springsteen. »Und dort findet man sie auch. Dort habe ich immer Glauben und Mut gefunden. In diesen einfachen Dingen, nicht an irgendeinem immateriellen Ort oder im Abstrakten. Und ich versuche schon mein Leben lang über diesen Grundgedanken zu schreiben.«

Der Erfolg von *The Rising* ließ die Forderungen, Springsteen solle in die Politik gehen, nur lauter werden. Im Herbst zirkulierte eine Petition, in der eine Gruppe Springsteen als parteilosen Kandidaten für den Posten des Senators von New Jersey nominieren wollte. »Wenn ich nominiert werde, stelle ich mich nicht zur Wahl. Wenn ich gewählt werde, trete ich den Posten nicht an«, lautete Springsteens Antwort. Aber zwei Jahre später entschied er, dass die Zeit gekommen sei. Er wollte zwar nicht für ein Amt kandidieren, aber die eigene Plattform dazu nutzen, für politischen Wandel einzutreten.

Im August 2004 schrieb Springsteen einen Leitartikel für die *New York Times*. Die Überschrift lautete: »Akkorde für den Wechsel«, und er verkündete, dass er Mitglied einer größeren Gruppe von Musikern sei, die unter dem Motto »Wählt den Wechsel« auf Tour gehen würden. »Unser Ziel ist es, die Politik auf einen anderen Weg zu bringen und die jetzige Regierung im November abzuwählen«, erklärte er. »Ich habe mich in den vergangenen fünfundzwanzig Jahren immer aus der Parteipolitik rausgehalten, aber wenn man sich die Vorstellung ansieht, die die Bush-Regierung gibt, dann ist das Risiko, diese Wahl nur auszusitzen, einfach zu groß.« Während seiner gesamten Karriere habe er »gründlich darüber nachgedacht, was es heißt, Amerikaner zu sein«, und jetzt wäre es an der Zeit, für »dieses Land, das wir in unseren Herzen tragen« zu kämpfen.

Diese innigen Worte verraten ein tiefes Verständnis dafür, was den Amerikanern ihre Nation bedeutet. Springsteen erwähnte natürlich auch wieder das Geschichtsbuch, das ihn so maßgeblich beeinflusst hatte, als er es 1981 zum ersten Mal las, aber diesmal ging die Lektion einen Schritt weiter. Es hatte ihm geholfen zu verstehen, welchen Kräften sein Vater ausgesetzt war, und jetzt half es ihm dabei herauszufinden, was man dagegen tun könnte. In seiner Arbeit hatte er aufgezeigt, in welcher Hinsicht der amerikanische Traum eine Lüge war, jetzt suchte er eine Möglichkeit, ihn zurückzuerobern. Einem englischen Interviewer sagte er, dass das Buch von Commager und Nevin »mich enorm beeinflusst hat … Es ist eine faszinierende Geschichte der Vereinigten Staaten. Es handelt von den demokratischen Grundwerten, nach denen sich das Land manchmal gerichtet hat und manchmal auch nicht. Es war das erste Buch, das mir das Gefühl gab, Teil einer historischen Entwicklung zu sein, und mir klarmachte, dass wir täglich unseren Beitrag leisten und Anteil an allem nehmen müssen, was geschieht. Es ist so, als ob jetzt mein historischer Moment gekommen wäre. Wohin dein Land sich bewegt, liegt schließlich auch in deiner Hand.«

Bevor Springsteen am 1. Oktober in Philadelphia mit »Born to Run« loslegte, hielt er seine »Antrittsrede für den öffentlichen Dienst«, wie er es scherzhaft nannte, und sprach leidenschaftlich und in deutlichen Worten über Amerika:

»Unser Land ist noch immer voller Möglichkeiten, aber es wird Zeit, dass wir Amerika dazu bewegen, die Versprechen einzulösen, die es uns als seinen Bürgern gemacht hat – wirtschaftliche Gerechtigkeit, Bürgerrechte, Umweltschutz, Respekt für andere und Demut in der Ausübung unserer Macht zu Hause und überall auf der Welt. Das sind die grundlegenden Aufgaben für uns als Amerikaner … Amerika ist nicht immer im Recht – das ist ein Märchen, das man seinen Kindern abends vor dem Einschlafen erzählt, aber Amerika ist immer aufrichtig, und wenn wir unseren Grundsätzen treu bleiben, dann sind wir wirklich patriotisch. Lasst euch nicht mit weniger abspeisen.«

Ein großer Teil seiner Fans lehnte sein offenes politisches Engagement ab. Viele unter ihnen entstammten der konservativen Arbeiterklasse und tendierten zu den Republikanern. Ein Chatroom auf Springsteens Website lief unter der Überschrift »Bruce, halte dich aus der Politik raus«. Ein Beitrag lautete: »Ich bin seit über fünfundzwanzig Jahren ein Springsteen-Fan, und mich entsetzt es, dass er Wahlkampf für einen der Kandidaten macht.« Ein anderer beschwerte sich, Springsteen benutze seine Position innerhalb des Kulturbetriebs, die er auch deshalb erreicht habe, weil man seine Platten gekauft habe und zu seinen Konzerten gegangen sei, »um politisch gegen mich zu handeln«. Andere hatten damit kein Problem, sie gingen wegen der Musik zu den Konzerten und nicht wegen der Message. »Wir unterstützen Bruce und wir unterstützen Bush«, sagte ein Polizist, der ein T-Shirt mit der amerikanischen Flagge trug, auf dem zu lesen war: »Bruce-Fan. Bush-Fan.«

Springsteen trat viermal zusammen mit John Kerry, dem Kandidaten der Demokraten, auf, der »No Surrender« als Song für seine Kampagne benutzte. Am 1. November in Cleveland spielte Springsteen »Promised Land« und »No Surrender«, den dritten Song widmete er »einer Nachbarin, die nur einige Minuten entfernt von mir in New Jersey wohnt. Sie ist eine der Witwen vom 11. September, die als die Jersey Girls bekannt wurden, die nicht aufgegeben haben, als die Regierung die Untersuchungskommission mit Ausflüchten abspeisen wollte, und schließlich die Wahrheit ans Licht gebracht haben. Deshalb möchte ich diesen Song für sie spielen.« Und dann spielte er »Thunder Road«.

Wie enttäuscht Springsteen auch vom Ausgang der Wahl gewesen sein muss, er tat das, was er immer tat, und fand Trost in seiner Musik und beim Schreiben. Er trat bei verschiedenen Benefizkonzerten auf, beendete ein neues Soloalbum und bereitete eine mehrteilige CD-Edition vor, die anlässlich des 30. Jahrestages von *Born to Run* erscheinen sollte.

Devils and Dust hieß das Soloalbum, das Springsteen im April 2005 herausbrachte und auf dem er weiterhin den Fragen nachging, die er zuerst vor dreißig Jahren formuliert hatte. Springsteen erklärte den Zusammenhang: »Auf *Born to Run* herrscht die Sehnsucht nach Befreiung vor – aber was dann? Der Wunsch, vorwärts- und voranzukommen – aber wohin? Auf *Devils and Dust* versuche ich diese Fragen zu beantworten. *Born to Run* war deshalb so wichtig, weil es einige meiner Hoffnungen und meiner Leidenschaften ausdrückte … Natürlich mit einer ganz gehörigen Portion Angst im Rücken.«

Die meisten Songs von *Devils and Dust* waren schon zehn Jahre früher entstanden, aber das machte nichts. Genauso wenig wie es 2001 etwas ausgemacht hatte, dass Springsteen »City of Ruins« bereits ein oder zwei Jahre vor dem 11. September geschrieben hatte. Ein künstlerisches Werk ist manchmal nah am Puls der Zeit (wie *Born to Run* und *Born in the U.S.A.*) und manchmal nicht, und dann wieder ist es seiner Zeit voraus. Springsteen benutzte gelegentlich das Beispiel vom Kanarienvogel im Kohlebergwerk als Metapher für die Arbeit des Künstlers. Kanarienvögel wurden dazu benutzt, die Bergleute zu warnen, wenn Methangas ausströmte. Wenn das geschah, starb der Vogel. Mit seinen Songs will Springsteen auch warnen. »Ein Sänger ist immer auch so etwas wie früher der Kanarienvogel im Kohlebergwerk«, bemerkte Springsteen. »Wenn es dunkel wird, dann musst du singen. Jetzt ist es dunkel. Das amerikanische Ideal ist eine wunderbare Sache. Es muss erhalten, unterstützt, geschützt und besungen werden.«

Der Titelsong, der eigens für das Album geschrieben worden war, drückt die Ängste eines Soldaten aus, der sehr weit weg von zu Hause ist und sich fragt: »What if what you do to survive / kills the things you love« [Was ist, wenn das, was man für das Überleben tun muss / alles vernichtet, was man liebt]. Das Album erzählt von den Sorgen sehr unterschiedlicher Figuren – Cowboys, Boxer, Einwanderer, Verlierer und Desperados, die sich am Rande der amerikanischen Gesellschaft durchschlagen. »Es ist persönlich und es ist politisch«, sagte Springsteen. »Ich singe wieder über dieselben Ideale: Fairness, Gerechtigkeit, einen Platz zu finden, den man stolz Heimat nennen kann.« Und es geht um Liebe.

Die Vorstellung von einem Zuhause und von Liebe kehrt immer wieder: »I could walk you all the way home« [Ich würde dich den ganzen Weg nach Hause begleiten], »I knew the fight was my home« [Ich wusste, der Kampf war mein Zuhause], »It's your love here that keeps me alive« [Nur deine Liebe hält mich hier noch am Leben], »I wanna find me a world where love's the only sound« [Ich will eine Welt finden, wo nur die Liebe erklingt], »Love leaves nothing but shadows and vapors« [Von der Liebe bleibt nichts als Schatten und Wahn], »I walk the valley of love and tears and mystery« [Ich wandere im Tal der Liebe und der Tränen und der Geheimnisse], »For your love, I give God thanks« [Für deine Liebe danke ich Gott]. Und in »Jesus Was An Only Son« brauchten die Worte gar nicht mehr aufzutauchen, weil diese Hymne von unendlicher Liebe und von Heimkehr spricht. Eine Mutter betet:

Sleep tight, my child, sleep well
For I'll be at your side
That no shadow, no darkness, no tolling bell
Shall pierce your dreams this night

[Schlafe nur, mein Kind, schlafe gut
Denn ich bin an deiner Seite
So dass kein Schatten, keine Dunkelheit und kein Glockenschlag
Deinen Schlaf heute Nacht durchdringen kann]

Aber es herrscht eine tiefe Traurigkeit, denn am Ende kann die Mutter ihr Kind nicht beschützen. »There's a destination that can never be reached« [Es gibt ein Ziel, das wir nie erreichen können], singt der Erzähler. Während der *Devils and Dust*-Tour kündigte Springsteen den Song immer mit einer längeren Erklärung an, welchen Einfluss die Kirche und die katholische Schule auf seine Erziehung hatten. In einem Monolog, der manchem Fan Tränen in die Augen trieb, erzählte er, dass er sich Jesus immer als den Sohn einer Mutter vorgestellt habe, und schloss mit diesen Worten:

Das Erste, was einem auffällt, wenn man selber Kinder hat, ist, dass man alles tun würde, um sie zu schützen, und das Zweite ist, dass man das nicht kann. Man muss sich klarmachen, dass die Entscheidungen, die wir im Leben treffen, durch das Bedeutung erlangen, was wir dafür opfern; wir entscheiden uns für etwas und geben dafür etwas anderes auf. Ich stellte mir immer vor, dass Jesus auch darüber nachgedacht hat, was er alles aufgeben musste. Dass es zu jener Jahreszeit so schön in Galiläa war, dass es dort diese kleine Bar gab, gleich am Strand, wo sie einen Manager suchten, und Maria Magdalena könnte dort am Tresen arbeiten, und er selber würde nur am Wochenende predigen gehen, sie könnten einen Haufen Kinder bekommen und zusehen, wie die Sonne ihnen ins Gesicht scheint, wie sich nachts im Schlaf ihre Lungen mit Luft füllen, und das alles an jedem einzelnen Tag, und am nächsten wieder und am übernächsten und immer so weiter.

Diese explizite Hinwendung zum Religiösen war ungewöhnlich, obwohl die Rede von Glaube und Erlösung von Anfang an Springsteens Werk durchdrungen hatte. »*Born to Run* war eine spirituelle Platte, die von Wertvorstellungen handelte ... Es ging wirklich um den Glauben und die Suche nach Antworten«, sagte Springsteen einmal. Aber plötzlich stürzten sich die Kritiker auf den religiösen Aspekt. Die *New York Times* titelte: »Enttäuscht von John Kerry wendet sich der Boss jetzt einer höheren Autorität zu«. (Eine andere Überschrift lautete: »Wiedergeboren in den U.S.A.«)

Springsteen, der sagt, er sei kein Kirchgänger, räumt ein, dass er mit der Zeit »sehr viel weniger ablehnend« gegenüber den katholischen Metaphern in seinem Werk geworden sei. Er sagte: »Das ist nichts Schlechtes. Da war diese faszinierende Welt voller starker Bilder, die lebendig und vital und dynamisch waren, sie waren zugleich angsteinflößend und versprachen einem Entrückung und die Wonnen des Paradieses. Und daraus entstand diese unglaubliche innere Landschaft in einem selbst.«

Springsteen spielte während der Tour zuletzt immer eine atemberaubende Version von »Dream, Baby, Dream«, einem Song von Suicide, zu dem er einige Zeilen hinzugedichtet hat. Er saß am Harmonium, dazu spielten Synthesizer, und der Song war teils Schlaflied, teils Hymne, sehr musikalisch, und dauerte über acht Minuten, in denen immer wieder die

Worte »Dream, Baby, Dream« wiederholt wurden. Er singt: »Keep the fire burning« [Halt das Feuer am Brennen] und wiederholt immer wieder: »Dry your eyes / I just wanna see your smile« [Trockne deine Tränen / ich will doch nur dein Lächeln sehen]. Und die Bitte »Come on, open up your heart« [Komm, öffne dein Herz] ist sowohl romantisch als auch spirituell gemeint. Er steht vom Harmonium auf, aber die Synthesizer spielen weiter. Zuerst klingt der Song wie ein Klagelied von jemandem, der dir sagt, du sollst die Hoffnung nicht aufgeben, auch wenn es keinen Grund dafür gibt, zum Ende hin wird er schneller und hebt himmelwärts ab. Bruce geht von der Bühne und hat seine Botschaft vom Glauben und der Kraft der Träume verkündet. Dreißig Jahre nach dem entschwundenen amerikanischen Traum von *Born to Run* ist Springsteen zu seinem Glauben an Träume und Visionen zurückgekehrt.

In Kombination mit Themen wie Flucht, Gerechtigkeit und Heimat vertiefte Springsteens spirituelle Vision die Konturen einer amerikanischen Identität, der er seit dreißig Jahren nachspürte. 2005 erstand auch *Born to Run* wieder auf in einer neuen CD-Edition, die eine remasterte CD enthielt, eine Dokumentation über die Entstehung von *Born to Run* mit dem Titel *Wings for Wheels* und eine DVD mit einem Konzertmitschnitt vom 18. November 1975 im Hammersmith Odeon, jenem Auftritt, der in der britischen Presse so unterschiedliche Resonanz erzeugt hatte. Das war die Gelegenheit, das Meisterwerk nach dreißig Jahren einer erneuten Prüfung zu unterziehen.

Anlässlich des Jahrestages sagte Springsteen über sein Album: »Alles, was ich wusste und wovon ich träumte, legte ich in diese Songs. Ich wollte gut sein, etwas mit Leidenschaft tun, etwas einfangen von dem Leben, das ich mir selbst wünschte.« In der Sendung *Fresh Air* erklärte er Terry Gross, dass die Protagonisten von *Born to Run* vor etwas davonliefen, aber auch nach etwas suchten. »Und da war immer auch die Frage: Wo will ich leben? Wer bin ich? Wo ist mein Platz? Meine Figuren rebellieren nicht wirklich. Ich hatte immer das Gefühl, dass sie Außenseiter sind, die irgendwo dazugehören wollen.« Und wenn sie diesen Ort erst gefunden hätten, dann würden sie dort leben und arbeiten und ihre Kinder aufziehen. Darum drehe es sich bei seiner Musik, sagte er und fügte lachend hinzu, natürlich auch um die eine Sache, um die es bei der Rockmusik schon immer gegangen sei: »Kann ich dich rumkriegen?«

Nick Hornby fragte Springsteen, warum Songs wie »Thunder Road« und »Born to Run« nach dreißig Jahren noch immer funktionieren würden. Springsteen antwortete: »Die Leute haben diese Songs zu ihren eigenen gemacht. Und dafür habe ich richtig hart gearbeitet. Ich biete etwas an, das wirklich gebraucht wird, zumindest glaube ich das. Es liegt im Grunde daran, dass man versucht, es richtig zu machen, jedes Jahr wieder. Das ist die Motivation, da rauszugehen. Man will hören: ›Hey, ich kenn den Typ! Er ist wie ich!‹ Denn ich kann mich gut daran erinnern, dass ich selbst so viele Bedürfnisse hatte und mich Sachen wie Popmusik und zweitklassige Filme angesprochen haben, alles, was damals als Schund galt ... Aber ich fand so zu meinem wahren Selbst, und ich konnte so auch mein altes Selbst verstehen – den Menschen, der ich damals war.«

Jon Pareles erinnerte die Leser dreißig Jahre später daran, dass dieses Album Springsteen »von einem Lokalmatador in eine amerikanische Rock-Ikone« verwandelt hatte. »Hier kommen präzise Poesie und opernhafte Intensität zusammen«, schrieb Ashley Kahn im *Wall Street Journal*. Und Robert Christgau schrieb im *Blender*: »Das größte Problem bei diesem Album, das Bruce Springsteen 1975 den Durchbruch verschaffte, war immer die schamlose Weise, in der es seine eigene Großartigkeit verkündete … Trotzdem klingt es heute sogar noch besser als früher.«

Autoren wie Pareles und Christgau waren unter den Ersten, die damals über das Album geschrieben hatten. Der Jahrestag bot einer sehr viel jüngeren Generation von Journalisten erstmals die Gelegenheit, sich mit *Born to Run* auseinanderzusetzen. Clayton Purdom, der Musikkritiken für die Website cokemachineglow.com schreibt, blickte zurück und schätzte die Bedeutung des Albums folgendermaßen ein:

»Springsteen steht für nichts Geringeres als die Brücke zwischen dem klassischen Rock unserer Eltern und Punkrock, auf den alle heute relevanten Musikstile zurückgehen (außer Hip-Hop natürlich). Die alte Mär geht ja so, dass die Ramones und ihresgleichen auf die müden Rock-Dinosaurier damit reagierten, dass sie den Rock auf seine einfachsten Nenner reduzierten, und so die Alternativrock-Pose und konzeptuelle Flachwichserei der Siebziger demontierten. Diese Geschichte stimmt ja so weit, aber erwähnt nicht, dass Springsteen der Erste war, der das tat, und zwar ohne das Schönste am Rock'n'Roll zu opfern, nämlich seine immense kulturelle Kraft, und er tat es auf eine Art und Weise, die den gewöhnlichen Leuten etwas sagte, nämlich denen, für die Rock'n'Roll gedacht ist, nicht irgendwelchen lederbehosten Schickimickis in irgendwelchen New Yorker Kellern. Er war der Erste und der Größte, und er hat es am besten gemacht. Und er tat es mit *Born to Run*.«

In einem ähnlich wachen Bewusstsein für generationenübergreifende Themen brachte das Online-Magazin *Stylus* eine Eloge auf die Single: »Wenn es jemals einen Song gab, der eine zweite Chance verdient hat, ein Jahrzehnt nachdem die Babyboomer ihn bis zum Erbrechen in ihren schwächelnden Autostereoanlagen abgenudelt haben, dann ist es ›Born to Run‹. Vier Minuten, die alles Wesentliche über Springsteen enthalten.« Das Album »besteht, weil es Ehrlichkeit gegen Zynismus setzt und sich ganz der Hoffnung verschreibt, auch wenn das Scheitern unausweichlich ist. All das hätte *Born to Run* zum uncoolsten Album aller Zeiten machen müssen. Stattdessen wurde es eines der besten. Und ist es immer noch.«

Es überrascht nicht, dass der 30. Jahrestag von *Born to Run* einige Kritiker dazu anregte, sich in die damalige Zeit zurückzuversetzen. So schrieb Eric Alterman von der *Nation* in seinem Artikel »Tramps wie wir« darüber, dass er gerade fünfzehn war, als das Album erschien, und es »die schlimmste Zeit überhaupt war, in der man aufwachsen konnte.« Altermans Essay lässt den gesellschaftlichen und kulturellen Kontext wieder aufscheinen, in dem das Album entstand und rezipiert wurde. »Das Jahrhundert Amerikas«, erklärt er, »schmolz wie billiges Plastik in der Sonne … In einem Amerika nach Watergate und Vietnam bröckelten die wirtschaftlichen Fundamente des Wohlstands … Die Popkultur, die in den Sechzigern noch Leidenschaft, Energie und Kreativität besessen hatte, war am Verschwinden, stattdessen machten sich Langeweile und Kommerzialisierung breit. In diesen Kontext schlug *Born to Run* ein, weil das Album wegweisend für die damalige Zeit und in seinen Themen doch zeitlos war.«

Nicht alle lobten Springsteen für diese Leistung. Der Senat von New Jersey beschloss per Abstimmung, dass der 30. Jahrestag mit einer Ehrung begangen werden sollte, aber der US-Senat tat nichts dergleichen. Der Antrag wurde von den Senatoren John Corzine und Frank Lautenberg aus New Jersey eingebracht. Solche Anträge, jemanden zu ehren oder auszuzeichnen, werden üblicherweise angenommen, aber Senator Bill Frist, Fraktionschef der republikanischen Mehrheit, verhinderte, dass der Antrag zur Wiedervorlage kam. Diese Boshaftigkeit war die politische Revanche dafür, dass Springsteen John Kerry öffentlich unterstützt hatte. Der Schriftsteller Harlan Coben schrieb in der *New York Times*, die Ironie bestünde darin, dass »viele der Figuren aus Mr. Springsteens Songs – Fabrikarbeiter, Soldaten, die hart Arbeitenden auf der Suche nach Zerstreuung, all die Freitagnacht-Pilger auf der Flucht vor dem Alltag – die Republikaner wählen würden«.

Born to Run war natürlich weder demokratisch noch republikanisch, jung oder alt, Ost- oder Westküste, sondern einfach amerikanisch. Lester Bangs hatte das erkannt, als er 1975 über das Album schrieb: »Bruce Springsteen ist ein amerikanischer Archetypus.« Springsteen selbst sagte, dass er amerikanische Musik mache und es ihn interessiere, »was es bedeutet, in Amerika zu leben ... und die Distanz zwischen den amerikanischen Idealen und der amerikanischen Wirklichkeit zu vermessen«. Und das ist keine ganz einfache Aufgabe. Es bedeutet, dass er auf musikalischen Wegen unterwegs ist, die vom Gospel, Rhythm & Blues, Soul und Rockabilly bis zu Folk, frühem Pop und Rock'n'Roll verlaufen. Es bedeutet, dass er auf lyrischen Pfaden wandelt, die schon Ralph Emerson, Herman Melville und Walt Whitman, Mark Twain, John Steinbeck, Ralph Ellison, Flannery O'Connor, Jack Kerouac, Raymond Carver und Cormac McCarthy bereist haben. Es bedeutet, dass er sich in denselben Bildwelten bewegt wie John Ford und Martin Scorsese, Dorothea Lange und Robert Frank.

Und vor allem bedeutet es, dass er sich damit beschäftigt, was es heißt, Amerikaner zu sein – mit den großen Fragen nach Identität und Ort, Werten und Moral, Individualismus und Gemeinschaft, Liebe und Heimat. Diese Fragen betreffen natürlich nicht nur Amerika, sondern die gesamte Menschheit. Aber im amerikanischen Kontext haben sie immer eine ganz besondere Rolle gespielt. Ein Grundpfeiler der amerikanischen Identität ist der Freiheitsgedanke. Das hat Springsteen immer wieder formuliert:

> Die beste Popmusik handelte immer von Befreiung. Bob Marley, Bob Dylan, Elvis Presley, James Brown, Public Enemy, The Clash, die Sex Pistols. Das waren alles Popgruppen, die unglaublich viele Leute dazu ermutigt haben, sie selbst zu sein und etwas über ihre eigene Identität herauszufinden. Sich einen Standpunkt und eine Haltung zuzulegen. Und vielleicht auch, auf ihre Umgebung Einfluss zu nehmen. Solche Musik hat Auswirkungen auf alle Lebensbereiche ... Und darum geht es auch bei meinen Themen, den Sachen, die mich beschäftigen ... Ich spreche von euren Familien, eurem Land. Von eurem Samstagabend in der Kneipe, wenn ihr tanzen geht und eine gute Zeit habt. Von euren Beziehungen zu den Menschen, die ihr liebt und die euch lieben. Für mich waren das die Dinge, die ich in der Popmusik finden konnte. In der Schönheit der Stimmen, in den Gefühlen, die die Musik in mir auslöste. Und auch deshalb, weil sie mir eine Vorstellung davon vermittelte, was ich selber tun könnte.

Springsteen hat die Fluchtfantasie nicht erfunden, sie ist in der amerikanischen Kultur tief verwurzelt und reicht zurück bis in die Gründungszeit der Nation, als Abenteurer und Dissidenten, Erfinder und Visionäre die Neue Welt als Chance ansahen, sich selbst neu zu erfinden, um besser und selbstbestimmter leben zu können. Und für viele andere, die nicht freiwillig, sondern aus der Not heraus hierherkamen, begann dieser Traum in dem Moment, als sie ihren Fuß an Land setzten. Eine Generation nach der anderen kam auf der Suche nach etwas, in der Hauptsache Auswanderer, die erst die Zustände in ihrer Heimat hinter sich lassen wollten, und dann jene, die sie bei ihrer Ankunft vorfanden.

Springsteen lieferte einer bestimmten Generation in einem bestimmten historischen Moment ihren Soundtrack. Dass das Album auch von der Sinnsuche und der ihr innewohnenden Vergeblichkeit handelte, verlieh ihm nur noch mehr Kraft und Romantik. 1975 habe ich mir *Born to Run* immer und immer wieder angehört. Ich habe es aufgesogen, darüber meditiert, es verinnerlicht und darauf reagiert – ich habe es mir ganz zu eigen gemacht. Das Album hat meine Vorstellung beflügelt, meine eigenen Ängste ausgedrückt, mich dazu ermutigt, meine eigenen Fluchtfantasien zu nähren und nach Bindungen zu suchen. Und über 30 Jahre später tut es das noch immer.

Zugabe: »Hey, What Else Can We Do Now?«

»Es ist peinlich, so viel von Musik zu wollen und so hohe Erwartungen zu hegen, aber manchmal werden sie eingelöst – nimm die *Sun Sessions, Highway 61, Stg. Pepper*, The Band, Robert Johnson, *Exile on Main Street, Born to Run* – ups, das wollte ich eigentlich gar nicht erwähnen.«

– *Bruce Springsteen, 2005*

Während der Vorbereitungen für die Welttournee im Oktober 2007, um das neue Album *Magic* vorzustellen, sprach Scott Pelley in seiner Sendung *60 Minutes* mit Roy Bittan und Steve Van Zandt. Er fragte sie, ob es ihnen nicht auf die Nerven gehe, nach dreißig Jahren immer noch »Born to Run« zu spielen.

Bittan erzählte daraufhin, wie Tony Bennett in einem Interview einmal gefragt wurde, ob er es nicht satthabe, »I Left My Heart in San Francisco« zu singen. Seine Antwort war: »Dieser Song hat mir alles ermöglicht.« »Und genau das, genau so ist es«, sagte Bittan. Van Zandt gab eine andere Antwort. Lachend sagte er: »Ich denk mal, wenn wir noch ein paar Touren machen, dann werde ich das Stück endlich richtig spielen können. Aber du weißt ja, Leben ist Hoffen.«

Im Jahr 2007 versuchte Springsteen ebenfalls, die Hoffnung nicht aufzugeben, und zwar für sein Heimatland, das er in die falsche Richtung abdriften sah. Er war mehr denn je der festen Überzeugung, dass seine Musik einen wichtigen Beitrag leisten könnte. 2006 war *We Shall Overcome: The Seeger Ses-*

sions erschienen, und Bruce tourte mit einer beeindruckenden Band von achtzehn Leuten, die ein ganzes Seminar in amerikanischer Musikgeschichte anzubieten hatte: Folk, Country, Blues, Swing, Gospel, Zydeco, Rock. Springsteen spielte klassische amerikanische Folksongs wie »John Henry«, »Old Dan Tucker« und »Jacob's Ladder«. Außerdem brachte er auch Spirituals wie »Eyes on the Prize« und »We Shall Overcome«, die während der Bürgerrechtsbewegung eine wichtige Rolle gespielt hatten. Und er stellte einen eigenen neuen Song vor: »American Land«, eine Feier Amerikas als »Nation aus Nationen«, wie Whitman es so treffend formuliert hat. Der Song beginnt mit der Frage eines Einwanderers: »What is this land America so many people travel there?« [Warum wollen so viele Menschen in dieses Land Amerika reisen?] Und die Antwort lautet: »There's treasures for the taking, for any hard working man / who will make his home in the American Land« [Hier gibt es viel zu gewinnen für jeden rechtschaffenen Mann / der dieses amerikanische Land zu seiner Heimat macht].

Im Herbst 2007, als Springsteen *Magic* herausbrachte, sein fünfzehntes Studioalbum und das erste mit der E Street Band seit *The Rising*, sprach er über seine persönliche Vision:

»In meinen Songs geht es immer um die amerikanische Identität und um deine eigene Identität und die Masken hinter den Masken, sowohl was das Land angeht als auch dich selbst«, sagte er in einem *Rolling Stone*-Interview. »Mich beschäftigt, was es bedeutet, ein Amerikaner zu sein«, erläuterte er in der *60 Minutes*-Show. »Wie es ist, in Amerika zu leben. Mich beschäftigt, was das für ein Land ist, in dem wir leben und das wir unseren Kindern hinterlassen. Ich versuche zu definieren, was dieses Land ausmacht. Ich habe die Chuzpe oder wie man das auch immer nennen will zu glauben, dass es einen Unterschied macht, wenn ich einen wirklich guten Song darüber schreibe.«

In gewisser Weise war Springsteen das gelungen, was Bob Dylan unbedingt vermeiden wollte: sich den Protestsong wirklich zu eigen zu machen. Es war ihm natürlich klar, dass jeder erfolgreiche Song ein Leben außerhalb seines politischen Kontextes haben musste. Er musste für sich stehen und für den Zuhörer unterschiedliche Bedeutungen annehmen können. Sonst würde er durchfallen und nur eine Schlagzeile sein, kein Kunstwerk.

Die erste Zeile von »Livin' in the Future«, ein Song, der laut Springsteens Kommentaren auf der Bühne und in Interviews davon handelte, was sich gerade in Amerika abspielte, lautet: »A letter come blowin' in on an ill wind« [Ein böser Wind trug mir einen Brief ins Haus]. Dylans »Blowin' in the Wind« von 1963 war zur Hymne der Bürgerrechts- und Antikriegsbewegung der 1960er Jahre geworden. Er bezog sich nicht auf bestimmte Ereignisse, sondern stellte eine Reihe von Fragen, die nahelegten, dass die Antwort darauf »nur der Wind weiß«, eine zweideutige Aussage, die zugleich optimistisch und pessimistisch verstanden werden kann.

Springsteen ist offener in »Livin' in the Future«, das wieder seine langjährige Überzeugung ausdrückt, dass die Strophen der Blues und die Refrains der Gospel sind. Am Wahltag fällt die Entscheidung für ein autoritäres Regierungssystem, und die Freiheit »has sailed away on a bloody red horizon« [ist auf einem blutroten Horizont davongesegelt], eine Springflut verdunkelt die Sonne. Springsteen sagte in der *60 Minutes*-Show: »Wenn man an die amerikanische Identität denkt, dann wird dabei oft die Folter vergessen, die illegalen Abhörmethoden, die Wahlmanipulationen; man denkt dabei nicht an ein Gesetz zum Schutz der persönlichen Freiheit … All das gilt als antiamerikanisch.«

Auch wenn manche Texte auf *Magic* zu politisch wirkten (in »Last to Die« paraphrasiert er John Kerrys Ausspruch aus dem Jahr 1971 vor dem Senate Foreign Relations Committee, das über das Ende des Vietnamkriegs zu entscheiden hatte: »Wie macht man einem Mann klar, dass er der Letzte sein soll, der für einen Fehler sterben muss?«), knüpfen sie musikalisch und thematisch an das an, womit Springsteen sich zuerst auf *Born to Run* auseinandergesetzt hat. 2005, als er sich wieder mit dem Album beschäftigte, das längst zu einem Meilenstein geworden war, sagte er: »Ich hatte ganz vergessen, wie gut es ist.« Die Mischung aus Romantik und Düsternis, die seine frühe Arbeit ausmachte, trat auch bei *Magic* wieder hervor.

Der Titel des Albums lässt einen an die Zeile in »Thunder Road« denken: »There's magic in the night«. Jetzt heißt es allerdings: »The long night is as dark as a grave« [Die lange Nacht ist düster wie eine Gruft] (»Devil's Arcade«); »On the road the sun is sinkin' low / there's bodies in the trees« [Auf der Straße geht die Sonne unter / in den Bäumen hängen Tote] (»Magic«); »You can't sleep at night / you can't dream your dream« [Du kannst nachts nicht schlafen / du kannst deinem Traum nicht folgen] (»Your Own Worst Enemy«); »We took the highway until the road went black« [Wir fuhren den Highway runter, bis die Straße plötzlich im Dunkeln lag] (»Last to Die«); und dies ist »the last lone American night« [die endgültige einsame amerikanische Nacht] (»Radio Nowhere«).

Was Romantik betrifft, so findet sich in den Texten keine: In »Girls in Their Summer Clothes« heißt es: »She went away / she cut me like a knife« [Sie ist gegangen / sie hat mich tief verletzt], dazu erklingt ein übermütiger Beach-Boys-Riff. Nach dem Erzähler drehen sich die Mädchen in ihren Sommerkleidern nicht mehr um. Und »I'll work for your love« ist übervoll an religiösen Metaphern: »Your tears, they fill the rosary / at your feet, my temple of bones / here in this perdition we go on and on« [Deine Tränen reichen für einen ganzen Rosenkranz / zu deinen Füßen liegt mein knochiger Tempel / hier in der Verdammnis machen wir ewig so weiter].

Trotzdem ist das Album so zugänglich und rockig, wie es lange nicht von Springsteen zu hören war. Es erinnert an die Akkorde und Rhythmen von *Born to Run* (»I want a thousand guitars / I want pounding drums« [Ich will tausend Gitarren / ich will dröhnende Drums], singt er in »Radio Nowhere«). Kraftvolle Gitarren explodieren zu den artikulierten Klängen von Clemons' Saxofon, Bittans Klavier, Federicis Orgel, den wuchtigen Basslinien von Tallent und den Drumbeats von Weinberg. Für Springsteen steht das Album für »eine neu entfachte Liebe zur Popmusik«. Ein Song wie »Girls in Their Summer Clothes« ist für ihn zugegebenermaßen »einfach nur großartig. Ich glaube, ich habe es mir nie gestattet, so was Romantisches zu schreiben wie diesen Song, vielleicht nicht mehr seit ›Born to Run‹.«

Ein Kritiker bemerkte, auf *Magic* habe Springsteen »die Musik seiner Jugend wiederentdeckt …, und diese Entdeckung hat ihn aus den Fesseln jenes Bruce Springsteen befreit, der ›ein Mann des Volkes‹ sein wollte, und er konnte sich endlich wieder etwas amüsieren«. David Fricke schrieb im *Rolling Stone*: »Die Arrangements, die Performance und Brendan O'Briens Wall-of-Surf-Produktion sind gespickt mit direkten Anspielungen und beinahe wörtlichen Zitaten aus klassischen Alben, einschließlich Springsteens eigenen.« Tatsächlich erinnert das Klavier am Anfang von »I'll Work for Your Love« an »Jungleland«; »Livin' in the Future« ist eine Fortführung von »Tenth Avenue Freeze-Out«; »Devil's Arcade« zielt laut Ann Powers auf die Detailversessenheit früherer Balladen wie »Meeting Across the River« ab; »You'll be Coming Down« klingt »Orbison-artig«; »Girls in Their Summer Clothes« ist »Spector-mäßig«. Und Fricke weist darauf hin, dass »Last to Die« »loslegt wie ›Thunder Road‹, aber in eine abgrundtiefe Dunkelheit zielt«.

Aber wie kann man einen Ausweg aus dieser Dunkelheit finden, die die Kehrseite der Fluchtfantasie ist? Die Antwort gibt uns das schönste Stück des Albums, »Long Walk Home«. Es beginnt mit Gitarren, steigert sich, dann setzen die Drums und mit ihnen die ganze Band in der zweiten Strophe ein, nach der zweiten Wiederholung des Refrains erzählen Gitarre und Saxofonsoli von der Reise. Es geht um eine kleine Stadt, die schon längst nicht mehr das ist, was sie mal war, ein Ort voller Fremder, mit zugenagelten Läden, Anzeichen, die von Vergänglichkeit sprechen. Aber im »tiefen grünen Sommer, wenn der nächtliche Himmel erglüht«, sieht der Erzähler in der Ferne die Stadt, in der er geboren wurde, und begibt sich auf die Heimreise. Er wird sich allein auf den Weg machen. Zu Anfang geht es um das Ende einer Beziehung: »You just slipped something into my palm / then you were gone« [Du stecktest mir noch etwas zu / dann warst du weg]. Er wird versuchen, nach Hause zu kommen, aber zu Fuß. Keine Autos, keine Motorräder, keine Highways. »Everybody has a reason to begin again« [Jeder hat einen Grund, neu anzufangen], singt er, und er will damit anfangen, das wieder zum Leben zu erwecken, was einst war und nicht mehr ist.

> My father said »Son, we're lucky in this town
> It's a beautiful place to be born
> It just wraps its arms around you
> Nobody crowds you, nobody goes it alone
> That you know flag flying over the courthouse
> Means certain things are set in stone
> Who we are, what we'll do and what we won't«

[Mein Vater sagte: »Sohn, mit unserer Stadt können wir
zufrieden sein
ein wunderbarer Ort, um geboren zu werden
Sie umfängt dich mit ihren Armen
Niemand bedrängt dich, niemand muss sich allein durchschlagen
Und damit du's weißt: Die Fahne auf dem Gerichts-
gebäude
bedeutet, dass es gewisse Regeln gibt
Wer wir sind, was wir tun dürfen und was nicht«]

Der Song sagt uns nicht, wie wir nach Hause kommen oder wie wir jenen Ort wieder dazu machen können, was er einst war. Aber »ein wunderbarer Ort, um geboren zu werden« ist sehr weit entfernt von »dem Feuer, in das wir geboren wurden« aus »Backstreets«. Der Song akzeptiert, dass die Heimat so unerträglich für einen sein kann, dass man einfach fliehen muss. Er erzählt davon, dass es ein langer Weg zurück ist. Wir werden dort hingelangen, aber wir sollten den Aufbruch nicht hinauszögern. Wir erinnern uns, dass der Erzähler in »Thunder Road« hoffte, dass Mary bereit sei, den langen Weg auf sich zu nehmen. Der *London Observer* brachte es in einfachen Worten auf den Punkt: »Eine endlose Straße, ewig auf der Suche nach der Heimat: Das ist Amerika.«

Springsteen sagte über den Song: »Ein Typ kommt zurück in seine Stadt und erkennt nichts wieder, und keiner erkennt ihn. Der Sänger in ›Long Way Home‹ macht diese Erfahrung. Seine Welt hat sich verändert. Alles, was er zu kennen meinte, die Menschen, mit denen er etwas gemeinsam hatte, sind wie Fremde für ihn. Die Welt, die er einst kannte, ist ihm jetzt ganz fremd.« Springsteen fügte hinzu, dass er das Gefühl habe, genau das sei nach 2000 mit Amerika passiert.

Der Song ist nicht nostalgisch, er soll nicht die Vergangenheit verklären. Eigentlich »weise er eher in die Zukunft«, schlägt Springsteen vor und lädt uns dazu ein, uns Gedanken darüber zu machen, »ob und wie Amerika die Versprechen eingelöst hat, die es seinen Bürgern gab«. In der *Nation* ging David Corn auf das Thema Nostalgie näher ein:

> Springsteen … schwelgt nicht etwa in Nostalgie … Er formuliert ein Bedürfnis. Rock 'n' Roll handelte immer von Sehnsüchten. Früher ging es um Sex, um Liebe, um ein schnelles Auto oder ums Durchbrennen. Man kennt das ja, »it's a death trap, it's a suicide rap« und so weiter. Aber als er sich umschaute und bemerkte, dass die Nation in Not geraten war, da sah die Kleinstadt, die Springsteen als junger Mann unbedingt hinter sich lassen wollte, auf einmal gar nicht mehr so übel aus. Denn sie steht für die wichtigsten amerikanischen Werte: Gemeinschaft, Anteilnahme, Gesetzestreue. Also brachte er die Band wieder zusammen und nahm den Rock zu Hilfe, dessen Sprache er so gut beherrscht, um seine heutigen Sehnsüchte mit uns zu teilen. Mit achtundfünfzig Jahren weiß Springsteen, dass es nicht ums Davonlaufen geht, sondern darum, zurückzukehren. Und obwohl die Musik abhebt, ist seine Botschaft vollkommen realistisch: Das wird kein Spaziergang.

Und so geht die Reise weiter, die vor über dreißig Jahren begonnen hat, als *Born to Run* veröffentlicht wurde. 1984 sagte Springsteen über *Born to Run*: »Ich hatte immer das Gefühl, dass es mein Geburtstagsalbum ist. Plötzlich war es da – paff! Etwas ist passiert, etwas hat sich herauskristallisiert, und man weiß noch nicht mal, was es ist.« Die Musik auf dem Album und das ganze Werk seitdem, bemerkte A. O. Scott scharfsinnig, sei keine Musik, aus der man herauswächst, vielmehr wachse man an ihr und mit ihr. Und es ist eine Musik, die für viele Zuhörer prägend war. Aber wie bemisst man den Einfluss, den ein Song oder ein Album auf das eigene Leben hat? Wie können sie uns zum Aufbruch bewegen oder uns auf unserer Reise unterstützen? Es gibt Songs, die enorme Bedeutung für uns haben, von denen wir wollen, dass sie bei unserer Hochzeit oder bei unserer Beerdigung gespielt werden, Songs, die uns jedes Mal, wenn wir sie hören, innehalten lassen, um zurückzudenken, zu lächeln, zu singen, wieder Feuer zu fangen.

Und vielleicht sogar mehr als das. Vielleicht gibt es Musik, die unser Leben verändert oder gerettet hat. Für Springsteen war das so: »Der Rock'n'Roll klopfte an meine Tür, als ich keinen Ausweg wusste. Alles erschien mir wie eine Sackgasse, und es gab nichts, was ich tun wollte, außer mich umzudrehen und zu schlafen. Und da war er – schlich sich in mein Haus und eröffnete mir eine Welt voller Möglichkeiten.« Und 1984 sagte er: »Ich weiß, dass der Rock'n'Roll mein Leben verändert hat. Es war etwas, woran ich mich halten konnte. Ich hatte gar nichts. Vorher war alles nur ein Reinfall für mich gewesen. Der Rock gab mir ein Gefühl dafür, wer ich bin.«

Springsteens Biograf Dave Marsh sprach in genau diesen Worten über Rock'n'Roll, als er *Born to Run: The Bruce Springsteen Story* (1979) veröffentlichte; das Buch wurde ein Bestseller und hat das Genre »Rockbiografie« mitbegründet. Marsh schrieb: »Ich glaube daran, dass der Rock'n'Roll Leben gerettet hat, weil ich weiß, dass er meins entscheidend geprägt hat ... Wir hatten nichts, und der Rock gab uns das Gefühl, dass wir alles haben könnten.« Aber bevor Springsteen kam, dominierten Plagiatismus und Kommerz die Rockszene. »Der Rock hat mir das Leben gerettet«, betont Marsh, »aber er hat mir auch das Herz gebrochen.«

Springsteens Musik, und besonders *Born to Run*, rettete oder veränderte die Leben vieler Menschen. Eine solche Geschichte erzählte beispielsweise Nishant Dahiya am 6. Oktober 2007 in einer Sendung des National Public Radio. Der gebürtige Inder hörte *Born in the U.S.A.* zum ersten Mal, als er gerade neun Jahre alt war und die vierte Klasse besuchte. Er konnte diesen Sound nie mehr vergessen. Zehn Jahre später, als er eine Ausbildung zum Ingenieur machte, legte er das eben erschienene *Live*-Album auf und hörte »Thunder Road«. »Dieser unglaubliche Song, der vom Leben, von der Liebe und von einer zweiten Chance handelt, sprach mich in dieser Nacht direkt an«, sagt er. »Als er die letzte Zeile sang, da verstand ich die unausgesprochene Botschaft: Ich musste hier raus. Ich sollte das tun, was ich wirklich tun wollte. Eine Entscheidung treffen und mein Glück versuchen. Denn worum geht es sonst im Leben, wenn nicht darum, etwas zu riskieren – nicht nur in der Liebe, sondern überhaupt. Es war nicht so, dass der vierminütige Song der einzige Auslöser für mich war, einen anderen Weg einzuschlagen. Aber in jener Nacht, als ich über meinen Büchern saß, die mich nicht interessierten, und den Taschenrechner am liebsten an die Wand geknallt hätte, da wurde mir in einem dieser seltenen Momente auf einmal alles ganz klar. Und jetzt, zehn Jahre später, bin ich in Amerika, und ich habe ein Ticket mit einer Platznummer drauf. Denn heute fahre ich nach Philadelphia, um Bruce Springsteen zu sehen.«

Oder man nehme diesen Eintrag auf der Webseite www.rateyourmusic.com: »Diese Platte hat mein Leben verändert. Sie ließ mich an die Kraft des Rock'n'Roll glauben, und sie gab mir das Gefühl, egal wie klein und unbedeutend mein Leben ist, da draußen gibt es jemanden, der versteht, was ich durchmache, und der all dem Feuer, in das wir geboren wurden, Ausdruck verleihen kann. Danke, Bruce!«

Oder diesen Kommentar von Graziano Romani: »Ich saß im Auto meines Vaters und hörte Radio, da kam der Song ›Born to Run‹. Und von dem Moment an hat sich mein ganzes Leben verändert. Plötzlich gab es Bruce. Und er gab mir so viel an Vertrauen, Stärke und Gefühl ... Bruce hat es mir ermöglicht, selber zu singen.«

Oder die Erinnerungen von Sarfraz Manzoor, einem sechzehnjährigen Pakistani aus dem Osten von London, der sich »Born to Run« immer wieder angehört hat: »Für einen pakistanischen Teenager bestand das Leben im Arbeiterbezirk Luton während der achtziger Jahre aus einer nervösen Klaustrophobie. In meiner Jugend kannte ich kaum etwas von den Dingen, die diese Zeit ausmachen sollten: Ferien, mit seinem Vater Fußball spielen, Weihnachten mit der Familie feiern; ich wusste gar nicht, was es außer unserem Reihenhaus sonst noch auf der Welt gab. Ich wusste, dass es einen Ausweg geben musste, aber bevor ich Springsteen hörte, wusste ich nicht, welchen.«

Und was mich selbst betrifft, so hat *Born to Run* vielleicht nicht gerade mein Leben verändert, aber das Album nimmt darin eine zentrale Rolle ein. Es drückte das aus, was ich fühlte, sprach in Worten und Musik von meinen eigenen Fluchtfantasien und der Suche nach einem Sinn. Damals habe ich die Düsternis und die Verzweiflung von Songs wie »Backstreets« oder »Jungleland« wohl nicht ganz begriffen. Ich hörte eine authentische Stimme, die der Frustration Ausdruck verlieh, und mitreißende, kraftvolle Akkorde, die mich dazu reizten, schneller zu fahren. Ich hatte das Gefühl, dass es mir gelingen könnte, dem amerikanischen Traum zu entkommen, dass es in all meiner Verzweiflung und Angst vor dem Versagen doch Hoffnung gab.

Für mich mit achtzehn war Springsteen das, was Bob Dylan 1965 für die Achtzehnjährigen war und Presley 1955.

Springsteen hat einmal gesagt, dass Elvis unsere Körper befreit hat und Dylan unseren Geist. Springsteen befreite unsere Seele.

Die Zeitlosigkeit von *Born to Run* erlaubt es, dass ein Achtzehnjähriger auch heute noch das Album verstehen und sich damit identifizieren kann, auf dieselbe Art und Weise, wie es mir mit »Like a Rolling Stone« oder »Hound Dog« ging, als ich diese Songs zum ersten Mal hörte. Kunstwerke mit einem solchen Potenzial werden überdauern. Sie sind natürlich in gewisser Hinsicht auch zeitgebunden. *Born to Run* entstand in einem historischen Moment, in dem alles richtungslos und eintönig schien, einer Zeit des politischen und gesellschaftlichen Niedergangs. Alle Teenager fühlen sich eingeengt, aber jede Generation fühlt sich auf ihre Weise unfrei.

1975 war ich im College und hatte all die Ängste, die man mit achtzehn so hat – vor Bindungen, vor der Verantwortung, vor der Zukunft. Man muss sich dazu ins Gedächtnis rufen, dass meine Generation (ich wurde 1957 geboren) keine Helden mehr hatte, wir waren zu jung, um an den kulturellen Umwälzungen der 1950er oder an der Bürgerrechts- und der Antikriegsbewegung der 1960er teilzunehmen, aber dennoch waren wir durch diese Bewegungen sozialisiert und politisiert worden (ich hatte lange Haare, rauchte mal einen Joint und engagierte mich für aussichtslose Sachen). Und während die Nation sich nach Nixon und Vietnam mitten in einer landesweiten Rezession befand, fühlte ich mich so angeödet, dass es schon fast an eine existenzielle Depression ob der Bedeutungslosigkeit des Lebens grenzte.

Was *Born to Run* mir schenkte, abgesehen von dem Erkenntnisschock, den die Musik und die Texte mir verpassten, war das Gefühl, dass Springsteen mir gehörte – ich war von Anfang an dabei gewesen. Endlich war Schluss mit der Angeberei meines älteren Bruders, der die Beatles im Shea Stadium gesehen hatte und in Woodstock dabei gewesen war. Ich hatte jetzt jemanden, der mich schon begeisterte, bevor er erfolgreich war: Ich konnte mich auf eine lange Reise einstellen.

Als ich im Sommer 1975 nach Hause kam, fragte mein Vater mich: »Was willst du eigentlich werden?« Ich wusste, er wollte, dass ich Jura studierte. Ich ging zu einigen Vorbereitungskursen, aber eigentlich interessierte ich mich für Geschichte und Literatur. 1976 wohnte ich nicht mehr auf dem Campus, sondern mit meiner Freundin zusammen, was unseren Eltern missfiel. Wir lebten unsere eigene Version von *Born to Run,* auch wenn mir das damals nicht klar war. Im Jahr darauf trennten wir uns, kamen wieder zusammen, machten den Abschluss und fragten uns: Was jetzt?

Sie lebte in Chicago, wo ich den Sommer über bei einem Anwalt gejobbt hatte, eine Erfahrung, die mich nur darin bestärkte, einen anderen Beruf zu ergreifen. Trotzdem schrieb ich ein paar Bewerbungen an verschiedene Unis, bekam einige Zusagen und einige Absagen und beschloss, ein Jahr zu warten. Meine Eltern verstanden das nicht. Sie hatten beide nur einen Highschool-Abschluss und träumten davon, dass ihr Sohn Anwalt werden würde. Ich träumte davon, in New York zu leben, aber was ich dort machen sollte, wusste ich nicht, nur dass es kein zermürbender Routinejob sein dürfte.

Eines Abends im Sommer rief ich meine Freundin in Chicago an. Wir beschlossen, dass wir über unsere Beziehung reden müssten. Also fuhren wir für ein paar Tage an den Strand. Am letzten Tag, dem 15. September 1978, entschieden wir, dass sie nach New York ziehen würde und wir dort zusammenleben wollten.

In jener Nacht sahen wir Springsteen in der Academy of Music in der 14. Straße, oder vielleicht war es damals auch schon das Palladium. Für sie war es das erste Mal, ich hatte ihn schon dreimal gesehen. Wir saßen ganz vorne auf der Galerie, obwohl ich mich nicht erinnere, dass wir uns überhaupt hinsetzten. Gegen Ende der Show (ich habe nachgesehen, um meine Erinnerung abzusichern) spielte er »Not Fade Away«, ging zu »She's the One« über, dann kam »Backstreets« mit der langen Rede mittendrin, gefolgt von »Rosalita«, »Born to Run« und »Tenth Avenue Freeze-Out«. Danach stürmten wir in die Stadt, Arm in Arm, beschwingt, glücklich, verliebt, und fühlten uns unsterblich.

Im Herbst trennten wir uns wieder.

Ich ging zur Uni, um Geschichte zu studieren. Nachdem wir ein Jahr getrennt waren, kamen meine Freundin und ich wieder zusammen. Diesmal stellte sie mir ein Ultimatum – entweder würde ich sie heiraten, oder wir würden endgültig Schluss machen. Und so wurden wir am 4. Juli 1981 (ich witzelte noch über den Unabhängigkeitstag) getraut. Ich war vierundzwanzig, genauso alt wie Springsteen, als er »Born to Run« schrieb. So viel zu der Angst, vielleicht gar nicht mehr so jung zu sein. Ich wollte, dass »Born to Run« bei meiner Hochzeit gespielt wird, aber ich bekam »Can't Take My Eyes Off of You«.

Springsteens Alben und Konzerte dienten uns weiterhin als Fixpunkte: In Philadelphia gingen wir mit Freunden ins Veterans Stadium, um Springsteen während der *Born in the U.S.A.*-Tour zu sehen; in Los Angeles sahen wir die *Tunnel of Love*-Tour, wir wohnten damals in der Nähe, und ich hatte meine erste Dozentenstelle für amerikanische Geschichte; und wir sahen ihn 1992 in New Jersey und in New York, als er mit einer anderen Band tourte. Irgendwann wurde aus »wir« deutlich mehr »ich«, denn meine Frau sagte, sie möge Springsteen zwar, aber irgendwann wäre es auch mal genug. (2003 konnte ich sie mit Plätzen in der ersten Reihe des Giants Stadium überzeugen.)

1995 war ich allein in New Brunswick, als das erste Konzert der *Tom Joad*-Tour stattfand. (Wir waren 1992 zurück nach New Jersey gezogen.) Und 1999 nahm ich meinen Sohn (damals zwölf Jahre alt) mit zu seinem ersten Konzert. (Als ich kurz vor seiner Geburt meine Frau ins Krankenhaus fuhr, kam »Thunder Road« im Radio.) Und danach war ich mit meinem Bruder bei einem Konzert, und dann kaufte ich vier Tickets und ging mit meiner Frau, meinem Sohn und meiner achtjährigen Tochter (die *Reunion*-Tour, ihr erstes Konzert). Und dann ... man könnte sagen, es wurde etwas obsessiver – mehrere Shows im Giants Stadium während der *Rising*-Tour, mehrere Shows allein und mit anderen während der *Devils and Dust*-Tour, und mehrere Shows der *Magic*-Tour mit meinen Studenten, an die ich überzählige Tickets abgab, und dann alle drei Shows im Giants Stadium am Ende der *Magic*-Tour im Juli 2008.

Ich sehe ja ein, dass mein Verhalten etwas Fanatisches hat. Aber Springsteen ist vielleicht der größte Live-Performer aller Zeiten, und keine Show ist wie die andere. Springsteen sagte über seine Auftritte: »Es ist jedes Mal anders als vor einer Woche, vor zwei Wochen oder vor einem Jahr. Ich versuche gar nicht, den Song so zu spielen, wie er auf der Platte klingt. Ich könnte es tun, aber wozu? Ich will, dass der Song *jetzt* lebt.«

Die Zeit, die ich in seinen Konzerten verbringe, gibt mir immer ein Gefühl der Erneuerung. Während dieser drei Stunden zählt nichts außer der Musik. Es ist eine Flucht vor dem stressigen Alltag. Aber es ist auch die Teilhabe an etwas – ich fühle mich danach wieder mit bestimmten Emotionen und Idealen verbunden. Und insgesamt macht es einfach Spaß.

Und wenn ich Springsteen treu ergeben bin, dann muss man anmerken, dass auch er seinem Publikum zugetan ist. Es ist eine gegenseitige Zuneigung, wie sie zwischen jedem Star und seinen Fans bestehen sollte, zwischen jedem Songwriter und seinen Zuhörern, besonders wenn sie hohe Dezibel bevorzugen. Wir sind gemeinsam älter geworden, Springsteen und wir alle, haben geheiratet und Kinder bekommen, unsere Eltern verloren, sind zur Therapie gegangen, wollten eine gute Zeit haben, uns lebendig fühlen und uns klar darüber werden, was es bedeutet, Amerikaner zu sein.

Ich bin nicht wegen Springsteen Historiker oder Autor oder Lehrer geworden. Aber ich habe eine Affinität zu all den Themen, die sein Werk durchziehen. Sie inspirieren mich und sie fordern mich. Es ist für uns alle eine wesentliche Frage, was es bedeutet, Amerikaner zu sein. Wie Springsteens hat sich auch meine Sicht mit den Jahren verändert, von der romantischen Fluchtfantasie hin zu der realistischen Verpflichtung, mich irgendwo niederzulassen, und zu der gemeinschaftlichen und spirituellen Aufgabe, all diesen großen Abstraktionen Bedeutung zu verleihen: Freiheit, Gerechtigkeit, Gleichberechtigung und natürlich dem Streben nach Glück. Das sind nicht nur amerikanische Themen, sie betreffen alle Menschen, was wiederum erklärt, warum Springsteen weltweit so ein riesiges Publikum hat.

Er hat sein Versprechen gehalten: »Ich habe mich nicht verheizen lassen. Ich habe meine Energie nicht vergeudet. Ich bin nicht gestorben. Und ich habe meine musikalischen Werte nicht über Bord geworfen«, sagte er 1992.

Und wir als Fans haben unsere auch behalten. Wir haben ihm erlaubt (jedenfalls die meisten von uns), als Künstler zu wachsen, und ihn auf seiner langen Reise begleitet. Auf der Höhe seines Mega-Ruhms 1984 sagte Springsteen: »Für mich hat eine Rock'n'Roll-Band so lange Bestand, wie du runter ins Publikum schauen und dich selbst dort sehen kannst. Und die Leute schauen rauf zu dir und können ebenfalls sich selbst sehen – und solange diese Reflexionen in einem realistischen, menschlichen Maß bleiben.«

Diese Erkenntnis nimmt in meiner langjährigen Zuneigung zu Springsteen einen zentralen Platz ein. Er mag prominent sein und damit Teil einer idealisierten Welt von Ruhm und Status, und trotzdem scheint er doch immer auch einer von uns zu sein. Vielleicht ist es eine Illusion zu glauben, dass wir etwas gemeinsam haben. Sei's drum. Ich glaube nicht, dass er uns etwas vormachen will. Und selbst wenn: Am Ende zählt das Werk, nicht das Leben: »Vertraue der Kunst, nicht dem Künstler«. Springsteen hat selbst zugegeben: »Ich glaube, man kann einen richtig guten Job machen und trotzdem in vielerlei Hinsicht ein Trottel sein. Meine Musik ist wahrscheinlich besser, als ich selbst es bin.«

Ich glaube Springsteen, wenn er sagt, dass ihm klar geworden ist, dass er den ganzen Rock'n'Roll-Zirkus mit seinem Persönlichkeitskult hinter sich lassen musste, weil das nur eine Illusion ist und er kein Gefangener seines eigenen Mythos und Image sein will: »Früher habe ich den Fehler gemacht, in diesem Rock'n'Roll-Traum leben zu wollen. Es ist so verlockend, ein so verführerisches Angebot. Denn die Realität ist ja beängstigend. Aber schließlich wurde mir klar, dass es beim Rock'n'Roll auch noch um etwas anderes geht als um Ruhm und Reichtum. Für mich ging es darum, meinen Platz in der Welt zu finden, herauszufinden, wo man hingehört.«

Springsteen hat etwas Altmodisches und Traditionelles an sich, etwas so Amerikanisches, dass es fast schon peinlich ist: Er glaubt an harte Arbeit. Es stimmt also, wenn er sagt: »Dylan war ein Revolutionär. Elvis auch. Ich bin nicht so.« Sich selbst sieht Springsteen »als einen ganz pragmatischen Menschen. Ich wusste, dass ich das, was ich erreichen will, nur über einen langen Zeitraum verwirklichen kann, nicht in einem einzigen großen Ausbruch von Energie oder Genialität. Um einen nüchternen Blick zu behalten, sah ich es als eine Art Job an – etwas, das man jeden Tag über eine lange Zeit hin macht.« In mancher Hinsicht macht ihn dieses Arbeitsethos, der Glaube daran, dass man einen Job finden kann, den man mag und dann kontinuierlich, ehrlich und gut macht, und dass man nicht nur in seiner Fantasie, sondern in der Wirklichkeit leben soll, zum Revoluzzer unter den Rockstars.

Viel davon liegt natürlich in seiner Kindheit begründet. Seine Eltern »schufteten ihr ganzes Leben lang wie verrückt. Ihnen fiel nichts in den Schoß. Das passierte nur den anderen.« Also arbeitete Springsteen härter als alle anderen, um es als Gitarrist, Songwriter, Bandleader und Performer zu schaffen. »Ich sah mich selbst nicht als begabtes Genie«, sagte er. »Ich war mehr der harte Arbeiter.« Nur auf der Bühne fühlte er sich lebendig, nur dort fühlte er weder »Selbstverachtung noch Selbsthass«, sie war der einzige Ort, wo er die ganze Nacht lang beweisen konnte, dass harte Arbeit sich auszahlt. Es dauerte lange, bis er seine persönlichen und kreativen Probleme in den Griff bekam. 1992 sagte er: »Jetzt sehe ich ein, dass der Tag, an dem ich zur Gitarre griff, und der, an dem ich lernte, wie man sie wieder weglegt, die zwei besten Tage in meinem Leben waren.«

Born to Run handelt nicht nur davon, wer ich im Jahr 1975 war. Das Album bleibt ein Kompass und ein Werkzeug, das mir all die Jahre dabei geholfen hat, mich zu orientieren und weiterzuentwickeln. Außerdem ist es eine Quelle der Inspiration. Es hat mir immer gute Gesellschaft geleistet auf der langen Reise, es war der Soundtrack zu meinem Leben, indem es von meinen Träumen und Ängsten sprach und mir half, sie zu artikulieren. Während eines Konzerts gehen bei »Born to Run« immer die Lichter an, und alle singen mit und recken die Fäuste in die Luft. »Es war eine Platte voller riesiger Sehnsüchte, und solche leidenschaftlichen Gefühle verlassen einen nie«, sagt Springsteen. »Erst wenn man tot ist. Der Song ignoriert dein Alter und spricht den Teil von dir an, der gespannt und zugleich auch ängstlich darauf wartet, was die Zukunft wohl bringen wird. Das wird immer so sein – so ist er konzipiert.«

CODA:
Im Oktober 1975, wenige Wochen nach seinem 26. Geburtstag, kam Springsteen nach Los Angeles für einige Auftritte im Roxy, einem kleinen Club auf dem Sunset Strip. Ein riesiges Plakat warb für sein neues Album *Born to Run* mit dem Slogan: »Los Angeles, mach dich bereit – Seine Zeit ist gekommen.« Springsteen fuhr im Auto vorbei und wendete den Blick ab. Er dachte an seinen Auftritt am Abend: »Jedes Mal, wenn du auf die Bühne steigst, musst du etwas beweisen. Es ist egal, ob sie dich kennen oder nicht. Die Kids auf der Straße entscheiden selber. Und die Musik ist alles, was zählt.«

Als das Auto den Parkplatz erreicht hatte, hörte Springsteen im Radio die leisen Klänge von der Byrds-Coverversion von Dylans »My Back Pages«, in dem die berühmten Zeilen vorkommen: »I was so much older then / I'm younger than that now« [Das war, als ich noch älter war / jetzt bin ich so viel jünger]. »Mach das lauter, schnell!«, rief er. Robert Hilburn, ein Musikkritiker der *Los Angeles Times*, saß mit im Auto: »Springsteen ... lehnte sich zurück und schloss beim Zuhören die Augen. Als der Song zu Ende war, sagte er: ›Das ist ganz groß, wirklich ganz groß.‹«

Im Jahr 1995, Springsteen war sechsundvierzig, wurde er gefragt, wie lange er noch weitermachen wolle. Er antwortete: »Ich habe vor, noch mit sechzig zu spielen ... Je älter man wird, desto jünger ist man ... Wir verschieben die Altersgrenze immer weiter nach oben. In fünf Jahren liegt sie schon bei achtzig.«

Wir leben in Hoffnung.

Danksagung

Ich möchte Bruce Springsteen und Jon Landau Management danken, dass ich aus den Songs zitieren durfte. Ihre Großzügigkeit machte es erst möglich, dass ich mich so intensiv mit Springsteens Arbeit beschäftigen konnte. Mein Dank geht auch an Mona Okada, die sich um die rechtliche Seite kümmerte, und an Alison Oscar, die dabei behilflich war. Garry Tallent war so freundlich, mir über die Aufnahmesessions Auskunft zu geben, was für meine Arbeit unverzichtbar war.

Während dieses Buch im Druck war, hat Springsteen ein neues Album herausgebracht. Angesichts meines eigenen Themas war ich erfreut, dass er es *Working on a Dream* genannt hat.

Bob Crane, der den »Friends of the Bruce Springsteen Collection« in der Asbury Park Public Library vorsteht, hat mich in jeder erdenklichen Weise unterstützt, genauso wie Chris Phillips, der Herausgeber des *Backstreets*-Magazins. Ohne Bob und Chris hätte ich dieses Buch nicht fertigstellen können. Sie haben Artikel aufgespürt und kopiert, mir den Zugang zu allen möglichen Quellen erleichtert und stets versucht, meine vielen Fragen zu beantworten. Ihre Freigebigkeit steht beispielhaft für die der gesamten Gemeinschaft der Springsteen-Fans und der Autoren, die über ihn schreiben. Ich möchte auch Patricia La Sala von der Asbury Park Public Library danken.

Im Zusammenhang mit *Born to Run* sind die Fotos fast

genauso wichtig wie die Musik. Deshalb schulde ich Eric Meola herzlichsten Dank dafür, dass er mir gestattete, sein epochales Coverfoto abzudrucken. Timothy White steuerte sein bemerkenswertes Foto bei, auf dem Springsteens Hände beim Gitarrespielen zu sehen sind. Dank auch an Jim Marchese. Die Unterstützung von David Bett von Sony BMG, von David Friend von *Vanity Fair* und von Daniel Wolff, der leidenschaftlich und klug über Meolas Bilder und Asbury Park geschrieben hat, war sehr wichtig für mich.

Einige meiner Studenten haben mir bei der Recherche geholfen: Elise Galbo, Grace Green, Michael Klein und Erika Safir. Auf dem Bruce-Springsteen-Symposium, das 2005 an der Monmouth University stattfand, konnte ich Kapitel 4 vorstellen; ich danke Mark Bernhard, dass er mich dazu eingeladen hat. Mein Beitrag erschien später in *Interdiciplinary Literary Studies*. Im Frühjahr 2007 leitete ich ein Seminar zu Presley, Dylan und Springsteen. Mein Student Heath Pendleton, der ein talentierter Gitarrist ist, half mir, die Architektur von Springsteens Musik zu erfassen.

Eine Präsentation beim Alumni-Treffen am Trinity College im Sommer 2008 trug dazu bei, meine Gedanken über das Album zu ordnen. Mein Dank geht an Bill Jenkins, der die Veranstaltung organisiert hat, sowie an Allison Boyle, Paul Raether, Ellie Shields, Aris Tzouflas und Barrett Wilson-Murphy für den anregenden Diskussionsabend. Außerdem danke ich Rachel Ayres, Allan Feinberg, Jonathan Freedman, Sean Heffernan, Jonathan Masur, Jeff Roderman, Bryant Simon, Richard Skolnik und Larry White.

Meine Kollegen am Trinity College haben mich bei diesem Projekt sehr unterstützt: Fred Alford, Zayde Antrim, Jeff Bayliss, Jen Bowman, Jack Chatfield, Sean Cocco, Bill Decker, Rena Fraden, Cheryl Greenberg, Renny Fulco, Chris Hager, Joan Hedrick, Jimmy Jones, Kathleen Kete, Paul Lauter, Eugene Leach, Kate McGlew, Patricia McGregor, Kevin McMahon, Diana Paulin, Susan Pennybacker, Gary Reger, Dave Robbins, Ron Spencer und Scott Tang. Sylvia De More, Gigi St. Peter und Nancy Rossi steuerten administrative Unterstützung und viel Gelächter bei. Ich würde gerne noch alle Studenten aus dem Fachbereich American Studies auflisten, denn sie haben in vielfältiger Weise zu meiner Arbeit beigetragen. Besonders danke ich Ellen Cohn, Pam Ellis, Jessica Hart und Julie Wheeler.

Dies ist das zweite Buch, das ich gemeinsam mit Peter Ginna gemacht habe. Sein gesunder Menschenverstand und seine Begeisterung waren mir stets eine große Hilfe. Und zum Glück hat er Pete Beatty, einen wahren Springsteen-Fan, als Assistenten eingestellt. Ihnen danke ich dafür, dass sie mein Manuskript so sorgfältig gelesen haben. Außerdem stehe ich in der Schuld meiner Agentin Zoë Pagnamenta.

Rachel Markowitz trug dazu bei, dass dieses Buch überhaupt möglich wurde. Kathy Feeley, Scott Gac, James Goodman, Douglas Greenberg, Peter Mancall, Aaron Sachs und Thomas Slaughter lasen die ersten Versionen meines Textes und machten wertvolle Ergänzungsvorschläge. Sie haben seit langem meine schriftstellerischen Unternehmungen mitverfolgt, und ich habe das Glück, dass sie mir in Freundschaft verbunden sind. Über die Jahre haben mich Dave Masur, Mark Richman und Bruce Rossky zu Konzerten begleitet, und ich hoffe, dass sie es auch weiterhin tun werden.

Meine Schwiegereltern Ed und Eileen Fox sind eine begeisterte PR-Abteilung für alles, was ich tue. Meine Liebe zur Musik wurde durch meine verstorbenen Eltern geweckt, Sarah und Seymour Masur, die mit Freuden die Schnulzen von Jolson und Sinatra mitsangen. Sie dachten, Springsteen sei auch jüdisch, und ich habe es unterlassen, diesen Eindruck zu korrigieren.

Ich wusste, dass es eine gute Idee war, Kopfhörer über Janis Babybauch zu stülpen und Springsteen-Songs abzuspielen. Seitdem gehen unsere Kinder Ben und Sophie mit mir zu Konzerten, und sie halfen mir auch bei der Recherche. Ich zähle darauf, dass sie mir beibringen werden, B2R auf *Guitar Hero: World Tour* zu spielen. In unserer Familie versuchen wir, uns gegenseitig bei der Verwirklichung unserer Träume und Visionen zu unterstützen.

Jani – danke, dass du mir damals das Ultimatum gestellt hast. Dieses Buch ist für dich.

Anmerkungen

Vorspiel

9 »die größte Platte aller Zeiten«: Ken Tucker, »Springsteen: The Interview«, *Entertainment Weekly* (28. Februar 2003), S. 28.

11 »Rock'n'Roll war immer«: Humphries / Hunt, *Blinded by the Light* (1985), S. 44.

12 »Ich bin ein Songwriter«: Chris Philips (Hg.), »*Born to Run:* The Lost Interviews: Part One«, *Backstreets* 57 (Winter 1997), S. 25.

12 »Die wichtigsten Fragen«: Bruce Springsteen, *Songs* (New York: HarperCollins, 1998), S. 47.

13 »einen amerikanischen Archetypus«: Lester Bangs, »Hot Rod Rumble in the Promised Land«, *Creem* (November 1975), in: June Skinner Sawyers (Hg.), *Racing in the Street: The Bruce Springsteen Reader* (New York: Penguin, 2004) S. 75.

13 »einen echten amerikanischen Punk«: Robert Ward, »The Night of the Punk«, *New Times* (5. September 1975).

Soundcheck: »The Screen Door Slams«

16 »herausragendes neues Talent«: Lester Bangs, »Review of *Greetings from Asbury Park, N.J.*«, *Rolling Stone* (5. Juli 1973), in: *Rolling Stone* (Hg.): *Bruce Springsteen: The Rolling Stone Files*, S. 32–33.

16 »sehr viel weiter«: Peter Knobler / Greg Mitchell, »Who

is Bruce Springsteen and Why Are We Saying All These Wonderful Things About Him?«, *Crawdaddy* (März 1973), in: Sawyers, *Racing in the Street*, S. 29–39.

16 »wichtig für mich war«: Paul Williams, »Lost in the Flood«, *Crawdaddy* (October 1974), in: Saywers (Hg.), *Racing in the Street*, S. 40.

16 »Ich will dich – das ist es«: Michael Watts, »Lone Star«, *Melody Maker* (30. November 1974), S. 36–37, 56.

17 »Elvis, Otis Redding«: Pat Knight, »Bruce Springsteen's Lone Star Promenade«, *Rolling Stone* (12. September 1974), in: *The Rolling Stone Files*, S. 37.

17 »Der größte Gefallen, den mir jemand tun kann«: Jay Cocks, »Along Pinball Way«, *Time* (1. April 1974), S. 80.

18 »Aber heute Abend gibt es jemanden«: Jon Landau, »Growing Young with Rock 'n' Roll«, *The Real Paper* (22. Mai 1974), S. 20.

19 »einen der erinnernswertesten«: June Skinner Sawyers, »Einleitung«, in: Sawyers, *Racing in the Street*, S. ix.

19 »Er ist die Sorte von Künstler«: Robert Ward, »The Night of the Punk«, *New Times* (5. September 1975).

24 »zu den großen Rock-Ereignissen«: John Rockwell, »The Rocky Road to Rock Stardom«, *New York Times* (15. August 1975), S. 74.

24 »Wie nur die größten«: Dave Marsh, »A Rock ›Star Is Born‹ Performance Review«, *Rolling Stone* (25. September 1975), in: *The Rolling Stone Files*, S. 38–39.

24 »Schon als ich noch sehr jung war«: Robert Crampton, »The Gospel According to Bruce«, *The Times Magazine* (London, 27. Juli 2002), S. 21.

25 »ist all das«: Dave Marsh, »A Rock ›Star is Born‹ Performance Review«, in: *The Rolling Stone Files*, S. 39.

25 »die Diskrepanz zwischen der Wirkung«: John Rock-

well, »The Rocky Road to Stardom«, *New York Times* (15. August 1975), S. 37.

25 »Mir gefällt die klassische Definition«: Neil Strauss, »Human Touch«, *Guitar World* (Oktober 1995), S. 60.

25 »Wir standen kurz davor«: PRX Radio, »Bruce Springsteen: The Story of *Born to Run*« (10. November 2005), www.prx.org/pieces/7067.

26 »Wir haben eine Band«: Paul Williams, »Lost in the Flood«, in: Sawyers, *Racing in the Street*, S. 42.

26 »Für mich ist ein Romantiker«: Robert Hilburn, »Springsteen: Out in the Streets«, *Los Angeles Times* (19. Oktober 1980), in: Sawyers, *Racing in the Street*, S. 95.

1 Vor *Born to Run*

27 »Springsteen war sieben Jahre alt«: Überwiegend heißt es, Springsteen sei neun Jahre alt gewesen. Er selbst sagte während eines Konzerts am 20. August 1981: »Ich erinnere mich, dass ich neun Jahre alt war und vor dem Fernseher saß, es lief gerade die *Ed Sullivan Show*, und dann kam Elvis.« Aber die Daten stimmen nicht überein. Wenn er sich an diesen Auftritt von Elvis erinnern kann, muss er sieben gewesen sein.

28 »Elvis Presley war der Urknall«: Jimmy Iovine, »American Icons: Elvis Presley, Bob Dylan, and Bruce Springsteen«, *Rolling Stone* (15. Mai 2003), S. 74.

28 »Ich konnte mir nicht vorstellen«: Bühnenansage zu »Glory Days« bei einem Konzert in Cincinatti, Ohio, 6. Juli 1984. Die Texte von Springsteens Bühnenansagen stammen von »Storyteller«, zusammengestellt von Johanna Pirttijärvi und nachzulesen auf www.brucebase.org.uk/story.htm.

28 »Ich wollte Baseballspieler werden«: Dave Marsh, *Two Hearts* (New York: Routledge, 2004), S. 27. Diese Aus-

gabe enthält die zwei vorherigen Bücher von Marsh, *Born to Run* (1979) und *Glory Days* (1987), sowie neues Material.

28 »Das betraf all die Familien«: Paul Nelson, »Springsteen Fever«, *Rolling Stone* (13. Juli 1978), in: *The Rolling Stone Files*, S. 69.

28 »Wir waren eine sehr exzentrische Familie«: Joe Levy, »Bruce Springsteen: The *Rolling Stone* Interview«, *Rolling Stone* (1. November 2007), S. 56.

29 *Zu Springsteens frühesten Eindrücken*: Springsteen, *Songs* (New York: HarperCollins, 1998), S. 136.

29 »Ich hasste die Schule«: Peter Knobler, »Bruce Springsteen's Rites of Passage«, *Crawdaddy* (Oktober 1978), S. 48.

30 »Ich wurde katholisch erzogen«: Robert Duncan, »Lawdamercy: Springsteen Saves«, *Creem* (Oktober 1978), S. 41.

30 »Wir sind Demokraten«: Jann Wenner, »Bruce Springsteen: We've Been Misled«, *Rolling Stone* (22. September 2004), S. 38.

30 »Wie Superwoman«: Jay Cocks, »Rock's New Sensation: The Backstreet Phantom of Rock«, *Time* (27. Oktober 1975), in: Sawyers, *Racing in the Street*, S. 68.

30 *1989 beschrieb er sie*: Interview mit Charlie Rose, 20. November 1998. Als er 1975 gefragt wurde, was er tun würde, wenn er jemals reich wäre, antwortete Springsteen: »Meine Mutter dazu bringen, dass sie aufhört zu arbeiten.« Ray Coleman, »Springsteen: It's Hard to Be a Saint«, *Melody Maker* (15. November 1975), S. 41.

31 »Ich sehe meine Mutter noch vor mir«: National Public Radio, »Bruce Springsteen on a ›Magic‹ Campaign«, National Public Radio, *Morning Edition* (5. März 2008).

31 »Mein Vater kämpfte sehr hart«: ebd.

32 »Als Kind fragte ich mich oft«: Bühnenansage zu »Independence Day«, Rotterdam, 29. April 1981.

32 »diese Art von Unterwegssein«: Humphries / Hunt, *Blinded by the Light*, S. 13.

32 »Ich wuchs in einem Haus auf«: Interview mit Charlie Rose, 20. November 1998. Siehe auch: Gavin Martin, »Hey Joad, Don't Make it Sad«, *New Musical Express* (9. März 1996), S. 30.

32 *als Ersatz für ein Gespräch*: Interview in der *60 Minutes*-Show (21. Januar 1996).

32 »Als ich noch klein war«: Bühnenansage zu »I'm on Fire«, Los Angeles, (10. Oktober 1985).

33 »Als ich ungefähr sechzehn war«: Bühnenansage zu »Independence Day«, Paris, 18. April 1981; Barcelona, 21. April 1981.

33 »Ich konnte mich nicht entsinnen«: Fred Schruers, »Bruce Springsteen and the Secret of the World«, *Rolling Stone* (5. Februar 1981), in: *The Rolling Stone Files*, S. 112.

33 »eine der besten Phasen überhaupt«: Kurt Loder, »The *Rolling Stone* Interview: Bruce Springsteen«, *Rolling Stone* (6. Dezember 1984), in: *The Rolling Stone Files*, S. 163. Zur Geschichte der gekauften Gitarre siehe Patrick Humphries, »Springsteen: Interview«, *Record Collector* (Februar 1999), S. 27, und Robert Hilburn, »Seasoned Springsteen: He's Older, Happier, But Is He Still the Boss?, *Washington Post* (25. August 1992) D1.

34 »Von da an drehte sich alles um Musik.«: Knobler / Mitchell, »Who is Bruce Springsteen and Why Are We Saying All These Wonderful Things About Him«, S. 33.

34 »Ich wuchs in emotionaler Isolation auf«: Robert Hilburn, »Springsteen Off and Running«, *Los Angeles Times* (28. September 1975), V1.

34 »Die Musik hat mich gerettet«: Jay Cocks, »Rock's New Sensation: The Backstreet Phantom of Rock«, *Time* (27. Oktober 1975), in: Sawyers, *Racing in the Street*, S. 68.

34 »Mit der Gitarre hatte ich den Zugang«: Knobler, »Bruce Springsteen's Rites of Passage«, S. 50.

34 »Das erste Mal«: Maureen Orth, »Making of A Rock Star«, *Newsweek* (27. Oktober 1975), in: Sawyers, *Racing in the Street*, S. 56–57.

34 »Rock'n'Roll war das Einzige«: »Out in the Streets: Bruce Springsteen Interviewed by Robert Hilburn, October, 1980«, in: Charles Cross (Hg.), *Backstreets: Springsteen: the Man and His Music* (New York: Harmony Books, 1989), S. 79.

35 »Auf der Bühne rede ich viel«: David Hepworth, »Springsteen: The Interview«, *Q Magazine* (August 1992).

35 »Ich hatte Glück«: Bühnenansage zu »Independence Day«, Schweden, 3. Mai 1981.

36 »Mein Pop hatte die Angewohnheit«: Bühnenansage zu »It's My Life«, New York, 28. Oktober 1976.

37 »ich hatte keine Lust, die Bücher zu lesen«: Joseph Rose, »Lightning Strikes on Thunder Road«, *Hit Parader* (April 1976), S. 26.

37 »Ich erweiterte ihn zu einer Geschichte«: »Bruce Springsteen Discusses His Music«, *Fresh Air*, National Public Radio (15. November 2005).

37 »Und am nächsten Abend«: Dave Marsh, *Two Hearts*, S. 30.

38 »Als ich das erste Mal Bob Dylan hörte«: Bruce Springsteen, Laudatio für Bob Dylan, Rock and Roll Hall of Fame, 2. Januar 1988.

39 »Er hatte etwas Besonderes an sich«: Christopher Con-

nelly, »Still the Boss«, *Rolling Stone* (26. September 1985), in: *The Rolling Stone Files*, S. 183.

39 »Ich kann es kaum erwarten«: Bühnenansage zu »The River«, Los Angeles (2. Oktober 1985).

39 »Als wir in den Bus stiegen«: Loder, »The *Rolling Stone* Interview«, in: *The Rolling Stone Files*, S. 153.

40 »Und, was ist passiert?«: Bühnenansage zu »The River«, Los Angeles, 2. Oktober 1985.

40 »Ich hatte sehr lange eine Angewohnheit«: Bühnenansage zu »My Father's House«, Los Angeles, 16. November 1990.

41 »Meine Mutter sagte«: Will Percy, »Rock and Read: Will Percy Interviews Bruce Springsteen«, *Double Take* (Frühling 1998), in: Sawyers: *Racing in the Street*, S. 310–311.

42 »eine echte Hendrix/Cream-Gruppe«: Bill Flanagan, »Ambition, Lies, and the Beautiful Reward«, *Musician* (November 1992), S. 68.

42 »Das Upstage wurde«: Rebecca Traister, »Farewell from Asbury Park, NJ«, *Salon* (3. Januar 2006), www.salon.com/mwt/feature/2006/01/03/asbury-park.

43 »Jungs, oben ist ein Typ«: Joseph Dalton, »Bruce Springsteen Made in the U.S.A.«, *Rolling Stone* (10. Oktober 1985), in: *The Rolling Stone Files*, S. 186.

43 »einfach diese unbändige Lust zu spielen«: Anders Martensson/Jorgen Johansson, *Local Heroes: The Asbury Park Music Scene* (New Brunswick: Rutgers University Press, 2005, 2008), S. 95.

43 »Als ich das erste Mal da war«: Mark Hagen, »The Midnight Cowboy: Interview«, *Mojo* (Januar 1999), S. 84.

43 »der Kunstharzgeruch der Surfboards«: Humphries, »Springsteen: Interview«, S. 27.

44 Zu den Unruhen siehe Daniel Wolff, *4th of July, As-*

bury Park: A History of the Promised Land (New York: Bloomsbury, 2005), S. 164–190.

44 »Die Unruhen veränderten die wirtschaftliche Situation«: Traister, »Farewell from Asbury Park, NJ«.

44 »Nach den Unruhen«: Martensson/Johansson, *Local Heroes*, S. 63.

44 »Bruce wollte nicht«: ebd.

44 »Wir wären glücklich damit gewesen«: Wolff, *4th of July*, S. 198.

45 »war Bruce eines Tages plötzlich weg«: Martensson/Johansson, *Local Heroes*, S. 86.

45 »Ich hatte damals einiges an privaten Problemen«: Hagen, »The Midnight Cowboy«, S. 73.

45 *West machte Springsteen mit:* Diese Beziehung endete schließlich in einem erbitterten Rechtsstreit. Für abweichende Darstellungen vgl. Marc Eliot/Mike Appel, *Down Thunder Road: The Making of Bruce Springsteen* (New York: Simon & Schuster, 1992); Dave Marsh, *Two Hearts*, sowie Fred Goodman, *The Mansion on the Hill* (New York: Vintage, 1997), S. 287–298.

46 »Ich sagte mir einfach: Verdammt«: Robert Hilburn, *Springsteen* (New York: Rolling Stone Press, 1985), S. 44–46.

46 »Für mich war es ein unglaublich wichtiger Tag«: Hagen, »The Midnight Cowboy«, S. 72.

47 »Und wie nennst du dich jetzt?«: Humphries, »Springsteen: Interview«, S. 27.

47 »Wenn sich die Türen erst mal für mich«: Mark Kmetsko, »Paying the Price of Genius«, *The Scene* (24.–30. Januar 1974), S. 5.

47 »Ich wollte eine Rhythmusgruppe«: Hagen, »The Midnight Cowboy«, S. 74.

48 »sind verschlüsselte Geschichten aus meinem Leben«: Springsteen, *Songs*, S. 7.

48 »In diesem Stil habe ich nie wieder geschrieben«: »Say Hello to Last Year's Genius«, *Zoo World* (14. März 1974), S. 14.

48 »Ich schrieb wie verrückt«: »Was Bob Dylan the Previous Bruce Springsteen?«, *New Musical Express* (6. Oktober 1973), S. 16.

49 »ein bedeutendes neues Talent«: Bangs, »*Greetings from Asbury Park, N.J.*, S. 32–33.

49 »In einer Zeit der Rezession«: Bruce Pollack, »Springsteen Celebrates Street Life«, *New York Times*, (16. Dezember 1973), S. 186.

50 »war ein Vorgeschmack auf *Born to Run*«: Springsteen, *Songs*, S. 26–27.

50 »war mein Abschiedsgruß an die Stadt«: a. a. O., S. 25.

50 »Ich möchte eigentlich nicht«: »Say Hello to Last Year's Genius«, S. 14.

51 »Songs sind nicht im eigentlichen Sinn«: Neil Strauss, »Springsteen Looks Back but Keeps Looking On«, *New York Times* (7. Mai 1995), H1.

51 »Es gibt keine einzige Note«: Fred Schruers, »Bruce Springsteen and the Secret of the World«, *Rolling Stone* (5. Februar 1981), in: *The Rolling Stone Files*, S. 112.

2 Die Entstehung von *Born to Run*

53 »›Born to Run‹ war das erste Musikstück«: Hagen, »The Midnight Cowboy«, S. 76.

53 »Ich wollte nicht«: Edwin Miller, »The Rock 'n' Roll Kid in Jungleland«, *Seventeen* (Dezember 1975), S. 115.

54 »Wir arbeiteten mit einem 16-spurigen Aufnahmegerät«: Trevor Dann, »Bruce Springsteen on Writing ›Born to Run‹«, BBC Radio 2, ohne Datum, www.

bbc.co.uk/radio2/soldonsong/songlibrary/borntorun.shtml.

54 »Es war ein 16-spuriger Track«: »Top 100 Singles of the Last Twenty-Five Years«, *The Rolling Stone Files*, S. 274.
54 »Beim Mischen konnte man keinen Moment lang«: ebd.
54 »Es ging nicht nur darum«: ebd.
54 »Ich wollte das größte Rock'n'Roll-Album aller Zeiten«: »Born to Run: Recalling the Making of Bruce Springsteen's album ›Born to Run‹«, CBS News Transcripts (13. November 2005).
54 »Es war die schlimmste Phase meines Lebens«: Robert Duncan, »Bruce Springsteen Is Not God (And Doesn't Want to Be)«, *Creem* (Januar 1976), S. 35.
54 »Plötzlich war ich die Zukunft des Rock'n'Roll«: James Peterson, »The Ascension of Bruce Springsteen«, *Playboy* (März 1976), S. 169.
55 »Es war die intensivste Erfahrung«: Peter Knobler, »Running on the Backstreets with Bruce Springsteen«, *Crawdaddy* (Oktober 1975), S. 42.
55 »Als ich ins Studio ging«: Bruce Springsteen, Laudatio für Roy Orbison anlässlich seiner Aufnahme in die Rock and Roll Hall of Fame (21. Januar 1987).
56 »Für mein nächstes Album will ich Mädels«: »Bruce Under the Boardwalk«, *Sounds* (16. März 1974), S. 12.
58 »Ich bastle noch immer am Songtext«: Jerry Gilbert, »Bruce Springsteen: It's Hard o Be a Saint in the City, *Zig Zag*, Nr. 45 (1974), S. 12.
58 *Zwei andere Abmischungen*: Für einen Überblick über die *Born to Run*-Sessions als Bootleg vgl. »On the Tracks 4.0–Born to Run«, auf www.brucebase.org.uk/5.htm.
59 »Als wir ›Born to Run‹ zum ersten Mal«: Martensson/Johansson, *Local Heroes*, S. 87.

59 »Es gibt ganz viel«: Paul Williams, »Won't You Come Home, Bruce Springsteen«, *Gallery* (August 1975), S. 36.
60 »Was spontan klingt«: Dave DiMartino, »Bruce Springsteen Takes it to the River«, *Creem* (Januar 1981), S. 60.
60 »Über dem Bett«: Für eine Interpretation der Peter Pan/Wendy-Beziehung vgl. Randall E. Auxier, »An Everlasting Kiss: The Seduction of Wendy«, in: Randall Auxier und Doug Anderson (Hg.), *Bruce Springsteen and Philosophy* (Chicago: Open Court, 2008), S. 103–118.
60 »Der Song klang großartig«: Knobler, »Running on the Backstreets«, S. 40.
61 »Springsteen ist besser als alles«: Dave Marsh, »Walk Tall … or Don't Walk at All«, *Creem* (Oktober 1974), S. 35.
61 »Essenz all dessen«: Martensson/Johansson, *Local Heroes*, S. 139.
62 »so nah am Jazz«: Interview des Autors mit Garry Tallent (8. Oktober 2008).
63 »auf denen er folgende Titel notiert hat«: »Spare Parts: Springsteen's Studio Sessions, 1966–88«, in: Charles Cross (Hg.), *Backstreets: Springsteen: The Man and His Music* (New York: Harmony Books, 1989), S. 154.
64 »ist auf dem Weg«: Williams, »Lost in the Flood«, in: *Racing in the Street*, S. 46.
65 »Ich ging ein paarmal aufs Klo«: Phil Sutcliffe, »The Fairytale Album, *Mojo* (Januar 2006), S. 84.
65 »waren alle kurz vorm Heulen«: Knobler, »Running on the Backstreets«, S. 40.
66 »Landaus größtes Verdienst«: ebd.
66 »Es war ein Albtraum«: Jon Pareles, »›Born to Run‹ Reborn 30 Years Later«, *The New York Times* (15. November 2005), E1.

66 »Am letzten Tag«: Ashley Kahn, »Springsteen Looks Back on ›Born to Run‹«, *The Wall Street Journal* (10. November 2005), D7.

67 *Noch im Februar*: Vgl. Landaus Aussage in: Marc Eliot/Mike Appel, *Down Thunder Road: The Making of Bruce Springsteen* (New York: Simon & Schuster, 1992), S. 128.

68 »Er war mir eine große Hilfe«: Paul Nelson, »Springsteen Fever« (13. Juli 1978), in: *The Rolling Stone Files*, S. 69.

68 »Es ist äußerst schwierig, Springsteen«: »Bruce's Right-Hand Men«, *Melody Maker* (15. November 1975), S. 39–43.

69 »Es war wirklich hart«: »The Top 100: The Best Albums oft he Last Twenty Years«, *Rolling Stone* (27. August 1987), in: *The Rolling Stone Files*, S. 230.

70 »Wenn man eine gute Textzeile hat«: Marsh, *Two Hearts*, S. 121.

70 »Es war sehr schwierig«: »The Midnight Cowboy: Interview«, S. 82.

70 »für einige Lyrics einen neuen Ansatz«: Knobler, »Running on the Backstreets«, S. 40–42.

71 »An der Klaviatur«: Springsteen, *Songs*, S. 46.

71 »Für mich war das Hauptproblem«: Sutcliffe, »The Fairytale Album«, *Mojo* (Januar 2006), S. 84.

72 »Damals versuchten wir, ganze Epen aufzunehmen«: *The Rolling Stone Files*, S. 230.

72 »Ich hing da im Studio rum«: Van Zandt erzählt die Geschichte in: Gary Graff, »Little Big Man«, *Guitar World* (Oktober 1995), S. 196. Weitere anschauliche Versionen finden sich in: »The Runaway American Dreamer«, *Uncut* (November 2005), S. 78, und »The Fairytale Album«, *Mojo* (Januar 2006), S. 84.

73 »Er sagte: ›Jungs, wartet mal‹«: Andrew Tyler, »Bruce

Springsteen and the Wall of Faith«, *New Musical Express* (15. November 1975), S. 25–27.

73 »Ein Monster hatte von mir Besitz ergriffen«: »Born to Run: Recalling the Making of Bruce Springsteen's album ›Born to Run‹«, CBS News Transcripts (13. November 2005).

73 »Der Tag der Veröffentlichung«: Marsh, *Two Hearts*, S. 133.

73 »grauenvollem Druck«: Duncan, »Bruce Springsteen is not God«, S. 35

73 »Und was ist mit dir?« Paul Williams, »Won't You Come Home Bruce Springsteen«, *Gallery* (August 1975), S. 36.

73 »Was diese Platte so schwierig gemacht hat«: Duncan, »Bruce Springsteen is not God«, S. 35.

73 »Bruce acht Stunden zubringen konnte«: Robert Hilburn, »The Music Industry Titans«, *Los Angeles Times* (26. November 2006), F1.

74 »Jeden Tag, bevor ich rüber ins Studio ging«: Duncan, »Bruce Springsteen is not God«, S. 35.

74 »Ich legte meinen Kopf auf das Klavier«: ebd., S. 73.

75 »Diese Sache hat mir fast den Rest gegeben«: Ray Coleman, »Springsteen: It's Hard to Be a Saint in the City«, *Melody Maker* (15. November 1975), S. 40.

75 »Wir haben das Album in neun«: »The Top 100: The Best Albums of the Last Twenty Years«, S. 230.

76 »Das ist das Gruseligste«: Philips, »The Lost Interviews«, S. 29.

77 »Ist es vorbei?«: ebd.

77 »Es war mörderisch«: John Rockwell, »New Dylan from New Jersey? It Might as Well Be Springsteen«, *Rolling Stone* (9. Oktober 1975), in: *The Rolling Stone Files*, S. 46.

77 »Nachdem es fertig war?«: Duncan, »Bruce Springsteen is not God«, S. 73.
77 »Hör mal«: Marsh, *Two Hearts*, S. 137.
78 »Es gibt da etwas, was er nicht sagt«: Paul Williams, »Won't You Come Home Bruce Springsteen«, *Gallery* (August 1975), S. 36.

3 Die Songs von *Born to Run*

79 »›Thunder Road‹ ist die Eröffnung«: Springsteen, *Songs*, S. 43–47.
80 »Der Klavierpart«: Brian Hiatt, »›Born to Run‹ Turns Thirty«, *Rolling Stone* (17. November 2005), S. 17.
82 »die sentimentalste Zeile«: Springsteen, *VH1 Storytellers* (April 2005).
83 »aus verschiedenen auf- und absteigenden Klavierparts«: Bob Doerschuk, »Roy Bittan: Riding America with the Boss«, *Keyboard* (Dezember 1986), S. 69–70.
84 »Er scheint alles zu enthalten«: Strauss, »Human Touch«, S. 65.
86 »praktisch mit seinem eigenen Abspann beginnt«: Nick Hornby, *31 Songs* (2003), S. 10–13. In der Bibliografie verweist Hornby seine Leser darauf, wo sie seine restliche Auswahl finden können; über »Thunder Road« sagt er: »Sie wissen, wo Sie das bekommen.«
88 »Es war eine windige Regennacht«: Mary Jude Dixon, »Clarence Clemons: The Big Man Behind the Boss«, www.suite101.com/article.cfm/brucespringsteen/27772.
89 »die Grenze zur Außenwelt«: Wolff, *4th of July*, S. 209.
93 »Ich hasse es, ›Boss‹ genannt zu werden«: Dave Di Martino, »Bruce Springsteen Takes it to the River«, *Creem* (Januar 1981), S. 26.

94 »Später würde Bruce«: Hagen, »The Midnight Cowboy«, S. 86.

94 »Mein Leben spielt sich nachts ab«: Hilburn, »Out in the Streets«, S. 86.

98 »ein Außenseiter in [s]einer Heimatstadt«: Judy Wieder, »Bruce Springsteen: Interview«, *The Advocate* Interview (2. April 1996), in: Sawyers: *Racing in the Street*, S. 211–220.

103 »alle irgendwo zwischen«: Greil Marcus, »Springsteen's Thousand and One American Nights«, *Rolling Stone* (9. Oktober 1975), in: *The Rolling Stone Files*, S. 49.

105 »Ich wusste, dass das passieren würde«: »Out in the Streets: Bruce Springsteen Interviewed by Robert Hilburn«, in: Charles Cross (Hg.), *Backstreets* (1989), S. 80.

105 »Heute bedeutet ›Born to Run‹«: Chet Flippo, »Bruce Springsteen Interview«, *Musician* (November 1984), S. 54.

106 »Dies ist ein Song«: Bühnenansage zu »Born to Run«, Los Angeles (27. April, 1988), Storyteller, www.brucebase.org.uk/story.htm.

110 *Meeting Across the River*: Jessica Kaye und Richard J. Brewer (Hg.), *Meeting Across the River* (New York: Bloomsbury, 2005).

111 »Früher war es so«: Bob Doerschuk, »Roy Bittan: Riding America with the Boss«, *Keyboard* (Dezember 1986), S. 69–70.

114 »Auf *Born to Run* ging es um die Hoffnung«: Peter Knobler, »You Want It, You Take It, You Pay the Price«, *Crawdaddy* (Oktober 1978), S. 54.

117 »Ich benutzte eine Folk-Stimme«: Springsteen, *Songs*, S. 101.

118 »Du kannst nicht einfach nur ein Träumer sein«: Humphries/Hunt, *Blinded by the Light*, S. 44.

118 »Der Song handelt davon«: Springsteen, *Songs*, S. 101.
118 »lassen sich als Trilogie verstehen«: In seiner Besprechung im *Rolling Stone* behandelt Paul Nelson diese drei als eine Trilogie. »The River album Review«, *Rolling Stone* (11. Dezember 1980), in: *The Rolling Stone Files*, S. 104–108.

4 Die Geografie von *Born to Run*

119 »Bei *Born to Run* ging es nur um eins«: Knobler, »Running on the Backstreets«, 35–43.
119 »ging ich wirklich auf die Band zu«: Phillips, »The Lost Interviews«, S. 22.
120 »Wenn ich irgendwas höre, dann verinnerliche ich es«: ebd.
120 »Die Anspannung, unter der wir standen«: Knobler, »Running on the Backstreets«, S. 44.
121 »weniger exzentrisch und weniger ortsgebunden«: Springsteen, *Songs*, S. 47.
121 »Orte zu Protagonisten«: Bob Crane, *A Place to Stand: A Guide to Bruce Springsteen's Sense of Place* (Baltimore: Palace Books, 2002), S. 1.
121 »bemerkenswert konkreten Sinn«: Marsh, *Two Hearts*, S. 140.
121 »darüber zu schreiben«: Robert Crampton, »The Gospel According to Bruce«, *The Times Magazine* (London, 27. Juli 2002), S. 21.
123 »Ich wollte etwas«: Eric Meola, *Born to Run: The Unseen Photos* (San Rafale: Insight Editions, 2006). Vgl. auch: »Meola on Springsteen«, *PDN Online*, 2000, www.pdngallery.com/legends/legends4/lastplaces/video.html.
124 »Ich habe die Pose erfunden«: Anne Rodgers, »Clarence Clemons«, *Palm Beach Post* (13. November 2005).
128 »Man könnte die These aufstellen«: Will Percy, »Rock

and Read: Will Percy Interviews Bruce Springsteen«, *Doubletake* (Frühjahr 1998), in: Sawyer: *Racing in the Street*, S. 316.

129 »immer gefragt, was ich wohl«: Bühnenansage zu »Can't Help Falling in Love«, Los Angeles (29. September 1985), Storyteller, www.brucebase.org.uk/story.htm

129 »Ich glaube nicht, dass der Persönlichkeitskult«: Mikal Gilmore, »Bruce Springsteen Q&A«, *Rolling Stone* (5. November – 10. Dezember 1987), in: *The Rolling Stone Files*, S. 246.

130 »Ich wollte einen Song«: Knobler, »Running on the Backstreets«, S. 43.

131 »Wenn die Verandatür«: Springsteen, *Songs*, S. 47.

134 »In den Siebzigern fingen«: Phillips, »The Lost Interviews«, S. 25.

134 »Man darf nicht vergessen«: »Bruce Springsteen Discusses his Music and Performs«, National Public Radio, *Morning Edition* (26. April 2005).

138 »diese Sache mit der Suche«: Loder, »The *Rolling Stone* Interview«, S. 155.

5 Die Rezeption von *Born to Run*

141 »zu den großen Rock-Erlebnissen«: John Rockwell, »The Rocky Road to Stardom«, *New York Times* (15. August 1975), S. 74.

142 »Bruce war im Studio unfokussiert«: Paul Nelson, »Is Bruce Springsteen Worth the Hype?«, *Village Voice* (25. August 1975), S. 94.

143 »ausreichen würde, um [Springsteen]«: John Rockwell, »Springsteen's Rock Poetry at Its Best«, *New York Times*, (29. August 1975), S. 11.

143 »löst die Art von Exstase aus«: Charles Michener mit

Eleanor Clift, »Bruce is Loose«, *Newsweek* (1. September 1975), S. 43.

144 »Jetzt gibt es jemanden«: Hilburn, »Springsteen Off and Running«, V1. Vgl. auch: Hilburn, »Springing Springsteen – Too Fast?«, *Los Angeles Times* (18. Oktober 1975), B5, und »Rock'n'Roll: What'll He Do for an Encore«, *Los Angeles Times* (9. November 1975), P62.

144 »*Born to Run*-Album erfasst«: Hilburn, *Springsteen*, S. 68.

145 »die Anklänge an all die«: John Rockwell, »New Dylan from New Jersey? It Might as Well be Springsteen«, *Rolling Stone* (9. Oktober 1975), in: *The Rolling Stone Files*, S. 41–47.

147 »Man nimmt das, was man vorfindet«: Greil Marcus, »Springsteen's Thousand and One American Nights«, *Rolling Stone* (9. Oktober 1975), in: *The Rolling Stone Files*, S. 48–51.

147 »mit Songs aus den Sechzigern versetzt«: Bangs, »Hot Rod Rumble in the Promised Land«, S. 74–77.

148 »Jemand muss Springsteen dazu überredet haben«: Jon Pareles, *Pop Top: Record Buyers Guide* (Oktober 1975).

149 »Wie viel an amerikanischen Mythen«: Robert Christgau, »Review of *Born to Run*«, *Village Voice* (22. September 1975), S. 122

149 »ein Opfer des amerikanischen Traums zu werden«: David McGee, »The Power and Urgency of Bruce Springsteen«, *Record World* (25. Oktober 1975).

150 »Hätten Brecht und Weill«: »Review«, *Gallery* (November 1975), S. 35.

150 »durchaus um das wichtigste Album«: Mary Mook, »Sounds in the Sun«, *Co-Ed* (Dezember 1975), S. 62.

150 »wenn die Songs nicht so herausragend«: Stephen Hol-

den, »Springsteen Paints his Masterpiece«, *Circus Raves* (Dezember 1975), S. 52.

151 »tatsächlich die einzigen«: Frank Rose, »Bruce Springsteen: A Rebel, A Doo-Wop King«, *Circus* (20. Januar 1976), S. 16.

152 »der immer dann gespielt werden sollte«: Joe Edwards, »Springsteen's ›Born to Run‹: A One-Dimensional Disappointment«, *Aquarian* (7. Oktober 1975). Dank an Bob Crane, der mich auf diesen Artikel aufmerksam machte und mir vom Werdegang der Zeitschrift erzählte.

153 »Er pflegt das Image«: Jay Cocks, »Rock's New Sensation: The Backstreet Phantom of Rock«, *Time* (27. Oktober 1975), in: Sawyers: *Racing in the Street*, S. 64–73.

154 »Springsteens Lyrics sprechen mir«: Letters to the Editor, *Time* (17. November 1975).

155 »in nur sechs Wochen einen raketenhaften«: Maureen Orth, »Making of a Rock Star«, *Newsweek* (27. Oktober 1975), in: Sawyers: *Racing in the Street*, S. 53–63.

155 »Ist Springsteen wirklich der Rock-Messias«: Henry Edwards, »If There Hadn't Been a Bruce Springsteen, Then the Critics Would Have Made Him Up«, *New York Times* (5. Oktober 1975), S. 125.

156 »irritierendem Artikel«: Letters: »Springsteen – Born to Stir Up Controversy«, *New York Times* (19. Oktober 1975), S. 133.

156 »Es hat mich ganz schön«: Hilburn, »Out in the Streets«, S. 93.

157 »Nach einer Zusammenfassung«: »Springsteen: The Merchandising of a Superstar«, *Business Week* (1. Dezember 1975), S. 53.

157 »›Hype‹ bedeutet«: »The Selling of Springsteen«, *Melody Maker* (25. Oktober 1975), S. 3. Vgl. auch: Chris

Welles, »Born to Get ›Itchy Excited‹«, *MORE*, (Herbst 1975), S. 10–14.

157 »Es bleibt eine Tatsache«: John Rockwell, »›Hype‹ and the Springsteen Case«, *New York Times* (24. Oktober 1975), S. 34.

158 »Ein Journalist beschrieb den extrovertierten«: Andrew Tyler, »Bruce Springsteen and the Wall of Faith«, *New Musical Express* (15. November 1975), S. 25.

158 »Wenn er diesen ganzen Medienrummel übersteht«: Robin Denselow, »The Importance of Springsteen«, *The Guardian* (5. Dezember 1975), S. 10.

158 »weil es eine Sache gab, die ich wirklich wollte«: Andrew Tyler, »Bruce Springsteen and the Wall of Faith«, *New Musical Express* (15. November 1975), S. 25.

158 »Was mache ich eigentlich auf dem Cover«: Hilburn, »Springing Springsteen – Too Fast?«, B5.

159 »Es gab eine Zeit«: Hilburn: »Out in the Streets«, S. 93.

159 »ein ganz großer Fehler«: »Smash Hit Springsteen«, *Melody Maker* (15. November 1975).

159 »Alle sagten dauernd«: Ray Coleman, »Springsteen: It's Hard to Be a Saint in the City«, *Melody Maker* (15. November 1975), S. 41.

159 »Ich empfand es als ... ja, beleidigend«: Bob Costas, »Bruce Springsteen Talks About his Music and his Career«, *Today Show*, NBC Transcripts (7. Dezember 1998).

159 »Wenn ihr Glück habt«: Chris Charlesworth, »Springsteen Turns on the Heat«, *Melody Maker* (9. Februar 1974), S. 14.

160 »jeder etwas erwartete«: Simon Frith, »Casing the Promised Land«, *Creem* (März 1976), S. 26, 72.

161 »Springsteen fesselte das Publikum«: Arnold Bocklin, »*On Stage*« (Dezember 1975), S. 29.

162 »trotzdem eine beeindruckende Performance«: »Review«, *Guardian* (20. November 1975), S. 12.

162 »Springsteen erweist sich als der Leader«: David Hancock, »Born to Lean«, *Record Mirror* (29. November 1975), S. 24.

162 »auf ihr Publikum direkt angewiesen«: Michael Watts, »Caught in the Act: Springsteen Delivers the Goods«, *Melody Maker* (29. November 1975), S. 28.

162 »Er benutzt seine Gitarre wie Charlie Chaplin«: Robert Ward, »The Night of the Punk«, *New Times* (5. September 1975).

162 »Chaplineskes«: Robin Denselow, »The Importance of Springsteen«, *Guardian* (5. Dezember 1975), S. 10.

163 »einer der wenigen Performer der siebziger Jahre«: Dave Seal, »Bruce Springsteen: The Next Best Thing?«, *Arnold Boecklin* (November 1975), S. 2–3.

163 »langsam anfing, es zu mögen«: Jerry Gilbert, »Bruce Brilliance Still There«, *Sounds* (13. November 1975), S. 16.

164 »Man kann die Kids auf der Straße nicht«: »Smash Hit Springsteen«, S. 39–43.

164 »gekonnte Darstellung des stereotypen«: Roy Carr, »Roy Orbison Makes Big Comeback«, *New Musical Express* (6. September 1975), S. 16.

165 »behäbigen, bei Spector abgekupferten«: Charles Murray, »The Sprucing of the Springbean«, *New Musical Express* (11. Oktober 1975), S. 26–27.

166 »Alle sagen mir, dass man sich daran gewöhnt«: Charlie Gillett »Single File«, in: *New Musical Express* (29. November 1975), S. 28.

166 »Dieses Album ist in jeder Hinsicht fantastisch«: *Extra Nouvelle Series*, Nr. 6 (November 1975), S. 65.

166 »Ein lebendiges und überzeugendes Werk«: *Sounds* (Deutschland, November 1975), S. 60.

166 »In Amerika wird er sicherlich«: *New Music Magazine* (Japan, November 1975), S. 135. Für die Übersetzungen aus dem Französischen, Deutschen und Japanischen danke ich Sarah Blanks, Johannes Evelein und Jeffrey Bayliss.
166 »Es steht für seine Verwandlung«: James Wolcott, »A Future Hero, or is Bruce Springsteen Last of a Breed?«, *Circus Raves* (November 1975), S. 46–47.
166 »farblose Dichtung«: ebd.
167 »hinter dem Boss herschlurfen«: James Wolcott, »The Hagiography of Bruce Springsteen«, *Vanity Fair* (Dezember 1985), in: *Racing in the Street*, S. 126–129.
168 »sowohl die weitgehende Einstimmigkeit«: Robert Christgau, »Yes, There is a Rock Establishment (But is that Bad for Rock?)«, *Village Voice* (26. Januar 1976), zu finden unter: www.robertchristgau.com/xg/rock/critics-76.php.
168 »Dabei war laut Christgau übersehen worden«: John Lombardi bezog sich 1988 auf Christgaus Artikel, um Springsteens Öffentlichkeitswirkung streng zu kritisieren. Lombardi erklärte: »Bruce war der Traum jedes Rockkritikers, ein Mittel, um nostalgische proletarische Rebellionsgefühle auch den Älteren mit einem gewissen Einkommen und bequemen Lebensstil nahezubringen.« Vgl. John Lombardi, »The Sanctification of Bruce Springsteen and the Rise of Mass Hip«, *Esquire* (Dezember 1988), S. 139–154.
169 »einer fruchtbaren, wenn auch ansatzweise albernen Epoche«: Christgau, »Yes, There is a Rock Establishment«.
171 »Ich hatte ›Born to Run‹ geschrieben«: »Bruce Has the Fever: Ed Sciaky Interviews Bruce Springsteen, August 1978«, in: Charles Cross (Hg.), *Backstreets: Springsteen:*

the Man and His Music (New York: Harmony Books, 1989), S. 71.

171 »Es kam so weit, dass ich in einem Buch«: Knobler, »Bruce Springsteen's Rites of Passage«, S. 52. Für einen Bericht über den Rechtsstreit vgl.: David McGee, »Bruce Springsteen Claims the Future of Rock & Roll«, *Rolling Stone*, 11. August 1977, in: *The Rolling Stone Files*, S. 59–66. Vgl. dazu auch: Eliot/Appel, *Down Thunder Road: The Making of Bruce Springsteen*. In der eidesstattlichen Aussage, die in Eliots Buch zu finden ist, sagte Springsteen: »Ich bin betrogen worden. Ich habe ›Born to Run‹ geschrieben, jede Zeile von dem verdammten Song ist von mir, und keine einzige ist von ihm. Und trotzdem gehört er mir nicht. Ich kann ihn nicht mal auf ein Stück Papier drucken lassen, wenn ich das wollte.« Vgl. Eliot, S. 200.

171 »Vom Hype geblendet«: Tony Parsons, »Blinded by the Hype«, *New Musical Express* (9. Oktober 1976), S. 22–23.

6 *Born to Run* 30 Jahre später

173 »Weder Bette Midler«: Christgau, »Yes, There is a Rock Establishment«.

175 »ohne Frage kein Francis Scott Key«: Richard Lee, »New Jersey Opinion in Support of a Proposal for a State Anthem«, *New York Times* (15. Juni 1980), Section 11, S. 22.

176 »Ich fände es nur passend«: »Letters to the New Jersey Editor«, *New York Times* (29. Juni 1980), Section 11, S. 27, und 6. Juli 1980, Section 11, S. 22.

176 »Dieses Lied handelt davon«: »The Legislature May be Off and ›Running‹ with Springsteen's Song«, *The Star Ledger* (20.–22. Mai 1980), S. 19.

178 »*Nebraska* ist wie ein Schock«: Steve Pond, »*Nebraska*

Album Review«, *Rolling Stone* (28. Oktober 1982), in: *The Rolling Stone Files*, S. 131. Vgl. auch: Robert Palmer, »Bruce Springsteen Fashions a Compelling, Austere Message«, *New York Times* (26. September 1982), Section 2, S. 21, und Stephen Holden, »When the Boss Fell to Earth, He Hit Paradise«, *New York Times* (9. August 1992), H1.

179 »Man wird sich sehr bewusst«: Joe Levy, »Bruce Springsteen: The *Rolling Stone* Interview«, *Rolling Stone* (1. November 2007), S. 54.

180 »Ich habe gerade angefangen«: Bühnenansage zu »Independence Day«, Paris, 19. April 1981; Brüssel, 26. April 1981; Rotterdam, 29. April 1981. Vgl. auch Dave Marshs Erörterungen in: *Bruce Springsteen on Tour* (New York: Bloomsbury, 2006), S. 132–134.

181 »Im Jahr 1984, fast zehn Jahre nach«: Eine aufschlussreiche Interpretation des Albums findet sich in: Geoffrey Himes, *Born in the U.S.A.* (New York: Continuum, 2005).

185 »Mr. Springsteen auch jenseits der Bühne«: Robert Palmer, »Springsteen's Music Hits Chord of America«, *New York Times* (6. August 1985), C13.

186 »das Album trotz all der mitreißenden«: Stephen Holden, »Springsteen Scans the American Dream«, *New York Times* (27. Mai 1984), H19.

186 »Nach einem Jahrzehnt als Rockstar«: Palmer, »Springsteen's Music Hits Chord of America«, C13.

187 »einen altmodischen, volksnahen Ansatz«: Jon Pareles, »Bruce Springsteen – Rock's Popular Populist«, *New York Times* (18. August 1985), H1.

187 »ein brütender Langweiler«: Richard Harrington, »Springsteen's Wrong Turn: He's Back on the Same Old Roads«, *The Washington Post* (10. Juni 1984), H1.

187 »dort, wo ganze Städte zerfallen«: Bill Barol, »There's Magic in the Night«, *Newsweek* (27. August 1984), S. 64.

188 »Ich durchlebte eine sehr verworrene«: Mans Iverson, »Born Again«, *Beats* (August 1992), S. 8.

188 »Ich hatte genug von ›Bruce‹«: James Henke, »Bruce Springsteen: The *Rolling Stone* Interview«, *Rolling Stone*, (6. August 1992), in: *The Rolling Stone Files*, S. 321.

188 »Dies ist ein Song, den ich gespielt«: Bühnenansage zu »Born to Run«, Wembley Stadion, London (25. Juni 1988), siehe Storyteller, www.brucebase.org.uk/story.htm.

190 »Außerdem unterzog er sich«: Henke, »The *Rolling Stone* Interview«, S. 319.

190 »reines Vergnügen«: Chris DaFoe, »Has the Boss Lost His Touch«, *Globe and Mail* (28. März 1992).

191 »1974 war ich«: Holden, »When the Boss Fell to Earth«, H1.

192 »Der Typ in *Living Proof*«: Mans Iverson, »Born Again«, *Beats* (August 1992), S. 8.

193 »Nach *Born to Run* dachte ich«: Nicholas Dawidoff, »The Pop Populist«, *New York Times Magazine* (26. Januar 1997), in: Sawyers, *Racing in the Street*, S. 246–265.

193 »das eigenhändige Zupfen der Gitarre«: Jon Pareles, »Springsteen: An Old Fashioned Rocker in a New Era«, *New York Times* (29. März 1992), H1.

193 »Ich wollte über die Dinge schreiben«: Strauss, »Springsteen Looks Back but Keeps Looking On«, H1.

194 »großartiges Rock'n'Roll-Album«: Henke, »The *Rolling Stone* Interview«, S. 332.

194 »Ich weiß noch, dass ich dachte«: Dawidoff, »Pop Populist«, S. 251.

195 »Ich glaube, dass die politische Haltung«: David Corn, »Bruce Springsteen Tells the Story of the Secret America«, *Mother Jones* (März/April 1996), S. 22–25.

196 »Okay, wie sieht denn meine Verkleidung aus?«: »Bruce Springsteen on his Music, Life, and New Solo Tour«, National Public Radio, *Morning Edition* (27. April 2005).

197 »in einen selbstzerstörerischen Abgrund«: Strauss, »Springsteen Looks Back but Keeps Looking On«, H1.

197 »Bruce Springsteen, das haben wir immer gewusst«: »Bonos Laudatio 1999 in der Hall of Fame«, zu finden unter: www.u2station.com/news/archives/1999/03/.

199 »im Gegensatz zu den Politikern«: Pareles, »Bruce Springsteen – Rock's Popular Populist«, H1.

199 »Springsteen singt gegen jene Tendenzen«: Jack Newfield, »Can Springsteen Ignite Political Passion?«, *Village Voice*, zitiert in Melvin Maddocks, »Bruce Springsteen – the Pied Piper as Populist«, *Christian Science Monitor* (27. September 1985), S. 23.

199 »auf niemanden trifft das mehr zu als«: ebd.

199 »nicht allzu viel über Politik«: Robert Hilburn, »The Politicization of Bruce Springsteen«, *Los Angeles Times* (25. Oktober 1984), K1.

199 »Ich will, dass die Leute selbst«: Robert Hilburn, »Rock'n'Roll Rites of Springsteen: Emotions, Illusions«, *Los Angeles Times* (4. August 1974), H58.

200 »Ich stell mich doch nicht hin«: Holden, »When the Boss Fell to Earth«, H1.

200 »Rockmusik hat für mich immer eine politische«: Corn, »Bruce Springsteen Tells the Story«, S. 22–25.

200 »Ich las heute Morgen in Ihrer Zeitung«: Dawidoff, »Pop Populist«, S. 261.

201 »Das gehört zu meinem Job«: Jon Pareles, »His Kind of

Heroes, His Kind of Songs«, *New York Times* (14. Juli 2002), A1.

201 »Ich fand sie enorm wichtig«: Josh Tyrangiel, »Reborn in the USA«, *Time* (27. Juli 2002), S. 52–59.

201 »Das machen wir manchmal«: Robert Crampton, »The Gospel According to Bruce«, *The Times Magazine* (London, 27. Juli 2002), S. 19–21.

202 »Wie schon *Born in the U.S.A.*«: Kurt Loder, »Review«, *Rolling Stone* (22. August 2002), S. 81.

202 »Seit *Born to Run*, jenem Album«: A. O. Scott, »The Poet Laureate of 9/11«, *Slate* (6. August 2002): www.slate.com/id/2069047.

202 »Hoffnung ist alles, was die Menschen haben«: Pareles, »His Kind of Heroes, His Kind of Songs«, A1.

203 »Unser Ziel ist es, die Politik«: Bruce Springsteen, »Chords of Change«, *New York Times* (5. August 2004) A23.

204 »mich enorm beeinflusst hat«: Phil Sutcliffe, »You Talkin' to Me?: Interview with Bruce Springsteen«, *Mojo* (Januar 2006), S. 88.

204 »Unser Land ist noch immer voller Möglichkeiten«: Bühnenansage zu »Born to Run«, Wachovia Center, Philadelphia, 1. Oktober 2004.

205 »Ich bin seit über fünfundzwanzig Jahren«: Scott Galup, »Springsteen's Political Ballad«, *Washington Times* (5. November 2004), D1.

205 »Wir unterstützen Bruce«: Damien Cave, »For Fans at Springsteen Concert the Music Seems to Matter more than the Message«, *New York Times* (14. Oktober 2004), B6.

206 »Auf *Born to Run* herrscht die«: Kahn, »Springsteen Looks Back on ›Born to Run‹«, D7.

206 »Ein Sänger ist immer auch so etwas«: »Springsteen Discusses His Music, New Album and Tour with E

Street Band«, *60 Minutes,* CBS News Transcripts (7. Oktober 2007).

207 »Es ist persönlich und es ist«: John Aizlewood, »Banned by Starbucks is Kind of Fun at 55«, *The Evening Standard* (London, 25. Mai 2005), S. 10.

208 »Das Erste, was einem auffällt«: Bühnenansage zu »Jesus Was An Only Son«, Atlantic City, 13. November 2005.

209 »*Born to Run* war eine spirituelle Platte«: Flippo, »Bruce Springsteen: Interview«, S. 54. Siehe auch Chet Flippo, »Blue-Collar Troubadour«, *People* (3. September 1984), S. 73.

209 »sehr viel weniger ablehnend«: Jon Pareles, »Bruce Almighty«, *New York Times* (24. April 2005), A1.

210 »Alles, was ich wusste«: Larry McShane, »Springsteen Reflects on ›Born to Run‹«, *Associated Press News* (11. November 2005).

211 »Und da war immer auch die Frage«: »Bruce Springsteen Discusses his Music«, *Fresh Air,* NPR Transcripts (15. November 2005).

211 »Die Leute haben diese Songs«: Nick Hornby, »A Fan's Eye View«, *Observer Music Monthly* (17. Juli 2005): www.guardian.co.uk/music/2005/jul/17/popandrock.springsteen.

211 »von einem Lokalmatador«: Jon Pareles, »›Born to Run‹ Reborn Thirty Years Later«, *New York Times* (15. November 2005), E1.

211 »Hier kommen präzise Poesie und«: Kahn, »Springsteen Looks Back on ›Born to Run‹«, D7.

211 »Das größte Problem bei diesem«: Robert Christgau, »Re-Run«, *Blender* (Januar/Februar 2006), www.robertchristgau.com/xg/cdrev/springsteen-ble.php.

212 »Springsteen steht für nichts Geringeres als«: Clayton Purdum, »*Born to Run* (30th Anniversary Edi-

tion) Reissue«, Coke Machine Glow (12. Januar 2006), www.cokemachineglow.com/record_review/1013/bruce-springsteen.

212 »Wenn es jemals einen Song gab, der«: Barry Schwartz, »Bruce Springsteen, Born to Run 30th Anniversary Edition«, *Stylus* (8. Januar 2006), www.stylusmagazine.com/reviews/bruce-springsteen/born-to-run-30th-anniversary-edition.htm.

213 »die schlimmste Zeit überhaupt war«: Eric Alterman, »Tramps Like Us«, *The Nation* (5. September 2005).

214 »viele der Figuren aus Mr. Springsteens«: Harlan Coben, »Rock and a Hard Place«, *New York Times* (25. November 2005), A39.

214 »Bruce Springsteen ist ein amerikanischer«: Bangs, »Hot Rod Rumble in the Promised Land«, S. 73.

214 »was es bedeutet, in Amerika zu leben«: CBS News, »Springsteen Discusses His Music«.

215 »Die beste Popmusik«: Interview mit Ted Koppel, *Nightline*, ABC News Transcripts (1. September 2003).

Zugabe: »Hey, What Else Can We Do Now?«

217 »Und genau das, genau so ist es«: »Springsteen: Silence is Unpatriotic«, CBS News (7. Oktober, 2007), www.cbsnews.com/stories/2007/10/04/60minutes/main3330463.shtml.

218 »In meinen Songs geht es immer«: Joe Levy, »Bruce Springsteen: The *Rolling Stone* Interview«, *Rolling Stone* (1. November 2007), S. 54.

218 »Mich beschäftigt, was es bedeutet«: CBS News, »Bruce Springsteen Discusses His Music«.

219 »In gewisser Weise«: »Bruce Springsteen on a Magic Campaign«, National Public Radio, *Morning Edition* (5.März 2008).

219 »has sailed away on a bloody«: CBS News, »Bruce Springsteen Discusses His Music«.
221 »eine neu entfachte Liebe zur Popmusik«: A. O. Scott, »In Love with Pop, Uneasy with the World«, *New York Times* (30. September 2007), E1.
221 »einfach nur großartig«: Joe Levy, »Bruce Springsteen: The Rolling Stone Interview«, *Rolling Stone* (1. November 2007), S. 53.
221 »Die Arrangements, die Performance«: David Fricke, »Review of *Magic*, *Rolling Stone* (18. Oktober 2007), S. 119–20.
221 *zielt laut Ann Powers:* Ann Powers, »Springsteen Sings for the Believers«, *Los Angeles Times* (30. September 2007), F14.
223 »Eine endlose Straße«: »An Endless Road, A Search for Home: That's the American Way«, *London Observer* (14. Oktober 2007), S. 64.
223 »Ein Typ kommt zurück«: A. O. Scott, »In Love with Pop, Uneasy with the World«, *The New York Times* (30. September 2007), E1.
224 »weise er eher in die Zukunft«: »Bruce Springsteen on a Magic Campaign«, National Public Radio, *Morning Edition* (5. März 2008).
224 »Springsteen … schwelgt nicht etwa in Nostalgie«: David Corn, »Springsteen's *Magic*: Darkness in the Center of Town«, *The Nation* (2. Oktober 2007), www.thenation.com/blogs/capitalgames/239190/springsteensimagicidarknessinthecenteroftownposted10/02/2007.
224 »Ich hatte immer das Gefühl«: Flippo, »Bruce Springsteen Interview«, S. 55.
224 *Die Musik auf dem Album*: A. O. Scott, »In Love with Pop; Uneasy with the World«, *The New York Times* (30. September 2007), E1.

225 »Der Rock 'n' Roll klopfte an meine Tür«: Robert Duncan, »Lawdamercy: Springsteen Saves«, *Creem* (Oktober 1978), S. 64.

225 »Ich weiß, dass Rock 'n' Roll«: Flippo, »Blue-Collar Troubadour«, S. 73.

225 »Ich glaube daran«: Marsh, *Two Hearts*, S. 4. Es überrascht nicht, dass viele der Autoren, die über Springsteen schreiben, ähnliche Geständnisse gemacht haben: »*Born to Run* schlug bei mir zu Hause wie eine Bombe ein, wirbelte alles durcheinander und veränderte mein Leben.« Vgl. Eric Alterman, *It Ain't No Sin to Be Glad You're Alive: The Promise of Bruce Springsteen* (1999), S. 73–74.

226 »Dieser unglaubliche Song«: »Finding a New Path in Springsteen's ›Thunder Road‹«, *Weekend All Things Considered* (6. Oktober 2007).

227 »Ich saß im Auto meines Vaters«: Phil Kuntz, »In Europe, Uncle Sam isn't so Popular, but the Boss Rocks«, *Wall Street Journal* (18. Oktober 2002), A1.

227 »Für einen pakistanischen Teenager«: Sarfraz Manzoor, »The Boss and Me«, *The Guardian* (7. August 2002). Vgl. auch: Ders., *Greetings from Bury Park: A Memoir* (2007), sowie Pico Ayer, »Born to Run Away«, *Time International* (25. Juni 2007), S. 100.

228 *1975 war ich im College*: Dieser Absatz bezieht sich auf meinen Essay »The Long Run With Springsteen«, *Chicago Tribune* (21. August 2005), S. 3.

231 »Es ist jedes Mal anders als vor einer Woche«: Cal Fussman, »Bruce Springsteen: It Happened in Jersey«, *Esquire* (August 2005), S. 92.

232 »Ich habe mich nicht verheizen lassen«: Henke, »The *Rolling Stone* Interview«, S. 328.

232 »Für mich hat eine Rock 'n' Roll-Band«: Loder, »The *Rolling Stone* Interview«, S. 161.

233 »Ich glaube, man kann«: ebd., S. 163.
233 »Früher habe ich den Fehler gemacht«: Mikal Gilmore, »Twentieth Anniversary Special: Bruce Springsteen Q & A«, *Rolling Stone* (5. November – 10. Dezember 1987), in: *The Rolling Stone Files*, S. 246.
233 »Dylan war ein Revolutionär«: ebd, S. 240.
234 »schufteten ihr ganzes Leben lang wie verrückt«: CBS News, »Ed Bradley interviews Bruce Springsteen«, *60 Minutes* (21. Januar 1996).
234 »Ich sah mich selbst nicht als begabtes Genie«: *The History of Rock 'n Roll*, (New York: Time-Life Video, 1995).
234 »Jetzt sehe ich ein«: Henke, »The *Rolling Stone* Interview«, S. 323.
234 »Es war eine Platte voller riesiger Sehnsüchte«: Brian Hiatt, »›Born to Run‹ Turns Thirty«, *Rolling Stone* (17. November 2005), S. 17.
235 »Springsteen ... lehnte sich zurück«: Hilburn, »Springing Springsteen – Too Fast?«, B5.
235 »Ich habe vor, noch mit sechzig zu spielen«: Strauss, »Springsteen Looks Back but Keeps Looking On«, H1.

Auswahlbibliografie

Alterman, Eric: *It Ain't No Sin to be Glad You're Alive: The Promise of Bruce Springsteen*. New York: Little, Brown and Company, 1999.

Auxier, Randall/Anderson, Doug: *Bruce Springsteen and Philosophy*. Chicago: Open Court, 2008.

Bernhard, Mark/Womack, Kenneth/Zolton, Jerry (Hg.): »Glory Days: A Bruce Springsteen Celebration«, in: *Interdisciplinary Literary Studies 9* (Herbst 2007), 1–206.

Cavicchi, Daniel: *Tramps Like Us: Music and Meaning Among Springsteen Fans*. New York: Oxford University Press, 1998.

Coles, Robert: *Bruce Springsteen's America*. New York: Random House, 2003.

Crane, Bob: *A Place to Stand: A Guide to Bruce Springsteen's Sense of Place*. Baltimore: Palace Books, 2002.

Cross, Charles (Hg.): *Backstreets: Springsteen: the Man and His Music*. New York: Harmony Books, 1989.

Cullen, Jim: *Born in the U.S.A.: Bruce Springsteen and the American Tradition*. New York: Harper, 1997.

Editors of *Rolling Stone*: *Bruce Springsteen: The Rolling Stone Files*. New York: Hyperion, 1996 (dt.: Rolling Stone: *Bruce Springsteen: Die Rolling Stone Fakten*. Innsbruck: Hannibal Verlag, 2000).

Eliot, Marc/Appel, Mike: *Down Thunder Road: The Making of Bruce Springsteen*. New York: Simon & Schuster, 1992.

Gilmore, Mikal: »Bruce Springsteen's America«, in Gilmore:

Night Beat: A Shadow History of Rock 'n' Roll, S. 211–226. New York: Anchor, 1998.

Goodman, Fred: *The Mansion on the Hill*. New York: Vintage Books, 1997.

Guterman, Jimmy: *Runaway American Dream: Listening to Bruce Springsteen*. Cambridge, MA: Da Capo, 2005.

Hilburn, Robert: *Springsteen*. New York: Rolling Stone Press, 1985.

Himes, Geoffrey: *Born in the U.S.A.* New York: Continuum, 2005.

Humphries, Patrick/Hunt, Chris: *Bruce Springsteen: Blinded by the Light*. London: Plexus, 1985.

Kaye, Jessica/Brewer, Richard (Hg.): *Meeting Across the River*. New York: Bloomsbury, 2005.

Kirkpatrick, Rob: *The Words and Music of Bruce Springsteen*. Westport, CT: Praeger, 2006.

Marsh, Dave: *Bruce Springsteen On Tour, 1968–2005*. New York: Bloomsbury, 2006.

Marsh, Dave: *Two Hearts*. New York: Routledge, 2004.

Meola, Eric: *Born to Run: The Unseen Photos*. San Rafael, CA: Insight Editions, 2006.

Martensson, Anders/Johansson, Jorgen: *Local Heroes: The Asbury Park Music Scene*. New Brunswick, NJ: Rutgers University Press, 2005, 2008.

Sandford, Christopher: *Springsteen: Point Blank*. Cambridge, MA: Da Capo, 1999.

Santelli, Robert: *Greetings from E Street: The Story of Bruce Springsteen and the E Street Band*. San Francisco: Chronicle Books, 2006.

Sawyers, June Skinner (Hg.): *Racing in the Streets: The Bruce Springsteen Reader*. New York: Penguin, 2004.

Smith, Larry David: *Bob Dylan, Bruce Springsteen, and American Song*. Westport, CT: Praeger, 2002.

Springsteen, Bruce: *Songs*. New York: HarperCollins, 1998.

»Symposium: The Lawyer as Poet Advocate: Bruce Springsteen and the American Lawyer«, *Widener Law Journal*, 14, 2005.

Symynkywicz, Jeffrey: *The Gospel According to Bruce Springsteen: Rock and Redemption from Asbury Park to Magic*. Louisville: Westminster John Knox Press, 2008.

Wolff, Daniel: *4th of July Asbury Park: A History of the Promised Land*. New York: Bloomsbury, 2005.

Lyric Credits

Bruce Springsteen: »Fourth of July, Asbury Park (Sandy)«, »Rosalita (Come Out Tonight)«. Copyright © 1974 Bruce Springsteen, erneuert © 2002 Bruce Springsteen (ASCAP). Abdruck mit freundlicher Genehmigung. Alle Rechte vorbehalten.

Bruce Springsteen: »Backstreets«, »Born to Run«, »Jungleland«, »Meeting Across the River«, »Night«, »She's the One«, »Tenth Avenue Freeze-Out«, »Thunder Road«. Copyright © 1975 Bruce Springsteen, erneuert © 2003 Bruce Springsteen (ASCAP). Abdruck mit freundlicher Genehmigung. Alle Rechte vorbehalten.

Bruce Springsteen: »Adam Raised a Cain«, »Badlands«, »Darkness on the Edge of Town«, »The Promised Land«, »Prove It All Night«, »Racing in the Street«. Copyright © 1978 Bruce Springsteen (ASCAP). Abdruck mit freundlicher Genehmigung. Alle Rechte vorbehalten.

Bruce Springsteen: »Drive All Night«, »I Wanna Marry You«, »Independence Day«, »Jackson Cage«, »Point Blank«, »The Price You Pay«, »The River«, »Two Hearts«, »Wreck on the Highway«. Copyright © 1980 Bruce Springsteen (ASCAP). Abdruck mit freundlicher Genehmigung. Alle Rechte vorbehalten.

Bruce Springsteen: »Atlantic City«, »Johnny 99«, »My Father's House«, »Open All Night«, »Reason to Believe«, »State Trooper«. Copyright © 1982 Bruce Springsteen

(ASCAP). Abdruck mit freundlicher Genehmigung. Alle Rechte vorbehalten.

Bruce Springsteen: »Bobby Jean«, »Born in the U.S.A.«, »Dancing in the Dark«, »Downbound Train«, »No Surrender«. Copyright © 1984 Bruce Springsteen (ASCAP). Abdruck mit freundlicher Genehmigung. Alle Rechte vorbehalten.

Bruce Springsteen: »If I Should Fall Behind«, »Living Proof«, »Lucky Town«, »Souls of the Departed«, »The Big Muddy«. Copyright © 1992 Bruce Springsteen (ASCAP). Abdruck mit freundlicher Genehmigung. Alle Rechte vorbehalten.

Bruce Springsteen: »Ghost of Tom Joad«. Copyright © 1995 Bruce Springsteen (ASCAP). Abdruck mit freundlicher Genehmigung. Alle Rechte vorbehalten.

Bruce Springsteen: »Blood Brothers«. Copyright © 1996 Bruce Springsteen (ASCAP). Abdruck mit freundlicher Genehmigung. Alle Rechte vorbehalten.

Bruce Springsteen: »The Promise«. Copyright © 1999 Bruce Springsteen (ASCAP). Abdruck mit freundlicher Genehmigung. Alle Rechte vorbehalten.

Bruce Springsteen: »Land of Hope and Dreams«. Copyright © 2001 Bruce Springsteen (ASCAP). Abdruck mit freundlicher Genehmigung. Alle Rechte vorbehalten.

Bruce Springsteen: »Devils and Dust«. Copyright © 2004 Bruce Springsteen (ASCAP). Abdruck mit freundlicher Genehmigung. Alle Rechte vorbehalten.

Bruce Springsteen: »Jesus Was An Only Son«. Copyright © 2005 Bruce Springsteen (ASCAP). Abdruck mit freundlicher Genehmigung. Alle Rechte vorbehalten.

Bruce Springsteen: »American Land«. Copyright © 2006 Bruce Springsteen (ASCAP). Abdruck mit freundlicher Genehmigung. Alle Rechte vorbehalten.

Bruce Springsteen: »Devil's Arcade«, »Girls in Their Summer Clothes«, »I'll Work For Your Love«, »Last to Die«, »Livin' in the Future«, »Long Walk Home«, »Magic«, »Radio Nowhere«, »Your Own Worst Enemy«. Copyright © 2007 Bruce Springsteen (ASCAP). Abdruck mit freundlicher Genehmigung. Alle Rechte vorbehalten.

Bildnachweis

S. 8 © Timothy White
S. 76 © Barbara Pyle
S. 122 © Bruce Springsteen, Eric Meola & Sony EMG
S. 153 © Time INC.

Register

31 Songs (Hornby) 85

Alterman, Eric 213
Amerikanischer Archetypus, Springsteen als 13, 214
»American Land« 218
Appel, Mike 45ff., 54, 61, 114, 123, 137, 141, 158, 170
Arbeitsethos 21, 31, 234
Asbury Park N. J., 22, 40, 42, 44, 88f., 130
Autobiografischer Inhalt 50f., 164

»Backstreets« 69, 71, 79, 96ff., 100, 108, 132, 137f., 140, 147f., 150, 152, 171, 188, 223
»Badlands« 114, 182
Bad Scooter 11, 87, 89f.
Bandleader, Springsteen als 19, 119f., 234
Bangs, Lester 16, 147f., 214
»Because They're Young« 101
Befreiung als Thema 133, 206, 215
Bennett, Tony 217
Berg, John 122

Berger, Jim 86
Berger, Suzanne 86f.
Berry, Chuck 77, 160
»Big Man, The« (Spitzname) 87, 89ff.
»The Big Muddy« 192
Bittan, Roy 22, 25, 50, 62, 71f., 83, 90, 111, 217, 221
Bitter End 46
»Blinded by the Light« 47
»Blood Brothers« 195
»Bobby Jean« 183
Bono 197
»Born in the U.S.A.« 184f., 200
Born in the U.S.A. 181–200
Born in the U.S.A.-Tour 230f.
Born to Add (Sesamstraße) 174f.
»Born to Lose« 194, 103
Born to Run: The Bruce Springsteen Story (Marsh) 225
Born to Run-Tour 90
»Boss, The« (Spitzname) 86, 93, 170, 191, 209
Brecker, Michael 72
Brecker, Randy 72
Byrds 235

Carr, Roy 164
Carter, Ernest »Boom« 22, 50, 57, 62, 100f., 127
Cash, Johnny 103
Castiles 19, 39, 46
Cerf, Chris 174
Chaplin, Charlie 102, 162f.
Charles, Ray 103
Child 43 *siehe* Steel Mill
Christgau, Robert 148f., 167–170, 173, 211f.
»City of Ruins« 206
Clarke, Allan 160
Clemons, Clarence 22ff., 47, 65, 72, 87, 88, 90, 123, 126, 163, 165, 221
Coben, Harlan 214
Cochran, Eddie 18
Cocker, Joe 44
Cocks, Jay 17, 153f.
College 40
Columbia Records 16, 21f., 46–49, 64, 73, 124, 141, 159, 169
Commager, Henry Steele 180, 204
Copyright, Kontrolle über 171
Corn, David 224
Corzine, John 213
Cover, *Born in the U.S.A.* 181
Cover, *Born to Run* 122–126
»Cover Me« 182
Crane, Bob 236
Cretecous, Jim 45
Crystals, The 23, 56, 151f.

Dahiya, Nishant 226
»Dancing in the Dark« 183
Danny and the Juniors 140
Darkness on the Edge of Town 63, 94, 114, 118, 176
Davis, Clive 141
Demotapes 44, 47
»Devil's Arcade« 220f.
Devils & Dust, 206
Diddley, Bo 69, 107, 109
»Does This Bus Stop at 82nd Street?« 47
Dole, Bob 200
»Downbound Train« 182
Dr. Zoom and the Sonic Boom 45
»Dream, Baby, Dream« 209f.
»Drive All Night« 116
Drogen 151
Dylan, Bob 16f., 19, 23, 25, 38f., 47, 99, 133, 142, 145, 149ff., 155f., 158ff., 173, 176, 198, 215, 219, 227f., 233, 235, 237

Earth 42
Eddy, Duane 55, 101
Ed Sullivan-Show 17, 207
Edwards, Henry 152, 155ff.
Edwards, Joe 128–129
Einflüsse 12, 28, 55f., 81, 120, 147, 193, 204
Einsamkeit als Thema 57f., 89
Elvis Presley Fan Club 128
Emerson, Ralph Waldo 214

Engel, Andy 123
E Street Band 25, 90, 127, 187f., 195, 197, 201, 218
»The E Street Shuffle« 23, 88
Erlösung als Thema 69
Erzähler
    in »No Surrender« 183
    in »Tenth Avenue Freeze-Out« 87
    in »Thunder Road« 80

Federici, Danny 22, 43, 45, 70f.
Feministische Kritik 166f.
»Follow That Dream« 179
Fornatale, Pete 21
»4th of July, Asbury Park (Sandy)« 50
Frank, Robert 177, 214
Frankie Goes to Hollywood 160
Freehold, NJ 28
Freehold Regional High School 37
Fricke, David 221
Frist, Bill 214
Frith, Simon 160f.
Früchte des Zorns (John Steinbeck) 194

Gaslight 46
Gemeinschaft, Springsteen über 35
Generationen 132
Geografie von *Born to Run*
    in »Tenth Avenue Freeze-Out« 137, 140
    in »Thunder Road« 131f., 135–139
    moralische 137–140.
    räumliche 130ff.
    zeitliche 132–136
»The Ghost of Tom Joad« 194
Gewalt als Thema 57f.
Gilbert, Jerry 163f.
Girl-Group-Rock, 151
»Girls in Their Summer Clothes« 220f.
Graceland 126
Graham, Bill 44, 47
Greatest Hits 84, 195
Greetings from Asbury Park, N. J. 45, 48, 121
Gross, Terry 210
Grossman, Albert 158
»Growin' Up« 23
Guthrie, Woody 13, 102, 177, 186, 193

Haggard, Merle 193
Hammond, John 16, 46f.,
Harrington, Richard 187
Heimat als Thema 102, 134, 189, 214, 217f., 223
Herman, Dave 21, 23
Highway 61 Revisited (Dylan) 16, 38, 145, 163, 176, 217
Hilburn, Robert 46, 144f., 235
Hitlisten 173f.
Holden, Stephen 150f., 186, 191

Holiday Inn, Westside Manhattan 76
Holly, Buddy 140
Homosexualität 98
Hornby, Nick 85f., 211
Human Touch 190
»Hungry Heart« 116, 177
Hype 120f., 124, 132ff., 142f., 146f., 155, 157f., 162ff., 171f.

»I Need You Baby« 109
»I Want You« 16
Iacocca, Lee 185
»If I Should Fall Behind« 191f.
»Independence Day« 116, 179
Iovine, Jimmy 27, 68f., 73ff., 77
»It's My Life« 36
»It's So Hard to Be a Saint in the City« 47

Jackson, Michael 184
»Jesus Was an Only Son« 207f.
John, Elton 169
»Johnny 99« 185
Johnson, Robert 200, 217
Jugendkultur 132f.
»Jungleland« 57, 62–66, 71f., 74, 76, 79, 94f., 111–114, 132, 136f., 139f., 150, 152, 156f., 163, 172, 221, 227

Kahn, Ashley 211
Katholizismus 30, 81, 138, 208f. *siehe auch* Religion
Kennedy, David Michael 177
Kerry, John 205, 209, 214, 219
Klavier versus Gitarre 71
Knobler, Peter 60, 119, 130
Konfessionsschule 29

Lahav, Louis 54
Lahav, Suki 112
Landau, Jon
    als Koproduzent von *Born to Run* 65–68, 73ff., 77, 137
    als Kritiker 17f., 21
    Christgau über 169
    frühe Verbindung mit 65
    über Entschlusslosigkeit 142
    und »Thunder Road« 67
»Land of Hope and Dreams« 197
Letzte Chance als Thema 110
»Last to Die« 219f., 222
Lautenberg, Frank 213
Lee, Richard 175
Leibovitz, Annie 181
Lennon, John 68, 105, 160
Leo, Kid 61
Lewis, Jerry Lee 200
Liebe und Heimat als Thema 171, 179, 182f., 189–194, 201, 207
»Like a Rolling Stone« 10, 38, 147, 228
Lillianthal, Steven 201
»Linda Let Me Be the One« 64
»Living' in the Future« 219, 221
»Living Proof« 192

Loder, Kurt 202
Lofgren, Nils 90
London, 159f., 189, 227
Long Branch, NJ 52, 60, 106, 173, 191
»Long Walk Home« 222f.
Lopez, Vini 43, 45, 47, 50
»Lovers in the Cold« (or »Walking in the Street«) 64
»A Love So Fine« 63, 101
Lucky Town 190–193
Lyons, Johnny 43

Magic 217–221
»Magic« 220
Manzoor, Sarfraz 227
Marcus, Greil 103, 145ff., 169
Marsh, Dave 24f., 56, 61, 77, 121, 136, 168f., 225
Marvell, Andrew 85
»Mary Queen of Arkansas« 47
Mayfield, Curtis 197
McGee, David 149f.
»Meeting Across the River« 109f., 136, 140, 144, 172, 221
»Meeting Across the River« (Smith) 111
Meola, Eric 123, 174, 177, 237
Militär 39f.
Moderne Zeiten (Charlie Chaplin) 102
Mondale, Walter 184
Motorradunfall 39
Muni, Scott 21, 61
Murray, Charles 165

Musik, lebensverändernde 34, 227
Musikrechte 170
»My Back Pages« 235
»My Father's House« 40
»My Hometown« 184

Nebraska 177f.
Neer, Richard 21, 23
Nelson, Paul 68, 142, 168
Nevins, Allan 180
Newfield, Jack 199
Newsweek Cover 152, 155, 158
New York Times, Leitartikel von Springsteen 203
»Night«, 63, 92ff., 100, 135f., 140, 171
Nacht als Thema 92ff., 135ff., 139
Nostalgie 224
»No Surrender« 205
»Not Fade Away« 107
914 Studio, Blauvelt, NY 54, 62f.

O'Brien, Brendan 201f., 221
Ocean County Community College 40
Orbison, Roy 43, 120, 122, 140 55, 80, 142, 144, 165, 221
Orth, Maureen 155
Outtakes
    von *Born to Run* 63
    von *Darkness on the Edge of Town* 63

Paare, gemischtrassige 126f.
Palmer, Robert 186
Pareles, Jon 148f., 187, 193, 199, 211f.
Parker, Tom 158
Parsons, Tony 171
Pelley, Scott 217
»People Get Ready« 197
Percy, Will 128
Philadelphia (Jonathan Demme) 195
Phillips, Julianne 186
Plattenkritiken
   Born in the U.S.A. 167
   Born to Run 141–172
   Greetings from Asbury Park, N. J. 48
   Human Touch 190
   Lucky Town 190ff.
   Magic 221
   The Rising 202
   The Wild, the Innocent, and the E Street Shuffle 16, 49
Politik 181, 185ff., 195, 199f., 203ff.
Pollack, Bruce 49
Pond, Steve 178
»Porträts der Trauer« (*New York Times*) 86, 201
Potter, Margaret 43
Potter, Tom 42
Presley, Elvis 27f., 37, 128ff., 143, 145, 149, 151, 158, 179, 198, 200, 215, 227
»The Promise« 115, 139

»The Promised Land« 115, 200, 205
Protestsongs 219f.
Purdom, Clayton 212

Rassenfrage 126f., 163, 165
»Racing in the Street« 96, 115
Radio
   und »Born to Run« 134, 173, 226f.
   und Dylan 38
   Vorliebe für (als Teenager) 35
   WABC, New York 60
   WBCN, Boston 61
   WMCA, New York 38
   WMMR, Philadelphia 61
   WMMS, Cleveland 61
   WNEW-FM, New York 21f., 61
»Radio Nowhere« 220f.
Reagan, Ronald 184f.
Record Plant, Manhattan 68, 71, 75, 123
Religion 30
Reunion-Tour, 197, 231
Richmond, Virginia 45
The Rising 202f.
The River 116f., 177
River-Tour 104
Rock and Roll Hall of Fame 38, 55, 197
Rock 'n' Roll-Metaphern 59, 71
Rockwell, John 23, 25, 141ff., 145, 157, 168
Romani, Graziano 227

Romantik 26
romantische Tragödie 140
»Rosalita« 49f.
Rose, Frank 151
Roslin, Vinnie 43
Ruhm, Preis für und Bedeutung von 129, 188
Russell, Leon 44

Sancious, David 22, 45, 47, 50, 62, 127
»Santa Ana« 69
Santelli, Robert 44
Sartori, Maxanne 61
Schreiben
    von *Born to Run* 70f., 111
    während Steel Mill 70
Schulen 29f., 37
Schwartz, Jonathan 21
Sciaky, Ed 61
Scialfa, Patty 90, 186
Scott, A. O. 202, 224
Seal, Dave 163
»Seaside Bar Song« 69
Selbstmord als Thema 101, 103, 176
Sesamstraße 174f.
Sexismusvorwurf 166
Shannon, Del 100
»She's the One« 62f., 69, 74, 76, 94, 107ff., 136f., 140, 148f., 172, 230
Shows und Konzerte
    Ann Arbor (Oktober 1980) 104f.
    Avery Fisher Hall (April 1974) 69
    Bottom Line (August 1975) 19f., 23ff., 90, 141f., 145, 162
    Bottom Line (Juli 1974) 57, 64
    Cleveland (November 2004) 205
    Hammersmith Odeon, London (November 1975) 159f., 189
    Harvard Square Theater (Mai 1974), 18, 65
    Madison Square Garden (Juni 1973) 15
    Madison Square Garden (Juni 2000) 91
    Main Point, Bryn Mawr (Februar 1975), 62, 66, 69
    Oxford, Ohio (Oktober 1976) 108
    Palladium (September 1978) 229
    persönliche Erfahrungen des Autors 229–235
    Philadelphia (Oktober 2004) 204, 226, 230
    Roxy, Los Angeles (Oktober 1975) 235
    Spectrum, Philadelphia (Dezember 1980) 105
Smith, Martin 111
Social Distortion 193f.
Somewhere Between Heaven

and Hell (Social Distortion) 193f.
Sommer als Thema 136f.
Songs (Springsteen)
  über Arrangements 71
  über »Born to Run« 59
  über das Schreiben 70
  Widmung an den Vater 196
  Zusammenfassung der Songs von *Born to Run* 79
»Souls of the Departed« 192
Southside Johnny and the Asbury Dukes 72
»So Young and in Love« 63
Spector, Phil 23, 55f., 60, 142, 144, 149, 151, 165, 169
»Spirit in the Night« 47
Spirituelle Krise 176
Spitznamen 45, 93f.
Springsteen, Adele (Mutter) 30, 34
Springsteen, Douglas (Vater) 31–35, 39ff., 179, 195f., 204, 229
Springsteen, Pamela (Schwester) 33
Springsteen, Virginia (Schwester) 33
St. Rose of Lima-Schule 29
Stax Records 17, 120, 171
Steele, Alison 21
Steel Mill 19, 22, 43ff., 70
Steinbeck, John 198, 214
»Streets of Philadelphia« 195

Student Prince 88
Suicide 209
Sullivan, Ed 158
Sun Sessions (Presley) 145
60 Minutes (TV-Show) 217ff.

»Take Me to the River« 91
Tallent, Garry 22, 25, 42, 45, 47, 59, 63, 92, 221
»Telstar« 18
»Tenth Avenue Freeze-Out« 23, 72, 79, 87–90, 100, 135, 137, 140, 165, 171, 188, 221
Terroranschläge vom 11. September 86, 200–206
Theiss, George 39
»The Train« 197
»Thunder Road« 23, 62, 64, 66f., 74, 79–82, 84–87, 90, 95, 100f., 107, 110, 118, 131f., 135, 137ff., 144, 150, 152, 155, 166, 171, 174, 183, 187f., 201, 205, 211, 220, 222f., 226, 231
Time Magazine 9, 17, 34, 125
»To His Coy Mistress« (Marvell) 85
Tod als Thema 101, 107, 110, 113, 118, 139f., 176, 185, 192, 196
Tom Joad 195
Tracks 47, 139
Tragödie 140
Tramps als Thema 102

Träume als Thema 114–118, 133, 146, 183, 186, 196, 198, 210
Traurigkeit als Thema 95
Tunnel of Love 188f.

Upstage Club 42, 50
US-Senat 213

»Valentines Day« 188
Van Zandt, Steve 22, 24f., 43, 45, 50, 59f., 71f., 90, 129, 158, 183, 217
Vertrag, erster 47
VH1 Storytellers (TV-Show) 84
Vinyard, Gordon »Tex« 37f.
Visotcky, Richard 175

»Walking in the Street« (oder »Lovers in the Cold«) 64
Watts, Michael 162f.
»We Gotta Get Out of This Place« 36, 101
Weinberg, Max 22, 24, 50, 59, 62, 221
We Shall Overcome: The Seeger Sessions 217f.

West, Carl »Tinker« 43f.
Whitman, Walt 20, 95, 218
»Who Do You Love« 107
The Wild, the Innocent, and the E Street Shuffle 16, 49, 61, 166
Williams, Hank 117, 177, 193, 200
Williams, Paul 64, 78
»Wings for Wheels« 66
Wings for Wheels: The Making of Born to Run (Doku) 58ff., 65, 67, 71, 210
»The Wish« 34
Wolcott, James 166f.
Wolff, Daniel 89
»Wreck on the Highway« 118
Wuhl, Robert 176

»Your Own Worst Enemy« 220

Zimny, Thom, 58, 71
siehe auch Wings for Wheels: The Making of Born to Run (Dokumentation)